거꾸로 수업(Flipped Learning)을 위한

사회복지정책론(2판)

류연규 지음

신정

머리말

지난 십여 년간 사회복지정책론을 강의하면서 어떻게 하면 더 쉽게 사회복지정책론을 가르칠 수 있을까를 깊이 고민하였다. 사회복지정책론이 매우 매력적이고 재미있는 과목임에도 불구하고, 많은 학생들이 사회복지실천론이나 분야론에 비해 어렵다고 느끼고, 막연한 두려움을 가지고 있는 것이 안타까웠다. 이러한 안타까움에서 〈'거꾸로 수업'을 위한 사회복지정책론〉 초판을 발간하였다. 어떻게 하면 학부 2~3학년 학생들이 사회복지정책에서 나오는 개념과 제도를 두려움 없이 어렵지 않게 공부할 수 있을까를 고민하던 끝에 생각한 방법이 '거꾸로 수업'(Flipped learning)이었다. 수업시간 3시간 내내 이해되지도 않는 내용을 꾸역꾸역 들으면서 앉아 있는 것이 아니라, 미리 강의를 듣고 이해되지 않은 채로 수업에 들어와도 수업시간에는 교수자와 학습자 간의 상호작용을 통해 몰랐던 개념과 사실을 이해하고 설명할 수 있도록 돕는 '학습활동'을 하는 것이다. 1:50의 일방적인 강의가 아닌 1:1의 온라인 수업과 1:1의 오프라인 질의 · 응답, 2:2 또는 3:3 정도의 토론과 탐구 학습을 통해 뜬구름 같은 사회복지정책을 손에 잡히는, 말로 설명할 수 있는 사회복지정책으로 배우면 더 좋을 것이라 생각하였다. 마침 코로나19로 인해 동영상 강의가 유용하게 활용되었고, 실시간 온라인 강의와 실시간 온라인 소규모 토론의 방법을 통해서 학습활동을 유용하게 활용할 수 있었다. 이에 개정판에서도 다음과 같은 내용 구성은 유지하였다.

〈거꾸로 수업을 위한 사회복지정책론〉은 장마다 '❶ 학습목표'를 제시함으로써 이 단원에서 꼭 '이해'해야 할 개념과 '설명'할 수 있는 내용이 무엇인지를 확실히 제시하였다. '❷ 읽기자료'에서는 다른 교재와 달리 읽어야 할 내용을 최소화하였다. 길지 않은 경험이지만 십여 년간 강의하면서 체득한 사실은 연구자가 아닌 학부생에게, 풍부한 내용의 교과서도 도움이 되지만 정작 학생들이 알아야 할 개념들만 확실히 소개하는 전공 교재가 학생들의 부담감을 줄일 수 있다는 것이다. 읽기자료와 함께 중간 중간 관련 개념이나 제도에 대한 짧은 동영상을 QR 코드로 제시함으로써 텍스트뿐만 아니라 영상 콘텐츠로도 사회복지정책 이해를 도울 수 있도록 하였다. 읽기자료를 통해 이해한 개념을 간단히 확인할 수 있도록 '❸ 퀴즈'를 장마다 제시하였다. 단답식 공란 채우기, 1급 시험 형식의 개관식 문제를 통해 읽기자료를 통해 배운 내용을 잘 이해하고 있는지 확인할 수 있다. 다만 10~12장은 사회복지정책의 내용이 급변하는 시기이기 때문에 내용 이해에 어려움을 줄 수 있어 퀴즈를 삭제하였다. 이 책이 다른 교재와 확실한 차별성을 두는 것은 바로 '❹ 학습활동'이다. 학습활동에서는 단원마다 토론할 구체적인 문제 제기와 개념을 정리할 수 있는 표를 제시하였다. 개념의 구분과 예시가 중요한 단원에서는 이를 돕기 위한 표를 제시하였다. 3부 사회복지정책 실제에서는 구체적인 사례를 통해 학습할 수 있도록 다양한 사례를 제시하였다. 마지막으로 교실에서 나가서 배운 내용을 복습하고 정리하는 글쓰기가 필요한 장에서는 그에 맞는 '❺ 과제'를 제시하였다.

❷ 읽기자료는 다른 교재와 유사한 내용으로 구성되어 있다. 읽기자료는 크게 3부로 구분된다. 1부는 사회복지정책의 개념과 이론, 2부는 사회복지

정책 분석, 3부는 사회복지정책의 실제로 구성하였다. 1부의 개념과 이론에서는 1장 사회복지정책의 개념, 2장 사회복지정책발달의 사상과 이론을 소개하였다. 개정판의 1장과 2장의 내용은 크게 바뀌지 않았다. 다만 정책 예시 부분에서 최근에는 쓰이지 않는 개념이나 정책을 최근 자료로 업데이트하였다.

1장에서는 사회복지정책의 개념과 특징, 기능, 가치, 기원 등 사회복지정책을 개략적으로 이해하는 데 도움이 되는 내용으로 서술하였다. 2장은 사회복지정책 발달의 사상과 이론으로 사회복지정책과 관련성이 높은 이데올로기를 소개하였고, 사회복지정책의 발달이론을 간략하게 설명하였다. 자본주의와 복지국가의 발달을 연관시켜 설명하면서 복지국가의 위기와 재편을 설명하였고, 다른 교재에서는 많이 다루지 않는 4차 산업혁명 시대 복지국가, 복지레짐과 젠더레짐을 설명하였다.

2부는 사회복지정책 분석에 관련된 내용으로 3장에서는 사회복지정책의 분석틀 3P(과정, 산출, 성과)에 대해 간략히 소개하였다. 4장은 사회복지정책 형성과정인 정책 문제 확인, 정책 의제 설정, 정책 대안 형성과 비교, 정책 결정, 정책 평가의 흐름을 구체적으로 설명하였고, 5장~8장은 정책 산출 분석의 4가지 요소인 대상, 급여, 전달체계, 재원에 대해 설명하였다. 5~8장 역시 정책 산출 분석틀의 개념 부분은 개정판에서 크게 바뀌지 않았지만, 정책 예시 부분은 2021년 기준으로 업데이트하였고, 학습활동에서도 보편주의 선별주의 논쟁에서 기본 소득에 대한 논쟁을 다룰 수 있도록 최근의 정책 변화를 일부 반영하였다. 특히 6장 급여의 바우처 현황은 대폭 수정하였고, 7장 전달체계의 기업복지 부분도 최근의 자료로 업데이트하였다. 8장의 재원 부분도 최근 증세 논의를 일부 반영하고, 사회복지정책 재정 현황도 최신화하였다.

5장에서는 대상 선정 기준의 기본적인 방법이자 개념이라 할 수 있는 선별주의와 보편주의를 설명하고, 대상 선정의 구체적 기준인 귀속적 욕구와 인구학적 기준, 보상과 기여, 진단적 구분과 행정적 판단, 소득 · 자산조사, 근로능력, 거주여부와 시민권을 설명하였다. 6장에서는 급여의 형태인 현금, 현물, 증서, 기회, 권력의 개념과 정책 예시를 설명하였고, 7장에서는 사회복지 재화와 서비스가 왜 시장기제가 아닌 정부 개입이 필요한지, 전달체계로서 공공부문(중앙정부와 지방정부)과 민간부문(비영리조직과 영리조직과 민영화)의 특성, 바람직한 전달체계의 특성에 대해 설명하였다. 8장에서는 사회복지정책의 재정 원천이 되는 공공부문의 조세와 사회보험료, 지방재정조정제도, 민간부문의 자발적 기여와 이용료의 특징에 대해 설명하였다. 9장에서는 사회복지정책을 학습할 때 알아야 하는 사회복지정책 성과와 관련된 다양한 통계치와 지표를 소개하였다. 소득재분배 지표, 노동시장 지표, 인구 지표, 삶의 질 지수의 개념과 지표값 등을 최신 자료로 변경하여 제시하였다.

개정판에서 가장 많이 수정된 부분은 3부이다. 주지하다시피 최근 인구변화, 감염병으로 인한 정책 환경 변화로 인해 거의 모든 사회복지정책이 3년 전과는 판이하게 달라졌다. 3부는 사회복지정책 실제에 해당하는 내용으로 우리나라의 대표적인 사회보험제도, 공공부조제도, 사회서비스제도에 대해 연혁과 2부 정책 산출 분석 요소인 대상, 급여, 전달체계, 재원으로 구분하여 제도 자체를 소개하는 방식으로 제시하였다. 주로 공식적인 정부부처와 관리운영기관 인터넷 홈페이지, 각 제도의 공식 사업지침을 참조하여 최신 정보를 수록하였다. 10장 사회보험정책에서는 국민연금제도, 국민건강보험제도, 고용보험제도, 산업재해보상보험제도, 노인장기요양보험제도를 소개하였고, 11장 공공부조정책에서는 국민기초생활보장제도, 의료급여제도, 긴급복지지원제도, 기초연금제도를 소개하였다. 12장 사회서비스정책에서는 아동과 관련된 사회서비스 제도인 드림스타트와 지역아동센터 돌봄서비스, 장애인 관련 사회서비스인 장애인활동지원제도와 발달재활서비스, 노인 관련 서비스인 노인맞춤돌봄서비스와 노인일자리 및 사회활동지원사업, 가족 관련 사회서비스인 보육서비스와 아이돌봄서비스의 대상, 급여, 전달체계, 재원을 소개하였다. 다른 사회복지정책론 교재에서는 사회서비스 정책을 많이 다루고 있지 않지만 사회서비스 정책이 중요해지는 제도적 환경을 반영하여 분야별로 대표적인 사회서비스 정책을 구체적으로 소개하였다.

〈거꾸로 수업을 위한 사회복지정책론〉 교재를 통하여 이전과는 다른 방식의 사회복지정책 내용 학습, 보다 쉬운 방법으로 공부할 수 있는 길을 소개하고자 하였다. 이전의 일방적인 강의식의 교수 · 학습방법이 아닌 소통이 이루어지는 혁신적인 교수 · 학습 방법을 활용할 수 있도록 마련된 사회복지정책론을 통해 학습자들이 사회복지정책에 친근감을 가지고 이해력과 설명력을 높일 수 있기를 바란다.

이 개정판이 출간될 수 있도록 도움을 주신 신정출판사 관계자 여러분, 초판의 독자 여러분께 깊은 감사를 드린다.

2022년 1월 3일

저자 류연규

차례

■ 머리말 / 3

PART 01 사회복지정책의 개념과 이론

CHAPTER 01 | 사회복지정책의 개념

1. 사회복지정책의 개념과 특징 ◆ 20
   1) 사회복지정책의 개념 20
   2) 사회복지정책의 특징 23
2. 사회복지정책의 기능 ◆ 26
   1) 사회통합 26
   2) 소득재분배 26
   3) 사회문제 해결 27
   4) 경제안정 28
   5) 인적자본투자 29
2. 사회복지정책의 가치 ◆ 30
   1) 평등 30
   2) 자유 33
   3) 형평 35
   4) 효율 36
   5) 사회적 적절성 37

3. 사회복지정책의 영역 ◆ 38
1) 정책 분야 38
2) 정책 유형 40
4. 사회복지정책의 기원 ◆ 41
1) 빈민법부터 베버리지보고서까지 : 영국의 사회복지정책 발달 42
2) 사회보험정책의 기원: 독일 사회복지정책 발달 45
3) '사회보장' 용어의 시작: 미국 사회복지정책 발달 47

CHAPTER 02 | 사회복지정책발달의 사상과 이론

1. 사회복지정책과 이데올로기 ◆ 56
1) 반집합주의부터 맑시스트까지(신우파부터 맑시즘까지) 57
2) 사회민주주의와 신자유주의(케인지안, 제3의 길) 59
3) 페미니즘과 녹색주의 62
2. 사회복지정책 발달이론 ◆ 64
1) 산업화론 64
2) 독점자본주의이론 65
3) 권력자원론 66
4) 다원주의론 또는 이익집단정치이론 67
5) 국가중심이론 69
6) 사회양심론 70
7) 시민권론 70
8) 확산이론 71
3. 자본주의와 복지국가 ◆ 72
1) 자본주의 발달과 복지국가 72
2) 복지국가 위기와 재편 73
3) 4차 산업혁명과 복지국가의 변화 75
4) 복지국가 유형화와 젠더 레짐 78

PART 02 사회복지정책 분석

CHAPTER 03 | 사회복지정책 분석틀

1. 사회복지정책 분석의 차원 ◆ 90
   1) 과정 분석 90
   2) 산출 분석 91
   3) 성과 분석 92
2. 사회복지정책 산출 분석틀 ◆ 93
   1) 대상 93
   2) 급여 94
   3) 전달체계 94
   4) 재원 95

CHAPTER 04 | 사회복지정책 형성 과정

1. 정책 문제 확인 ◆ 101
   1) 사회문제와 요구 101
   2) 이슈와 없이슈 102
   3) 이슈제기자와 이슈유발장치 103
2. 정책 의제 설정 ◆ 104
   1) 외부주도형 105
   2) 동원형 105
   3) 내부접근형 106
3. 정책 대안 형성과 비교 ◆ 106
   1) 사회복지 정책 대안 형성 과정 107
   2) 사회복지정책 대안 형성 과정에서 나타나는 문제점 108

4. 정책 결정 ◆ 109
1) 정책 결정 모형 109
2) 정책네트워크 114
5. 정책 집행 ◆ 116
6. 정책 평가 ◆ 117

CHAPTER 05 | 사회복지정책 대상

1. 보편주의와 선별주의 ◆ 126
1) 보편주의 127
2) 선별주의 128
2. 대상 선정의 기준 ◆ 129
1) 귀속적 욕구와 인구학적 기준 129
2) 보상과 기여 131
3) 진단적 구분과 행정적 판단 132
4) 소득 · 자산조사 133
5) 근로능력 133
6) 거주여부와 시민권 134

CHAPTER 06 | 사회복지정책 급여

1. 현금 ◆ 143
2. 현물 ◆ 144
3. 바우처 ◆ 146
4. 기회 ◆ 151
5. 권력 ◆ 151

CHAPTER 07 | 사회복지정책 전달체계

1. 사회복지 재화와 서비스의 특성과 전달체계 ◆ 158
2. 전달체계의 형태 ◆ 162
1) 공공부문 162
2) 민간부문 165
3) 공급주체 민영화 167
3. 바람직한 전달체계의 특성 ◆ 169

CHAPTER 08 | 사회복지정책 재원

1. 공공부문 재원 ◆ 177
1) 조세 178
2) 지방재정조정제도 181
3) 사회보험료 184
4) 사회복지정책 재정 현황 186
2. 민간부문 재원 ◆ 188
1) 자발적 기여 188
2) 이용료(사용자 부담) 190

CHAPTER 09 | 사회복지정책 성과

1. 소득재분배 ◆ 201
1) 빈곤율 201
2) 소득분배율 203
3) 지니계수 203
2. 노동시장 ◆ 205

1) 경제활동참가율 205
2) 실업률 205
3) 고용률 206

3. 인구현상 ◆ 207
1) 합계출산율 207
2) 혼인율과 이혼율 207
3) 부양비 208
4) 자살률 210

4. 삶의 질 지수 ◆ 210
1) HDI 211
2) GDI 211
3) BLI 213

PART 03 사회복지정책 실제

CHAPTER 10 | 사회보험정책

1. 국민연금 ◆ 222
1) 연혁 223
2) 대상 224
3) 급여 227
4) 전달체계 236
5) 재원 237

2. 국민건강보험 ◆ 239
1) 연혁 240
2) 대상 242

3) 급여 243
4) 전달체계 244
5) 재원 245

3. 고용보험 ◆ 247
1) 연혁 247
2) 대상 249
3) 급여 250
4) 전달체계 257
5) 재원 258

4. 산업재해보상보험 ◆ 259
1) 연혁 259
2) 대상 260
3) 급여 262
4) 전달체계 264
5) 재원 264

5. 노인장기요양보험 ◆ 267
1) 연혁 267
2) 대상 268
3) 급여 269
4) 전달체계 270
5) 재원 272

CHAPTER 11 | 공공부조정책

1. 국민기초생활보장제도 ◆ 276
1) 연혁 277
2) 대상 278
3) 급여 281

4) 전달체계 286
5) 재원 287

2. 의료급여 ◆ 288
1) 연혁 288
2) 대상 290
3) 급여 291
4) 전달체계 292
5) 재원 294

3. 긴급복지지원제도 ◆ 294
1) 연혁 295
2) 대상 296
3) 급여 296
4) 전달체계 299
5) 재원 300

4. 기초연금제도 ◆ 300
1) 연혁 301
2) 대상 302
3) 급여 304
4) 전달체계 305
5) 재원 306

CHAPTER 12 | 사회서비스정책

1. 아동과 사회서비스 ◆ 313
1) 드림스타트 313
2) 지역아동센터 돌봄서비스 316

2. 장애인과 사회서비스 ◆ 318

1) 활동지원제도 318
2) 발달재활서비스 323

3. 노인과 사회서비스 ◆ 327
1) 노인맞춤돌봄서비스 327
2) 노인일자리 및 사회활동 지원 사업 332

4. 가족과 사회서비스 ◆ 335
1) 보육서비스 335
2) 아이돌봄서비스 339

■ 퀴즈정답 / 349
■ 참고문헌 / 351
■ 찾아보기 / 363

01

PART

사회복지정책의 개념과 이론

제1장 | 사회복지정책의 개념

제2장 | 사회복지정책발달의 사상과 이론

CHAPTER

01

사회복지정책의 개념

1. 사회복지정책의 개념과 특징
2. 사회복지정책의 기능
3. 사회복지정책의 가치
4. 사회복지정책의 영역
5. 사회복지정책의 기원

CHAPTER 01

사회복지정책의 개념

학습목표

01 사회복지정책의 개념과 특징을 이해하고 설명할 수 있다.
02 사회복지정책의 기능을 예를 들어 설명할 수 있다.
03 사회복지정책에서 중시하는 가치가 무엇인지 열거하고 자신이 가장 중요하게 생각하는 가치가 무엇인지 설득력 있게 설명할 수 있다.
04 사회복지정책 분야와 유형을 포괄적으로 열거하고, 각 유형과 영역의 예를 들어 설명할 수 있다.
05 영국, 독일, 미국의 사회복지정책의 기원에 대해 설명하고, 현재 정책의 어떤 부분과 연관되는지 말할 수 있다.

1. 사회복지정책의 개념과 특징

1) 사회복지정책의 개념

사회복지정책은 '사회복지'와 '정책'의 합성어이다. 사회복지와 정책 모두 하나의 개념으로 정의 내리기 어려운 용어이다. 혹자는 사회복지를 개인 복지의 합으로 보기도 하고 다른 한편으로 개인의 복지와는 차원이 다른 사회적 개념으로 보기도 한다.

사회복지를 개인 복지의 합으로 보는 견해는 공리주의적 견해이다. 벤담은 '복지'를 '효용'(utility)과 같은 의미로 생각하였고, 효용은 '행복'을 의미하는 것이라 생각하였다. 효용이 측정 가능한 것이라면, 측정 가능한 개인 복지의 양을 합산하는 것도 가능할 것이며, 사회복지의 총합을 수량화할 수도 있다고 보았다. 벤담에게 사회복지란, '사회적 효용'이자 '최대다수의 최대행복'이라고 보았다(Fitzpatrick, 2001).

윌렌스키와 르보는 사회복지를 잔여적 개념과 제도적 개념으로 구분하여 정의하였다. 잔여적 개념의 사회복지는 시장이나 가족에서 충족되어야 할 개인의 욕구가 충족되지 못하여 국가에서 보충적으로 제공하는 재화와 서비스를 의미한다. 이에 비하여 제도적 개념의 사회복지는 산업화된 현대 사회에서 사회구성원들이 보편적으로 바람직한 생활수준을 누릴 수 있도록 보장하는 사회의 기능을 말하는 것으로 잔여적 개념의 사회복지와는 달리 시장, 가족 등의 사회제도와 대등한 차원에서 기능하는 것으로 이해된다(Wilensky & Lebeaux, 1965).

정책이란 명백한 행동과정, 상시적 계획, 계획안 대안들을 의미한다(Gilbert & Terrell, 2005). 존스(Jones, 1984)는 정책을 조직의 목표를 이루기 위하여 필요한 행동들에 관한 원칙, 지침, 일정한 계획 등이라고 하였다(김태성, 2011: 19에서 재인용). 라스웰(Lasswell, 1951)은 정책을 '문제해결 및 변화유도를 위한 활동'이라고 정의하였고, 이스턴(Easton, 1965)은 정책을 희소한 사회가치의 권위적 배분으로 정의하였다. 드로어(Dror, 1983)는 '정부기관에 의하여 결정된 미래의 행동지침'이라고 하였다.

이상에서 논의된 사회복지와 정책의 의미를 되새겨 보며 사회복지와 정책의 합성어로서의 사회복지정책의 개념을 정의하면, 사회복지정책이란 '사회구성원 전체의 욕구 충족 또는 바람직한 생활수준을 이루기 위하여 정부를 비롯한 관련된 조직의 행동지침, 활동, 원칙'이라고 볼 수 있다.

사회복지정책의 개념은 국가별로도 조금씩 다르다. 영국에서는 사회복지정책이란 용어보다는 사회정책이란 용어를 사용한다. 영국 사회정책학자인 티트머스(Titmuss, 1958)는 사회정책이 '유익한 것을 목적으로 시민의 복지를 마련하는 것', '경제적 목적뿐만 아니라 최저임금이나 최저기준과 같은 비경제적 목적을 포함하는 것', '부자로부터 가난한 자에게로 자원을 이전하는 누진적 재분배 정책을 포함하는 것'으로 보았다. 타운센트(Townsend, 1975)는 사회정책이 공공행정과 관련된 정책으로 사회문제를 시정하거나 사회목적을 추구하기 위해 중앙 · 지방정부가 건강, 교육, 복지 및 사회보장서비스를 개발하거나 관리하는 것이라고 정의하였다. 마샬(Marshall, 1965)은 서비스나 소득을 제공함으로써 시민들의 복지에 직접적인 영향을 미치는 정부 정책이라고 보았다(박병현, 2015: 26에서 재인용).

독일도 사회복지정책보다는 사회정책이란 용어를 사용한다. 바그너(Wagner, 1891)는 사회정책이란 "분배과정의 여러 가지 폐해를 입법 및 행정수단으로 극복하려는 국가 정책"이라고 정의하였다. 슈몰러(Schmoller, 1875)는 '사회개량'이라는 용어를 사용하여 사회정책을 표현하였다. 사회개량의 일반적 목표는 사회계급 간 우호적인 관계 회복, 부정의 극복 또는 경감, 분배적 정의이며, 사회개량이란 "중하위 계급의 물질적 향상을 보증하기 위한 사회 입법적 활동"이라고 하였다(박병현, 2015: 28에서 재인용).

미국에서는 사회복지를 '공공부조'와 유사한 개념으로 인식하고 그 범위를 협소하게 규정한다. 그런데 사회복지정책 학자들은 사회복지정책에 대해 흔히 쓰이는 사회복지보다는 광범위하게 정의내린다. 길버트와 스펙트(Gibert & Specht, 1974)는 서비스나 소득을 제공함으로써 시민의 복지에 직접 영향을 미치는 행동에 관한 정부의 정책이라고 표현하였고, 디니토(DiNitto, 1995)는 국민생활의 질에 영향을 미치는 활동을 정부가 할 것인가 또는 하지 않을 것인가를 선택하는 것이라고 정의하였다(박병현, 2015: 30에서 재인용).

다양한 학자들의 사회복지정책 개념에 대한 논의들을 종합해 보면, 사회복지정책이란 '국민(시민)의 삶의 질 향상, 계층간 생활 수준 차이 해소, 사회문제 해결 등을 위해 정부가 다양한 재화와 서비스를 제공, 관리하는 일련의 활동'이라고 볼 수 있다.

2) 사회복지정책의 특징

사회복지정책을 한마디로 정의하기는 어렵다. 사회복지정책의 영역이 워낙 광범위한데다가 국가나 시대에 따라 사회복지정책의 영역이나 내용도 달라지기 때문이다. 그렇다 해도 사회복지정책이 다른 사회정책들과 구분되는 특징이 있는데, 이를 살펴보면 사회복지정책을 이해하는 데에 도움이 될 것이다.

사회복지정책은 무엇보다도 인간의 기본적 · 사회적 욕구 충족과 관련이 있다. 기본적 · 사회적 욕구는 사회에서 살아가면서 인간다운 삶을 유지하기 위해 최소한으로 필요한 욕구이자 사회구조적으로 발생하는 욕구라고 할 수 있다. 그런데 인간의 기본적 · 사회적 욕구를 충족하는 것과 관련이 있다는 것만으로 사회복지정책을 다른 정책과 구분할 수는 없다. 국방정책이나 치안정책도 인간의 기본적인 욕구인 '안전의 욕구'와 관련이 있지만, 국방정책이나 치안정책을 사회복지정책이라 하기는 어렵다.

이와 관련하여 김태성(2011: 22-25)은 사회복지정책이 인간의 기본적인 욕구를 '개별적 · 직접적 · 비시장적'으로 해결한다는 점에서 다른 정책과 다르다고 표현한다. 개별적으로 해결한다는 것은 사회복지정책에는 특정한 수급자들이 존재하고, 이 수급자들 사이에도 필요한 재화와 서비스의 양과 질에 차이가 있다는 것이다. 반면에 국방정책이나 환경정책은 특정한 수급자가 없고, 수급자마다 받게 되는 서비스의 양과 질이 다르지 않다(김태성, 2011: 22).

또한 사회복지는 저소득층에게는 소득을 제공하고, 아픈 사람들에게는 의료서비스를 제공하는 등 직접적으로 욕구를 해결한다는 점에서 다른 정책과 다르다(김태성, 2011: 23). 경제정책은 시장에 대한 규제 혹은 규제완화를 통해 경제적 영향을 미치고 이것이 임금이나 일자리에 영향을 미쳐 간접적으로 인간의 욕구 해결에 기여한다고 한다.

자본주의 사회에서 인간의 기본적 욕구를 해결하는 방법은 주로 시장에서 재화와 서비스를 구매하는 것이다. 시장에서 재화와 서비스를 구매할 때에는 재화와 서비스에 대한 대가를 지불하는 쌍방의 이전이 이루어진다. 사회복지정책은 일차적으로 시장 기제에 따른 재화와 서비스의 분배활동이 이루어진 이후에 이차적으로 자원을 재분배하는 활동이다(김태성, 2011: 24). 이차적인 재분배에서는 대가를 지불할 필요가 없거나 실질적인 재화나 서비스 가격보다 낮은 가격으로 자원을 분배하는 일방적 이전이 이루어진다. 이는 비시장적인 욕구 해결 방법인 것이다.

또한 사회복지정책은 정책 형성 또는 집행 과정에서 정책의 대상 또는 클라이언트의 참여를 필요로 하는 정책이다(박병현, 2003). 사회복지정책의 주요한 정책 대상인 일반 시민, 저소득층, 노동자, 지역주민 등이 사회복지정책 결정과정에 참여하여 정책의 내용에 영향을 미칠 수 있고 정책의 평가에도 영향을 미칠 수 있다.

사회복지정책은 내용 포착이 어렵다(박경일, 2015에서 재인용). 사회복지정책에는 투입이나 성과가 계량화되기 어려운 서비스 정책들이 있다. 예를 들면 역량 강화 프로그램, 인지 발달 서비스, 치매 예방 정책, 드림스타트 등은 성과를 수치로 표현하기 어려운 경우가 많다. 최근에는 이러한 정책이나 사업들도 최대한 성과 지표를 계량화하여 관리하고 있으나 본질적으로 계량화나 내용 포착이 어려운 정책들이 많다.

사회복지정책은 이익집단의 힘이 약한 정책이다(박경일, 2015에서 재인용). 다른 정책(예를 들면 국방정책, 의료정책, 경제정책 등)에 비해 사회복지정책의 대상들은 사회경제적으로 취약한 집단인 경우가 많아서 이들이 이익집단을 결성하기 어렵고 결성한다 해도 다른 이익집단과 같은 영향력을 발휘하기 어려운 경우가 많다.

마지막으로 사회복지정책의 특징으로는 가치개입적이라는 것을 들 수 있다(박경일, 2015에서 재인용). 사회복지정책 역시 다른 정책과 마찬가지로 효율성, 효과성, 합리성을 중시하기는 하지만 다른 정책에 비해서는 상대적으로 가치와 이념의 영향을 많이 받는다고 볼 수 있다. 인간과 사회에 대한 관점에 따라 어떤 정책이 바람직한지에 대한 평가가 달라질 수도 있고 정책의 대상, 방법 등 구체적인 정책 내용이 달라질 수 있다.

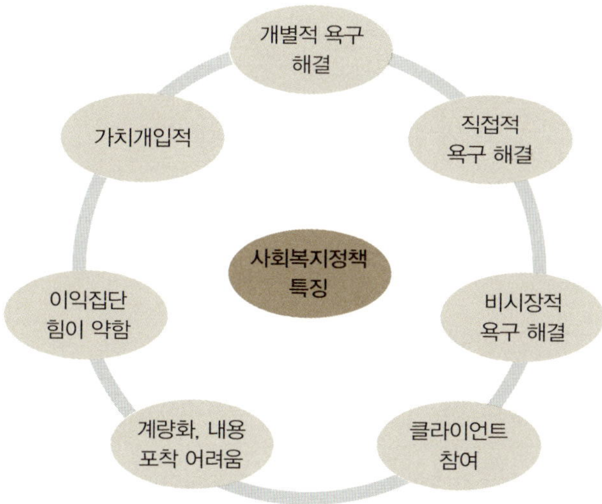

[그림 1-1] 사회복지정책의 특징

2. 사회복지정책의 기능

1) 사회통합

사회복지정책은 자본주의 경제체제에서 발생이 불가피한 불평등의 문제를 해소함으로써 사회통합 기능을 한다고 볼 수 있다. 사회복지정책의 개입이 없이는 시장을 통한 자원 분배는 계층 간의 격차를 심화시킨다. '부익부 빈익빈' 현상은 궁극적으로 사회를 분열시키고 갈등을 조장한다. 현대 사회에서는 자본가-노동자 계급 간, 경제적 계층(고소득층, 중산층, 저소득층 등) 간 갈등뿐만 아니라 세대 간, 성별, 인종별, 지역별 갈등과 대립도 사회 균열 지점으로 나타난다. 이에 대해 사회복지정책은 공적연금, 의료보험, 실업급여, 노동시장정책, 일가족양립정책, 다문화정책 등을 통해 계층간 집단간 격차를 완화하고 사회통합과 연대감을 증대시키는 기능을 한다. 사회복지정책은 갈등과 대립에 수반되는 사회혼란을 사전에 방지함으로써[01] 사회의 분열을 사전에 예방하는 선제 전략으로 실시된다(김기원, 2017: 56).

2) 소득재분배

소득재분배란 시장에서 일차적으로 분배된 자원의 상태를 다시(再) 분배하여 계층 간, 위험 간 격차를 완화하는 것이다. 자본주의 경제체제에서 분배정책은 일차적으로 '능력의 원칙'을 토대로 하여 사회적 부가가치의 분배가 이루어질 수 있도록 하고 이차적으로 사회적 약자의 보호 차원에서 '필요

01 Piven과 Cloward(1971)는 미국의 빈곤정책 역사를 분석하면서 사회 갈등이 심화되는 시기에 빈곤정책 또는 지출이 확대되고 사회 갈등이 누그러지면 빈곤지출이 감소되었던 현상에 대해 사회복지정책의 '사회 통제' 기능에 대해 언급하였다.

의 원칙'에 입각하여 소득의 재분배가 되도록 실현되어야 한다(이정우, 2017: 199). 특히 사회민주주의적 복지국가에서는 소득재분배가 기본적 관심사이다(Gilbert & Terrell, 2014).

사회복지정책 중에서도 공공부조제도는 소득이 적은 사람들에게 재화와 서비스를 재분배함으로써 일차적인 분배 결과의 불평등을 완화시켜 준다. 사회보험제도에서도 우리나라의 국민연금은 소득재분배 기능이 있다. 급여 공식에 따라 기여에 완전히 비례적인 급여를 받는 것이 아니라 저소득층은 기여금에 비해 높은 연금 급여를, 고소득층은 기여금에 비해 낮은 연금 급여를 받는다. 소득재분배는 사회복지정책뿐만 아니라 조세정책을 통해서도 이루어진다. 누진세율을 이용하여 소득이 많을수록 더 많은 세금을 납부하고 소득이 적으면 면세 또는 낮은 세율의 세금을 납부하는 것 역시 소득의 재분배효과를 높일 수 있다.

소득재분배는 크게 소득계층 간 재분배인 수직적 재분배, 위험집단과 위험이 없는 집단 간 재분배인 수평적 재분배로 분류된다. 예를 들어 수직적 재분배는 소득이 많은 집단으로부터 소득이 적은 집단에게로 일어나는 재분배이고, 수평적 재분배는 아동이 없는 집단에게서 아동이 있는 집단, 건강한 사람에게서 아픈 사람에게로 자원이 분배되는 형태이다. 노령세대와 근로세대 간 재분배와 같은 세대 간 재분배를 따로 구분하기도 한다.

3) 사회문제 해결

사회문제를 해결하는 것은 어떻게 보면 사회복지정책의 가장 기본적인 기능이다. 산업화가 진행되면서 발생되는 각종 사회문제들(빈곤, 실업, 주택, 가족해체, 비행 등)을 해결하기 위해 국가가 제도적으로 개입하는 것이 사회복지정책의 시작이었다고 할 수 있다. 사회문제란 "개인문제와 달리 사회구성원들이 바람직하지 않다고 규정하고 사회구성원 모두가 협력해서 해결하려고 노력하는 문제”를 말한다(Blaswick & Morland, 1990: 김기원, 2017: 353에서 재인용). 사회구성원 모두가 사회문제를 해결하기 위해서는 정부 또는 사회공동체의 체계적 개입이 필요하다.

사회문제는 시대와 지역에 따라 규정되는 문제들이 달라진다. 산업혁명 이후 산업화에 따른 사회문제와 최근 4차 산업혁명이라 불리는 산업적 변화와 연관된 사회문제는 그 양상이 다르다. 저출산과 고령화, 불안정 노동의 문제는 비교적 최근의 사회문제라고 볼 수 있고, 1930년대 실업 문제와 2010년 후반의 실업 문제의 구체적 양상 또한 서로 다르다. 어떤 국가에서는 기아, 질병 문제보다 약물중독, 정신건강, 자살 등이 더 심각한 사회문제일 수 있다. 사회복지정책이 사회문제 해결이라는 기능을 제대로 발휘하기 위해서는 사회문제 원인에 대한 정확한 진단과 그에 따른 적절한 정책 개입이 수반되어야 한다.

4) 경제안정

자본주의 경제는 호황기와 불황기를 반복적으로 경험한다. 호황기에는 생산과 소비가 증가하고, 투자도 증대되며, 고용이 확대되고, 생산성도 증가하여 국민소득이 증가한다. 그러나 일정 수준 이상으로 생산이나 투자가 증가하면 과잉생산으로 재고가 증가하고, 투자가 감소되고, 고용이 위축된다. 이에 따라 실업률도 증가하고 국민소득도 감소하여 소비도 감소하는 악순환이 일어난다.

정부는 호황기에 정부의 지출을 감소시키고 불황기에는 재정 지출을 증가시켜 적극적인 경기부양책을 실시함으로써 경제 안정을 꾀한다. 정부는 사회복지정책을 통해 불경기 때 실업급여나 생계급여 등을 통해 재정 지출을 증가시키고, 사회복지정책 급여를 받은 국민들은 구매력, 즉 유효수요가 증가하여 소비를 증가시킬 수 있다. 소비가 증가하면 그에 따라 생산이 증가하고 투자와 고용이 증가할 수 있다는 것이 사회복지정책의 경제안정 기능이다.

5) 인적자본투자

사회복지정책 급여의 기능 중에 경제안정의 기능이 있는 것과 마찬가지로 경제성장 기능이 있다고 보는 학자들도 있다. 사회복지정책의 경제성장 기능이란, 인적자본 투자를 통한 생산성 증가와 그에 따른 경제성장이다.[02] 학자들에 따라 사회복지정책이 경제성장에 부정적인 영향을 미친다고 보기도 하지만 이는 단기적인 관점이다. 장기적으로는 사회복지정책을 통해 인간다운 삶을 보장함으로써 노동력을 유지시키고 지속적으로 경제활동에 참여할

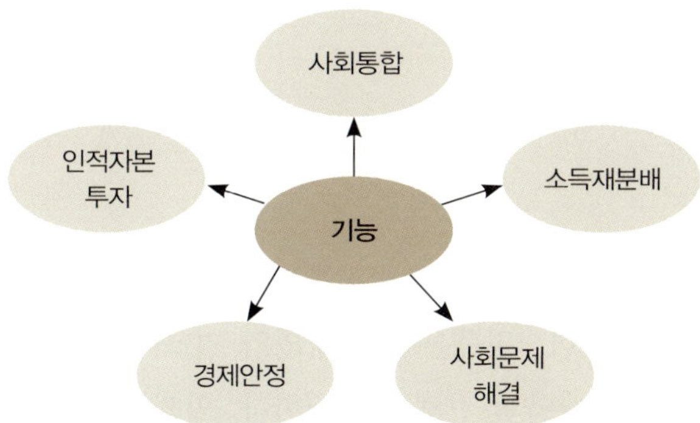

[그림 1-2] 사회복지정책의 기능

02 김기원(2017)은 인적자본투자를 통한 경제성장 외에도 사회복지사, 요양보호사, 보육교사 등 사회서비스 직종을 통해 고용을 증대시키고 사회보장기금이 SOC에 투자되어 경제성장의 기반이 되는 것도 언급하였다.

수 있도록 노동력을 재생산하는 기능을 할 수 있다. 교육과 훈련을 통해 인적자본을 향상시키고 생산성을 증대시켜 궁극적으로 경제성장에 기여할 수 있다는 것이다. 인적자본투자 기능을 하는 대표적인 사회복지정책으로는 직업훈련 프로그램, 아동발달 지원 프로그램, 건강 지원 서비스 등이 있다.

3. 사회복지정책의 가치

사회복지정책은 가치중립적이지 않다. 사회복지정책은 특정한 가치를 추구하고, 사회복지정책을 통해 그러한 가치가 실현되는 것을 추구한다. 사회복지정책이 추구하는 가치가 어느 한 가지로 정해진다면 사회복지정책과 관련된 정책결정이나 시행이 그리 어렵지 않을 것이다. 사회복지정책은 다양한 가치를 추구하고 또한 그 가치를 구현해 내야 한다. 여기에서는 사회복지정책에서 추구하는 가치는 무엇이며 사회복지정책의 어떤 측면이 그런 가치를 구현해 내는지 설명한다.

1) 평등

사회복지정책의 주요한 기능인 사회통합과 소득재분배는 평등의 가치를 구현하기 위한 기능이다. 평등은 사회정의의 기초적 요소이면서도 무엇의 평등인지에 대해서는 다양한 견해가 존재한다. 일찍이 아리스토텔레스는 그의 저서 니코마코스 윤리학(Nicomachean Ethics)에서 수량적 평등(numerical equality)과 비례적 평등(proportional equality)을 구분하였다. 이 두 개념은 분배적 정의의 평등주의적 견해와 능력주의적 견해를 반영한다.[03]

03 인터넷 스탠포드 철학사전(plato.stanford.edu/entries/equaliy)

수량적 평등은 모든 사람들에게 똑같은 대우를 해줘야 한다는 것을 의미한다. 결과적으로 모든 사람들이 같은 분량을 분배받게 된다. 비례적 평등은 유사한 능력을 가진 사람들에게는 같은 분량을 분배한다는 것이다. 즉 그 사람의 능력이나 가치에 따른 배분을 의미한다. 평등에 대한 해석은 다른 능력을 가진 사람들을 어떻게 대우해야 하는지에 대한 두 가지 다른 관점을 드러낸다. 길버트와 터렐(Gilbert와 Terrell, 2014)은 비례적 평등을 '형평'(equity)이라는 개념으로 평등과 구분 짓는다.

그런데 모든 사람들에게 똑같은 대우를 해줘야 한다고 할 때, 무엇을 평등하게 분배할 것인지에 대해서도 견해 차이가 존재하는데 이를 '기회의 평등'과 '결과의 평등'으로 구분할 수 있다. 기회의 평등(equlity of opportunity)은 모든 사회적 제도에 대한 접근을 모든 사람에게 균등하게 보장한다는 것이다. 교육, 취업, 공직, 정치 등에서 성별, 인종, 종교, 지역, 경제적 지위 등에 의한 차별 없이 동등한 기회를 보장받는 것이다. 가령 빈곤 아동이라 해서 제도적인 교육을 받지 못하고, 여성이라는 이유로 취업을 하지 못하거나, 유색인종이라 해서 투표권을 받지 못한다면 이는 기회의 평등을 보장받지 못하는 것이다.

기회의 평등은 평등한 분배의 대상 범위를 비교적 협소하게 잡는다. 기회의 평등이 보장되지 못한다는 것은 법률적, 제도적, 관습적 특권과 같은 기준에 의해 평등한 기회가 제약되어 불평등이 발생하는 것이다(구인회 외, 2010). 평등의 개념을 기회의 평등에 한정하여 규정하는 견해에 따르면 "법적 권리의 평등이 보장되어 경제적 기회가 확대된다면 다른 종류의 평등은 불필요하거나 위험"하다고 본다. 부와 권력을 가질 '기회'가 모든 사회성원에게 열려 있다면, 부와 권력의 불평등이 매우 심각하더라도 문제될 것이 없다고 본다(Tawney, 1961: 구인회 외, 2010: 43에서 재인용).

이러한 전통적인 기회의 평등 개념에 대하여 확대된 해석을 통해 분배정의론을 재구축하려는 시도가 이루어졌다. 드워킨(Dworkin)은 개인이 통제할 수 없거나 개인의 책임이 없는 구조적, 환경적 요인으로 인한 불이익에 대해서는 보상이 이루어져야 한다는 점을 강조한다. 드워킨에 따르면 "정의로운 사회에서는 재능의 차이를 포함한 선천적 차이에 대해서도 보상이 이루어져야" 한다(World bank 2006: 구인회 외, 2010: 44에서 재인용). 뢰머(Roemer)는 여기에서 더 나아가 경쟁을 하는 개인들의 출발선을 동등하게 하여(level the playing field) 모든 잠재력 있는 개인들이 경쟁자 집단에 포함되도록 하는 것 또한 기회의 평등이라고 주장한다(Roemer, 1998; 구인회 외, 2010: 44). 박경일(2016)은 이를 '조건의 평등'이라고 명명하기도 하였다. 예를 들어 소수인종 등 불이익을 받는 사회적 배경을 가진 어린이들에 대해서는 적극적인 교육 지원 혜택을 주는 보상교육을 하여 이들이 상대적 이익을 누리는 다른 집단의 어린이들과 대등하게 경쟁할 수 있도록 하는 것이다. 출발선을 동등하게 하는 원리는 장애인 고용 할당제 또는 적극적 조치(Affirmative Action)[04] 등과 같이 통제할 수 없는 모든 불이익에 대해 적극적으로 보상하는 정책이 대표적이다(구인회 외, 2010: 45). 이는 특권과 차별을 없애는 것에 한정하지 않고 사회적, 정책적으로 개입하여 불평등에 대해 적극적으로 보상한다는 점에서 전통적인 기회의 평등보다는 진보적이지만, 다른 한편에서는 교육, 건강, 고용, 소득, 효용 등의 성취 결과(achievement)에 대해서는 개인의 책임 영역을 설정한다는 점에서 다음에서 설명할 결과의 평등과는 구별된다(구인회 외, 2010: 45).

결과의 평등은 출발점이나 선천적 능력은 고려하지 않고 법적 조치나 정치적 수단을 이용하여 최종 결과의 평등을 이루고자 하는 것이다. 결과의

04 적극적 우대조치라고도 한다. 적극적 조치란, 인종이나 경제적 신분간 갈등을 해소하고 과거의 잘못을 시정하기 위해 특혜를 주는 사회정책을 말한다. 단순히 차별을 철폐하고 공평한 대우를 하는 것보다 좀 더 적극적으로 가산점을 주는 형태로 이루어진다. 여성고용할당제나 탈북자나 장애인 의무고용 등이 적극적 우대조치의 예이다(위키대백과).

평등 개념은 가장 적극적인 평등 개념으로 모든 사람에게 그들의 욕구나 능력의 차이에 관계없이 사회적 자원을 똑같이 분배하는 것이다. 그러나 결과의 평등이 완전히 보장되는 사회는 현실적으로 존재하지 않는다(박경일, 2016: 58-59). 사회복지정책 중에서는 공공부조정책이 개인의 노력이나 기여와 관계없이 최소한의 기본적인 욕구를 모든 사람에게 똑같이 보장해 준다는 점에서 결과의 평등을 추구하는 정책이라고 볼 수 있다. 공공부조정책에서 결과의 평등을 추구한다고 하는 것은 모든 사람들에게 같은 액수의 급여를 주는 것이 아니라 모든 사람에게 기본적 욕구를 똑같이 보장한다는 것이다.

2) 자유

사회복지정책에서 고려해야 할 중요한 가치 중의 하나가 자유(freedom)이다. 자유는 사회복지정책의 확대를 비판하는 사람이 중요하게 생각하는 가치이기도 하면서 사회복지정책의 확대를 지지하는 사람들 또한 사회복지정책을 통해 추구하는 가치라는 점에서 흥미롭다.

사회복지정책의 확대를 비판하는 사람들이 지지하는 자유의 개념은 '개인의 생각 · 행위에 대한 억압이나 통제가 없는 상태'를 의미한다. 벌린(Berlin, 1961)은 이를 소극적 자유(negative freedom)라 지칭한다. 자유의 가치를 신봉하는 사람들은 시장에서의 '자유로운 선택'에 의한 자원 배분이 가장 바람직하다고 본다. 이들은 국가가 시장에 개입하여 사람들의 자유로운 선택을 제한하는 것은 비효율적인 자원 배분을 초래한다고 생각한다(김태성, 2011: 249).

현대 복지국가에서 사회보험은 강제적 가입을 기본 요건으로 한다. 소득이 있는 사람들은 세금과 마찬가지로 사회보험료를 납부해야 하는 것이다.

빈곤층의 기본적 생활을 보장하는 공공부조제도 역시 세금을 재원으로 한다. 이때 소극적 자유를 지지하는 사람들은 자신의 재산권을 침해하는 사회보험료, 소득세, 재산세 등을 비판한다.

그러나 사회복지정책을 통해서 자유를 이룰 수 있다고 주장하는 사람도 있다. 이때 자유의 개념은 위에서 설명한 자유 개념과 다르다. 사회복지정책을 통해 추구하는 자유는 '사람들이 자신이 원하는 것을 적극적으로 할 수 있는 자유'를 의미한다. 자유를 누릴 여건이나 상황이 안되는 상태에서는 소극적 자유가 주어진다 해도 실제로 누릴 수 있는 자유는 크게 줄어든다. 자신이 원하는 것을 할 수 있는 자유(적극적 자유)가 어떻게 보면 소극적 자유의 전제조건이라 할 수 있다. 소극적 자유는 자유의 '기회(opportunity)'의 측면을 강조한다면 적극적 자유는 자유의 '능력(capacity)' 측면을 강조한다. 벌린(Berlin, 1969)은 이를 적극적 자유(positive freedom)라고 하였다(김태성, 2011: 250). 센(Sen)도 자유를 개인이 진정한 선택을 할 수 있고 선택에 맞춰 행동할 수 있는 능력(capability)으로 보아 적극적 자유의 의미로 정의한다. 자유란 개인이 자신이 중시하는 가치나 목표를 실현하고 성취할 수 있는 능력을 가진 상태를 말한다. 센의 견해에 따르면 국가의 강압이나 간섭뿐만 아니라 빈곤, 경제적 자원 부족, 공공서비스 결여 등의 요소를 제거하는 것이 자유 실현에 필수적이다. 따라서 자유는 '어떤 기능을 할 수 있는 역량의 상태'라는 적극적인 의미를 띠며, 자유 실현을 위해 국민은 국가에 적극적으로 요청할 수 있고, 국가도 적극적인 개입 의무가 있다(Fredman, 2009; 구인회 외, 2010에서 재인용).

소극적 자유의 가치를 지지하는 사람들은 사회복지정책의 확대를 위하여 세금을 늘리는 것을 반대하고, 적극적 자유를 지지하는 사람들은 사회복지의 확대를 주장한다. 어떤 자유의 개념이 더 중시되는가는 사회 구성원의 가치관에 따라 달라진다.

사회복지정책의 확대를 지지하는 사람들은 소극적 자유를 침해함으로써 감소하는 효용이 다른 사람들의 적극적 자유를 신장시킴으로써 증가하는 효용보다 작다고 주장한다. 이것은 사람들이 자유를 누릴 때 발생하는 한계효용은 자유가 커질수록 줄어든다는 논리(한계효용 체감의 법칙)에 근거하고 있다. 가난한 사람들을 위하여 사회복지정책을 확대하고자 부자들에게 세금을 부과할 때 부자들의 소극적 자유가 침해되어 효용이 감소한다. 그러나 부자들은 일반적으로 많은 양의 자유를 향유할 수 있기 때문에 이러한 효용의 감소는 크지 않다고 보는 것이다. 반면에 사회복지 정책으로 급여나 서비스를 받는 가난한 사람들의 적극적 자유가 커짐으로써 나타나는 효용의 증가는 부자가 잃게 되는 효용의 양보다는 크다는 것이다(김태성, 2011: 252).

3) 형평

형평(equity)이란 공정한 처우(fair treatment)를 의미한다. 어떤 사람이 하루 종일 일했다고 하면 하루치의 삯을 받는 것이고 반나절 일했다면 반절만 받는 것이다. 사람들에게 주어지는 보상은 그 사람이 기여한 정도에 비례하는 것이 형평의 가치를 존중하는 것이다. 참전 군인에 대한 보훈정책이나 자신이 낸 보험료에 비례하여 받는 사회보험 급여는 이러한 형평의 가치를 반영하는 사회복지정책이다. 한때는 공공부조정책에서도 이러한 형평의 가치를 반영한 적이 있었다. 바로 1834년 신빈민법의 '열등수급의 원칙'(less eligibility)이다. 열등수급의 원칙이란 빈민법을 통해 받는 급여가 그 당시 노동자가 받는 최저임금보다 낮아야 한다는 원칙이다. 현대 공공부조정책에서는 이러한 열등수급의 원칙을 적용하지는 않지만 일부 국가에서 공공부조정책 급여를 매우 낮게 유지하고 있다면 일정 정도 이러한 형평의 원칙을 반영하는 것이라 볼 수 있다. 이렇게 공공부조에서 형평의 가치를 강조하는 이유는 근로유인(work incentives)을 유지하기 위해서이다(Gilbert & Terrell, 2014: 81).

4) 효율

효율(efficiency)은 최소한의 자원을 투입하여 최대한의 효과를 얻는 것을 의미한다. 효율은 사회복지정책에서 궁극적으로 혹은 일차적으로 추구하는 가치는 아닐지 몰라도 자원의 희소성이 존재하는 자본주의 사회에서 무시할 수 없는 가치이다. 아무리 소득재분배효과가 커서 평등 가치를 구현하는 성공적인 사회복지정책이라 해도 정책이 국가경제에 큰 해를 주어 재분배할 자원 자체를 크게 줄인다면 정책이 바람직하다고 할 수 없다(Okun, 1975; Le Grand, 1982; 김태성, 2011에서 재인용).

사회복지정책에서 자주 거론되는 효율의 대표적인 개념이 목표효율성(target efficiency)과 운영효율성(administrative efficiency)이다. 목표효율성은 정책 대상자들에게 자원이 얼마나 집중적으로 분배되는가를 판단하는 기준이다. 저소득층의 소득 향상, 소득재분배를 목표로 하는 공공부조정책이라면 정책의 대상인 저소득층에게 집중적으로 급여가 전달되어야 목표효율성이 높은 것이다. 공공부조정책에서 목표효율성을 높이기 위해서는 엄격한 소득 · 자산조사를 해서 정확하게 정책 대상을 선정해야 한다(김태성, 2011: 189).

운영효율성은 정책 집행에 얼마나 적은 비용이 드는가를 판단하는 기준이다. 사회복지정책을 운영하는 데에는 많은 비용이 소요된다. 국민기초생활보장제도의 재원을 마련하기 위해 드는 행정비용에는 소득파악을 위한 행정기관의 인적 · 물적 자원이 소요된다(김태성, 2011: 189). 즉 대상자 선정과 전달체계 수립 등을 담당하는 사회복지전담공무원의 인건비를 비롯한 비용이 필요하다. 사회복지기관에서도 클라이언트에게 직접 전달되는 재화나 서비스의 양이 더 많기는 하지만 간접적인 기관의 행정 비용도 만만치 않게 소요된다. 행정비용이 커서 납세자나 기부자들이 사회복지정책을 위해 기여한 금액과 사회복지정책 수급자들이 받는 급여액 사이의 차이가 크다면 이는 운영효율성의 문제가 있는 것이다. 오쿤(Okun, 1975)은 이를 '새는 바구니효과'(leaky bucket effect)라 명명하였다(김태성, 2011: 190에서 재인용).

최근 서구 사회복지국가들에서도 사회복지에 사용할 수 있는 재원의 한계로 과거에 비해 운영효율성을 강조하는 경향이 있다. 사회복지정책이 공공부문에서 제공되기 때문에 관료제 등으로 인하여 발생하는 운영의 비효율성을 염두에 두고 사회복지 민영화를 강조하기도 한다. 공공부문에서 제공되는 사회복지정책 운영 효율성이 낮을 수 있다는 것은 흔히 정부의 실패(government failure)라고도 한다(김태성, 2011: 190).

목표효율성과 운영효율성은 상충된다고 볼 수도 있다. 예를 들어 공공부조정책은 목표효율성은 높으나 목표효율성을 높이기 위해 대상자 선정, 급여 전달 등에 소요되는 인건비 등 행정비용이 높아 운영효율성이 낮을 수 있다. 반면에 소득 · 자산조사 없이 인구학적 조건만으로 지급되는 보편수당은 운영효율성은 높을 수 있으나 목표효율성은 낮은 정책이다.

5) 사회적 적절성

적절성(adequacy)의 가치는 사회복지 급여 수준이 그 사회에서 바람직한 생활수준을 유지할 수 있을 만큼 적정한가의 문제이다. 우리나라 사회보장기본법 제10조 1항에서 "국가는 모든 국민이 건강하고 문화적인 생활을 유지할 수 있도록 사회보장급여의 수준 향상을 위하여 노력하여야 한다"라고 규정하고 있어, '건강하고 문화적인 생활을 유지할 수 있는 수준'을 사회적 적절성이라고 볼 수 있다.

다른 한편으로 국민기초생활보장법 제2조에서는 "'최저보장수준'이란 국민의 소득 · 지출 수준과 수급권자의 가구 유형 등 생활실태, 물가상승률 등을 고려하여 제6조에 따라 급여의 종류별로 공표하는 금액이나 보장수준을 말한다"고 규정하여 사회복지정책의 종류에 따라 보장하는 사회적 적절성의 수준이 다른 것으로 보이기도 한다. 이와 같이 적절성은 최저생계비, 최저임금, 빈곤선, 최저보장수준 등으로 구체화된다.

사회적 적절성의 기준은 시대와 상황에 따라서도 다르다. 2015년 4인가구 생계급여 선정기준은 118만 원 정도였는데, 2021년에는 146만 원으로 상승하였다.[05] 최근에는 최저임금 인상에 대한 찬반 논의가 매우 뜨거운데, 사회를 바라보는 가치관에 따라 사회적 적절성의 수준이 달라지기도 한다.

4. 사회복지정책의 영역

1) 정책 분야

사회복지정책은 인간의 기본적이고 사회적인 욕구를 충족시키는 기능을 하기 때문에 인간의 기본적이고 사회적인 욕구를 어떻게 정의하느냐에 따라 사회복지정책의 영역도 다양하게 구분된다. 베버리지(Beveridge, 1942)는 소득보장, 의료보장, 교육보장, 주택보장, 고용보장을 사회정책의 분야로 파악하였고(이진숙 외, 2014에서 재인용), 타운센트(Townsend, 1970)는 사회복

05 2015년 맞춤형 급여체계 시행 이후 보건복지부는 최저생계비 대신 기준중위소득을 공표하고, 기준중위소득을 기준으로 공공부조 급여별 대상자 선정기준(최저보장수준)을 발표한다.

지정책의 분야를 소득보장, 건강, 교육, 주택, 사회서비스 등 5가지로 보았다. 케이머만과 칸(Kamerman & Kahn, 1989)과 힐(Hill, 1980)은 소득보장, 건강, 교육, 주택, 사회서비스, 노동의 6가지 분야로 파악했다. 티트머스(Titmuss, 1969)는 사회정책의 영역을 포괄적으로 해석하여 조세정책도 사회정책의 분야로 포함시켰다.

소득보장정책은 노령, 사망, 장애, 실업, 질병 등으로 인한 소득 중단 또는 감소에 대해 소득의 일부 혹은 전부를 보장해 주는 정책이다. 빈곤으로 인해 최소한의 기본 욕구를 충족하지 못할 때에도 일정 정도의 소득을 보장해 준다. 주로 공적 연금보험, 실업보험, 의료보험 등의 노령연금, 실업급여, 상병급여나 공공부조정책의 생계급여가 소득보장정책의 주요한 정책 수단이다.

의료보장정책은 질병이나 부상 등으로 신체적 · 정신적 건강을 유지하지 못하는 경우 의료서비스를 보장하는 것이다. 국가에 따라 NHS 제도와 같이 국가가 직접 의료서비스를 제공하기도 하고 우리나라의 건강보험처럼 의료서비스의 비용을 보전해 주는 방식으로 제공하기도 한다.

주택보장정책은 주거환경개선사업, 공공주택공급, 임대료 지원, 주택수당, 우선분양권 지급 등의 방법으로 주거를 보장해 주는 정책이다. 주택보장정책은 주택의 열악한 환경으로 인한 질병, 가족해체, 정신적 스트레스 등의 문제발생을 사전에 예방하기 위한 것이다. 주거환경이 열악한 지역은 위생, 질병 외에도 교육, 범죄, 사회적 배제 등 다양한 종류의 사회문제가 발생할 수 있다(이진숙 외, 2014: 18).

교육정책은 의무교육과 같이 국가가 직접 교육 서비스를 제공하기도 하고 빈곤층 아동들에게는 교육비 지원, 인지 · 언어 · 신체 · 정서발달 서비스 제공 등을 통해 소득 부족으로 교육받을 기회를 박탈당하지 않도록 한다.

대인사회서비스는 아동, 청소년, 노인, 장애인, 여성 등 사회서비스가 필요한 클라이언트들에게 개별적인 서비스를 제공하는 것이다. 클라이언트의 욕구, 문제, 상황에 따라 다양한 서비스를 필요로 하기 때문에 이에 대한 적절한 서비스를 제공하고, 저소득층에게는 무료 또는 저비용으로 이용할 수 있도록 한다.

노동시장정책은 노동능력이 있는 사람들을 대상으로 노동시장에서의 취업을 촉진하는 직업훈련을 제공하거나, 적당한 일자리를 소개해주는 고용서비스를 제공하기도 하고, 고용주로 하여금 고용 창출, 고용 안정, 고용 촉진을 하도록 지원금을 제공하기도 한다. 노동자가 적정한 소득 수준을 보장받을 수 있도록 최저임금제도를 실시하거나 필요한 경우 정부가 직접 고용을 창출하기도 한다.

조세정책은 국가가 사회복지의 목적을 위해 조세부담률을 조정하거나 조세를 면제하는 등의 정책을 의미한다. 저소득층의 빈곤문제를 해결하기 위해 빈곤계층의 조세부담을 줄이거나 면제하기도 하고, 근로 유인을 위해 저소득 근로자의 조세 일부를 환급해 주기도 한다(이진숙 외, 2014: 19). 의료비, 교육비에 대한 공제제도나 피부양자에 대한 인적 공제 역시 사회복지정책의 성격이 강하다. 특히 조세정책은 소득세에 대한 누진율 적용으로 소득재분배 기능을 하고 있다.

2) 정책 유형

사회복지정책은 정책의 특징에 따라 크게 사회보험, 공공부조, 사회서비스 등의 정책으로 구분될 수 있다. 사회보험은 질병, 장애, 노령, 실업, 사망 등 사회적 위험에 대하여 '위험의 분산'이라는 보험 기술을 이용하여 국민의 건강과 소득 등을 보장하는 제도이다. 민간 부문의 보험 기술을 이용한다는 것은 사회적 위험 발생에 대비하여 미리 일정 기간 보험료를 기여하고 사회적 위험이 발생하면 이에 대한 적절한 급여 혹은 서비스를 권리로서 보장받는 것을 의미한다. 사회보험은 민간보험과 달리 전국민 또는 전체 근로자가 강제로 가입해야 한다.

공공부조는 사회보험 기여금을 부담하지 못하는 저소득층에게 기본적인 생계, 의료, 교육, 주거 등의 급여를 제공함으로써 기본적인 욕구를 충족할 수 있도록 보장해 주는 정책이다. 공공부조 급여 혹은 서비스를 제공받기 위해서는 소득 · 자산조사와 같은 일정한 심사를 받아야 한다.

사회서비스는 공공부조나 사회보험과는 달리 비물질적 서비스를 주로 제공한다. 아동, 노인, 장애인, 여성, 가족 등이 겪게 되는 문제에 대해 지식과 기술을 갖춘 전문가가 이들에게 필요한 서비스를 제공하는 것이다.

사회보험, 공공부조, 사회서비스는 해당 욕구가 있는 사람들에게 직접적으로 급여나 서비스를 제공하는 것이지만, 길버트와 테렐(Gilbert & Terrell, 2014)은 규제(Regulatory Power)를 또 하나의 정책 유형으로 파악하고 있다. 중앙정부 또는 지방정부가 사회복지관, 요양시설, 어린이집, 병원, 주거시설 등에서 보건 및 안전의 목적을 위해 시설에 대한 허가나 승인을 하고 기준에 대한 규제를 하는 것 역시 사회복지정책의 한 유형이라고 하였다. 기업으로 하여금 직장보육시설을 설치하도록 하고, 고용할당제를 실시하게 하거나, 기업연금 제도를 운영하도록 하는 것 역시 정부 정책의 한 유형으로 파악할 수 있다.

5. 사회복지정책의 기원

서구 사회복지정책은 국가마다 발달 양상이 다르다. 이 책에서는 영국, 독일, 미국의 사회복지정책의 발달을 주요한 복지제도를 중심으로 간략하게 살펴볼 것이다. 영국은 16~17세기 엘리자베스 빈민법부터 복지국가 설계도라고 할 수 있는 베버리지보고서까지, 독일은 최초의 사회보험 발달을 중심으로, 미국은 대공황 이후 뉴딜정책의 일환으로 제도화된 사회보장법에 대해 서술한다.

1) 빈민법부터 베버리지보고서까지 : 영국의 사회복지정책 발달

영국은 자본주의와 산업혁명이 다른 서구 국가에 비해 일찍 발달하였다. 중세시대 정치 · 경제 시스템이었던 봉건주의가 붕괴되고 근대 정치경제체제인 절대왕정과 중상주의로 넘어가는 시기 영국은 과도기적인 복지욕구를 빈민법(Poor Law, 구빈법이라고도 함)이라는 제도로 대응하였다. 이는 현재의 사회복지정책과는 그 성격이 매우 다르지만, 빈민을 대상으로 하는 국가정책이었다는 점에서 사회복지정책의 역사적 기원으로 다룰 수 있다.

(1) 빈민법과 정주법

엘리자베스 빈민법이 제도화된 시기는 영국의 북대서양 교역이 활발해지고, 양모산업이 번창하여 관습적으로 유지해 온 공유경작지(commons)를 목축지로 전환하는 엔클로저 운동이 활발히 일어난 시기이다(Polanyi, 1944). 농민들이 생계 수단인 경작지를 잃고, 부랑인이 증가하면서 빈민과 부랑인에 대한 국가 개입이 불가피한 시기였다고 할 수 있다.

빈민법은 1563년부터 1601년까지 엘리자베스 1세의 재위기간 동안 제도화된 일련의 법률이다(박광준, 2013). 엘리자베스 빈민법을 사회복지정책의 역사적 기원으로 간주하는 가장 큰 이유는 국가가 빈민의 구제 또는 통제에 개입하기 시작하였다는 것이다. 국가가 교구별로 빈민감독관을 임명하고, 구빈사업에 소요되는 예산을 위해 구빈세를 신설하였다. 빈민법 대상자 선정기준을 법제화하여 노동능력 있는 빈민에게는 작업장 등에서 노동을 강제하고, 노동능력이 없는 빈민에게는 구빈원에서 생활하도록 하였으며, 아동은 도제로 송환하였다.

빈민법은 다분히 빈민을 억압하는 성격이 강하였고, 이러한 성격은 1662년 정주법(The Act of Settlement and Removal)에서도 나타난다. 부랑이 증가하는데다 교구에 따라 빈민에 대한 처우가 달라서 처우가 좋은 교구로의 빈민 이동이 증가하자 각 교구는 구빈비용을 절감하기 위해 부랑을 금지하고, 부랑증명서가 없으면 최근 거주지로 강제 송환하는 정주법을 시행하였다.

(2) 길버트법과 스핀햄랜드제도

엘리자베스 빈민법이나 정주법과 같이 빈민을 억압하는 제도가 시행되는 한편 18세기 말에는 빈민에 대한 인도주의적 조치도 시행되었다. 1782년 길버트법(The 1782 Poor Relief Act, Gilbert's Act)은 노동능력이 있는 빈민에게도 원외구제를 허용하고 교구가 연합하여 작업장을 설치할 수 있도록 하였다. 1795년 스핀햄랜드제도(The Speenhamland System of Poor Law)는 스핀햄랜드 지역에서 행해졌던 구빈제도이다. 이 제도 역시 노동 가능한 빈민을 작업장에 수용하지 않고 원외구제를 하였고, 임금 수준이 낮아서 빵 가격과 부양가족 수에 연동하여 임금을 보조하는 제도를 실시하였다. 스핀햄랜드 제도가 실시된 지역에서는 구빈비가 증가하여 구빈세를 부담해야 하는 영세 자영농 계층의 부담이 가중되었다. 다른 한편 스핀햄랜드제도는 영국에서 산업혁명이 가장 활발하게 진행된 기간에 노동자들을 농촌에 머물게 함으로써 노동시장의 창출을 막은, 자본주의 발전에 역행하는 제도라는 평가를 받기도 하였다(Polanyi, 1944).

(3) 신빈민법

영국의 산업혁명이 급속하게 진행되면서 자유방임주의의 사조 역시 확산되었다. 경쟁적 노동시장을 창출하기 위해서는 노동 가능한 빈민들에 대한 원조가 철폐되어야 했고, 1834년 도입된 신빈민법(또는 개정구빈법, Poor Law Amendment Act)은 구빈제도를 통해 경쟁적 노동시장의 창출을 가능하게 하였다. 신빈민법을 통해 구빈제도를 의회의 감독하에 두기 위하여 중앙집권적 행정체계를 마련하고, "구제를 받는 자에 대한 처우는 국가의 구제를 받지 않는 최하급 노동자 처우보다 열등하게 해야 한다"(Raynes, 1976: 175: 박광준, 2013: 78에서 재인용)는 열등처우의 원칙을 제도화하였다. 원외구제를 금지하는 작업장 수용의 원칙도 확고히 하였다(박광준, 2013). 이는 빈곤이 국가의 책임이 아닌 개인의 책임이라는 자유방임주의적 빈곤관이 철저히 반영된 제도였다.

19세기 산업혁명과 자유방임주의 사조는 빈민에 대한 억압정책 기조를 유지하게 하였으나, 1870년대 후발 산업국가가 급속히 성장하면서 영국의 경제적 지위가 위협을 받고 불황과 대량 실업의 문제가 가속화되었다. 이에 따라 찰스 부스(Charles Booth)나 시봄 라운트리(Seebohm Rowntree)와 같은 연구자들이 빈곤 인구에 대한 조사를 실시하였고, 빈곤조사를 통해 빈곤문제가 개인적으로 해결될 문제가 아니라는 것을 알리는 계기가 되었다.

(4) 국민보험법과 베버리지 보고서

20세기 들어 빈곤 문제 해결에 대해 자유방임적 관점과 집합주의적 관점이 공존하면서 1905년 왕립구빈법위원회가 설치되었고, 1906년에는 자유당이 집권하면서 다양한 사회정책을 실시하게 되었다. 1908년 70세 이상 빈곤층 노인에게 무갹출연금을 지급하는 노령연금법이 실시되었고, 국민의료보험과 실업보험으로 구성되어 있는 국민보험법이 1911년 시행되었다. 전

국민 사회보험 형태는 아니었으나 갹출 방식의 사회보험 형태로 운영되었다.

국민보험법을 통해 신빈민법의 자유방임주의적 빈곤관에서 서서히 벗어나 빈곤이 사회구조적이고 국가의 개입이 필요한 사회문제라는 것을 인식함으로써 가능한 복지정책이 시작되었다고 볼 수 있다.

1929년 전세계적 경제 불황으로 인한 대규모 실업, 노동당의 집권, 1,2차 세계대전 등의 영향으로 전후 복지국가 건설에 대한 요구가 증가함에 따라 강제적 사회보험과 공공부조, 아동수당 및 포괄적 의료서비스를 내용으로 하는 정책 제안 보고서가 1942년 출간되었다. 베버리지 보고서라고도 불리는 사회보험과 제반서비스(Social Insurance and Allied Services)에 대한 보고서는 '복지국가 설계도'라고도 할 수 있는 정책 보고서이다. 베버리지 보고서에서 제안한 내용은 제2차 세계대전 이후 노동당이 집권하면서 가족수당법, 국민보험법, 국민보건서비스법, 국민부조법 등의 입법화로 실현되었다.

2) 사회보험정책의 기원: 독일 사회복지정책 발달

독일은 유럽 국가들 중 산업화 시기가 늦었지만 전 세계에서 가장 먼저 사회보험을 도입한 국가이다. 현대 복지국가의 주된 사회복지정책 유형인 사회보험의 기원이 어떤 배경에서 어떤 형태로 도입되었는지에 대해 간략히 살펴본다.

(1) 비스마르크와 사회보험

비스마르크(Bismarck)는 독일 융커 귀족 출신으로 1862년 프로이센의 수상으로 취임하여 1871년 독일 제국 통일을 이끌어낸 인물이다. 1871년부터 1890년까지 독일 제국의 수상으로 재임하면서 사회주의자진압법(1878년)을 입법하여 독일 사회주의를 억압하면서 노동자들에게는 사회보험을 실시하여 국가에 충성하게 하는 제도도 실시하였다.

독일은 영국에 비해 늦게 산업화가 추진되었고 독일의 부르주아 계급은 영국 부르주아 계급에 비해 정치력이 약하여 그 당시 지배엘리트인 토지 귀족 융커 계층이 독일 부르주아 계급보다 우월한 위치를 점하고 있었다. 사회보험 도입 이전 독일 노동자 계급의 생활은 열악하였고 각지에서 파업 등 노동자들의 저항도 빈번히 일어났다(박광준, 2013).

비스마르크는 노동자들에게 사회주의가 확산되는 것을 우려하면서 부르주아 계급을 견제하기 위한 수단으로 사회보험을 입법하였다. 노동자들은 이미 공제조합의 공제제도를 운영하고 있었기 때문에 사회보험 입법은 노동자의 요구보다는 국가가 주도적으로 도입하였다고 볼 수 있다. 오히려 증가하는 산업재해와 이에 대한 보상 부담이 증가함에 따라 철강공업을 중심으로 사업주가 재해 보상 부담을 경감시키기 위해 재해보험 입법을 요구했다는 견해도 있다(박근갑, 1991).

(2) 질병보험법, 재해보험법, 노령및폐질보험법

비스마르크는 오직 국가가 사회문제를 해결할 수 있다는 신념을 가지고 있었고(Rimlinger, 1998), 이러한 비스마르크의 신념을 반영한 것은 사회보험법안들이었다. 비스마르크의 세 가지 사회보험법안들 중 가장 먼저 추진된 것은 재해보험법안이었지만, 의회의 논쟁을 거치면서 재해보험법안은 1884년에 의회를 통과하였다.

원래의 재해보험법안은 국가의 통제하에 조합주의적 기구를 통하여 재해보험을 운영하는 것이었지만, 최종적인 재해보험법에서는 이런 비스마르크의 기대를 충분히 충족시키지 못했다(Rimlinger, 1998). 경제적인 이익집단들을 효과적으로 대표하지 못했고, 국가를 조정자로 자리매김하지도 못했다

(Rimlinger, 1998: 164).

최초의 사회보험인 질병보험은 중앙집권적인 국가 관리기구를 창설하는 대신 이미 질병급여를 제공하고 있던 기존의 길드나 상호부조기관들에 간편하게 의존하는 방법으로 실시하였다. 질병보험에 대해서는 국가가 개입하기 위한 시도를 하지 않았다. 질병보험이 노동자들에게 주는 원조가 단기적인 성격이었기 때문에 국가와의 유대를 만들어 내는 데 효과적이지 않을 것이라 생각했기 때문이다. 1889년 통과된 노령과 폐질보험의 경우에는 노동자들을 국가에 결속시키는 수단으로서 연금의 가치가 다시 한 번 부각되었다(Rimlinger, 1998: 165).

3) '사회보장' 용어의 시작: 미국 사회복지정책 발달

(1) 대공황과 뉴딜정책

미국의 산업화는 남북전쟁 이후 급격히 진전되었다. 경제적인 산업화와 자본주의 발달과 맞물려 자유방임주의 사상이 영향력을 발휘하여 '자유'와 '개인의 책임'에 대한 지지와 국가의 간섭이나 사회적 보호에 대한 거부감이 컸다고 볼 수 있다(박병현, 2010). 사회적 약자나 빈곤층에 대한 보호는 유럽에서 실시했던 사회보험보다는 공공부조나 민간 자선기관의 원조에 의존하였다. 이러한 자유주의 정책 기조에 균열을 일으킨 것은 1929년 대공황이었다.

일부 도시들의 실업률은 40%에 육박했고, 불황이 악화되면서 시위와 파업이 전국적으로 일어났다(박광준, 2013). 이러한 상황에서 집권했던 공화당은 별다른 해결책을 제시하지 못했고, 1933년 루즈벨트 대통령이 당선되면서 뉴딜정책을 제창하였다.

뉴딜정책은 3R(Relief: 구호, Recovery: 경제회복, Reform: 개혁)정책으로 알려져 있다(박광준, 2013: 177). 기존의 미국 정책 기조를 뒤바꾼 뉴딜정책은 연방정부의 긴급구호, 산업에 대한 통제, 노동기본권 보장 등을 꾀하는 입법을 실시하였으며, 사회보장법(Social Security Act)도 1935년 도입되었다.

(2) 사회보장법

사회보장법(Social Security Act)은 1934년 경제보장위원회의 권고로 추진되었고, 자본가 측의 반대로 7개월간 의회에서 토론을 거친 끝에 1935년 8월부터 시행되었다(박광준, 2013). 사회보장법은 크게 3가지 프로그램으로 구성되어 있는데, 연방정부가 운영하는 노령연금과 주정부가 운영하는 실업보험, 연방정부의 보조금으로 주정부가 운영하는 공공부조이다.

노령연금과 실업보험은 근로자와 사용자가 보험료를 통해 재원을 부담하고, 보험료를 납입한 근로자가 급여 혜택을 받는 사회보험 형태이다. 사회보장법에 의한 노령연금(Old Age Insurance: OAI)은 연방이 직영하는 방식이었다. 연금수급자격은 적용업종에 5년 이상 고용된 후 이직한 65세 이상이었고, 고용 당시의 임금에 따라 연금 수준이 산정되었다(박광준, 2002).

실업보험(Unemployment Insurance: UI)은 노령연금과 달리 주정부의 책임으로 운영되었고, 각 주의 실업보험 창설을 촉진하기 위하여 실업보험료의 90%를 면제해 주는 국세면제방식을 채택하였다. 실업보험의 적용범위, 보험료율, 적립방식, 급여내용 등은 주에 따라 달랐다(박광준, 2002).

공공부조는 노인부조, 빈곤아동부조, 시각장애인 부조의 특별부조와 특정 사회복지서비스(모자보건서비스, 지적장애아동서비스, 아동복지서비스 등)에 대한 연방보조금 지급을 규정하였다. 특별부조에 대해서는 수급 대상 규모에 따라 보조하였고, 사회복지서비스에 대해서는 전체적인 서비스 운영비에 대한 보조금을 지급하였다(박광준, 2002).

퀴즈

01 사회복지정책의 특성이 아닌 것은?

① 인간의 개별적 욕구를 충족시키기 위해 정부가 일차적인 정책주체가 된다.
② 사회문제의 해결 기능을 하는 사회제도이다.
③ 인간다운 생활 보장을 위해 다양한 정책수단을 결정하는 의사결정 과정이다.
④ 주택, 교육, 노동, 조세정책까지 포함하는 광의의 개념이다.
⑤ 사회적 약자나 저소득층에게 소득 및 서비스를 제공하기 위한 활동이다.

02 다음중 제도적 복지를 설명하고 있는 것은?

① 빈자에 대한 구호적인 복지
② 구 공산권 국가의 복지제도
③ 다른 사회제도와 동등한 제도로서 취급
④ 시장의 원리와 지배
⑤ 다른 사회제도가 수행하지 못하는 부분을 다룸

03 적극적 조치(affirmative action)와 관계가 깊은 사회복지정책의 가치는?

① 적극적 자유 ② 소극적 자유
③ 형평 ④ 결과의 평등
⑤ 조건의 평등

04 다음 중 사실과 다른 것은?

① 보편적 수당은 운영효율성을 높일 수 있다.
② 공공부조정책은 목표효율성을 높일 수 있다.
③ 목표효율성이 높은 공공부조정책은 운영효율성도 높다.
④ 사회서비스정책은 적극적 자유를 신장시킬 수 있다.
⑤ 보훈정책은 형평성을 높일 수 있는 정책이다.

05 다음 중 잔여적 복지와 관계가 없는 것은?

① 간섭받지 않는 자유
② 빈곤의 사회적 책임
③ 선별주의 선호
④ 공공부조
⑤ 낙인

06 독일 비스마르크의 '채찍과 당근' 정책 가운데 '당근 정책'에 해당하는 사회복지법은?

가. 질병보험법	나. 사회주의탄압법
다. 폐질 및 노령보험법	라. 아동수당법

① 가, 나, 다
② 가, 다
③ 나, 라
④ 라
⑤ 가, 나, 다, 라

07 다음 중 내용상 성격이 다른 법은?

① 엘리자베스빈민법
② 정주법
③ 신빈민법
④ 스핀햄랜드법
⑤ 노동자조례

08 다음 중 뉴딜정책의 특징이 아닌 것은?

① 사회보장법 제정 공포
② 연방 정부 차원의 노령연금
③ 산업에 대한 통제 시작
④ 전국적으로 통일된 실업보험 도입
⑤ 노동기본권 보장

09 잔여적 모형은 복지 대상 선정시 (　　　　)주의를 선호하고, 제도적 모형은 (　　　　)주의를 선호한다.

10 결과의 평등과 관계있는 현대 사회복지정책의 유형은 대표적으로 (　　　　)이다.

학습활동

01 [개인] 수업 전, 사회복지정책의 마인드맵(mind map)을 그려 본다.

02 [개인][조별] 동영상 강의와 읽기 자료에서 이해가 안 되었던 것을 질문한다.

03 [조별] 사회복지정책 외에 사회복지정책의 5가지 기능(사회통합, 소득재분배, 사회문제 해결, 경제안정, 인적자본투자)을 하는 정책, 활동, 기관의 예를 찾는다. 이들 정책, 활동, 기관과 사회복지정책의 차이점을 찾는다.

기능	다른 정책, 활동, 기관	사회복지정책	차이점
사회통합			
소득재분배			
사회문제 해결			
경제안정			
인적자본투자			

04 [조별] 사회복지정책의 가치 중 가장 중요하다고 생각하는 것을 선택해 보고, 조원들 간 서로 다른 의견에 대해 토론해 본다.

	우선순위	근거	반대의견	최종의견
평등				
자유				

효율				
형평				
사회적 적절성				

05 [개인] 읽기자료 4절에서 제시된 사회복지정책 중 본인이 직간접으로 경험해 본 정책에 대해 3분 스피치를 해 본다(조원 대상, 전체 수강생 대상).

사회복지정책	경험자	직간접 체험 내용	정책의 혜택	정책의 한계

06 [개인] 수업 후, 사회복지정책의 마인드맵을 그려 본다.

과 제

01 사회복지정책 마인드맵(수업 전/후) 제출하기

02 3분 스피치 내용 글로 써서 제출하기

CHAPTER

02

사회복지정책발달의 사상과 이론

1. 사회복지정책과 이데올로기

2. 사회복지정책 발달이론

3. 자본주의와 복지국가

CHAPTER 02

사회복지정책발달의 사상과 이론

학습목표

01 사회복지정책의 배경이 되는 이데올로기를 이해하고, 각각의 이데올로기를 간략하게 설명할 수 있다.
02 사회복지정책 발달이론을 이해하고, 각 이론의 핵심적 개념을 설명할 수 있다.
03 자본주의와 복지국가의 발달을 연관시켜 이해한다.
04 복지국가 유형과 젠더 레짐의 차이점을 이해한다.

1. 사회복지정책과 이데올로기

사회복지정책은 진공 상태에서 만들어진 것이 아니라 당시의 사상적 흐름과 시대적 이념을 반영한 것이다. 사회복지정책과 이데올로기는 전혀 다른 차원의 산물로 보이지만 정책에는 이데올로기의 특징이 반영되어 있다. 따라서 사회복지정책을 공부할 때 관련된 이데올로기를 공부하는 것은 사회복지정책의 이해를 돕는 좋은 방법이다. 사회복지정책을 이데올로기와 연관하여 설명한 학자로는 조지와 윌딩(George & Wilding, 1985, 1994)을 대표적으로 꼽을 수 있다. 조지와 윌딩(1985)은 사회복지정책을 4가지 이데올로기 관점에서 설명하였는데, 반집합주의자(anti-collectivists), 소극적 집합주의자(reluctant collectivists), 페이비안사회주의자(Fabian Socialists), 맑시스트(Marxists)의 관점에서 사회적 가치, 국가와 사회, 정부의 역할, 복지국가를 설명하였다. 이후 조지와 윌딩(1994)은 복지국가에 대한 6개의 주요한 이데올로기-신우파(the New right), 중도파(the Midle Way), 사회민주주의(Democratic Socialism), 맑시즘(Marxism), 여성주의(Feminism), 녹색주의(Greenism) 관점에서 복지국가를 설명하였다.

1) 반집합주의부터 맑시스트까지(신우파부터 맑시즘까지)[01]

반집합주의자(신우파)들은 시장 질서에 대한 확고한 믿음과 정부 활동에 대한 의심을 기본 전제로 복지국가에 대하여 기본적으로 적대적이다. 반집합주의자(신우파)들은 복지정책이 사회의 주요한 가치와 제도, 예를 들면 가족, 근로동기, 경제발전, 개인의 자유, 효율 등을 위협하고 훼손시킨다고 본다. 반집합주의자(신우파)들은 국가가 빈곤을 해소할 일정 정도 의무는 있지만, 국가의 책임은 빈곤 해소에서 더 나아가서는 안되고, 자산조사에 의한 최소한의 급여에 제한되어야 한다고 주장한다. 반집합주의자(신우파)들은 최소한의 의무교육만큼은 민주적 정부의 전제조건이기 때문에 필요하고, 교육을 제외한 주택, 의료, 사회서비스 등은 국가에 의해 제공되는 것을 반대한다(George & Wilding, 1994).

소극적 집합주의자(중도파)들은 복지국가의 장점이 있다는 것을 인정한다. 다만 복지국가의 역할은 시장실패를 해결하는 메커니즘일 뿐 사회경제적 제도 개선이나 궁극적인 생활 개선의 도구는 될 수 없다고 생각한다. 시장과 가족이 개인의 기본적 욕구에 대응하지 못하고, 경제발전 자체가 빈

01 조지와 윌딩(George & Wilding, 1985, 1994)은 두 편의 저서를 통해 '반집합주의-소극적집합주의-페이비안사회주의-맑시스트'와 '신우파-중도파-사회민주주의-맑시즘'을 유사한 개념으로 설명하였다. 이에 이 책에서는 조지와 윌딩의 두 시기에 걸친 이데올로기 스펙트럼을 같은 개념으로 치환하여 설명하고자 한다. 이 부분은 조지와 윌딩(1994)의 저서를 요약적으로 인용하였음을 밝혀 둔다.

곤을 해소할 수 없다는 것을 인정한다. 소극적 집합주의자(중도파)들의 가치는 복지국가의 실용적 역할을 지지하는 셈이다. 소극적 집합주의자(중도파)들의 목표는 자본주의 경제체제가 유지될 수 있도록 시장경제가 양산하는 비효율과 부정의를 제거하는 것이다. 자본주의 경제체제가 가장 효율적인 제도라는 것을 알지만, 조정되고 규제되지 않으면 체제 유지가 불가능하다고 생각한다. 지속가능한 자본주의 체제를 위해서는 정부의 개입이 불가피하고 자본주의가 도덕적으로 바람직하게 유지되어야 한다고 생각한다(George & Wilding, 1994).

반집합주의자(신우파)들이 선별주의 복지를 선호했다면 페이비안사회주의자(사회민주주의자)들은 보편적 사회서비스 제공을 지지하였다. 페이비안사회주의(사회민주주의)자들은 자산조사가 서비스 신청을 꺼리게 하고, 서비스에 대한 수요를 제한하며, 서비스 이용자들을 사회의 낙오자들, 사회에 부담을 주는 존재로 인식하게 한다는 점에서 비판했다. 또한 페이비안사회주의(사회민주주의)자들은 국가가 교육, 의료, 사회보장 서비스를 제공해야 한다고 보았으며 민간에서 사회서비스를 제공하면 불평등을 증가시키고, 이타주의와 연대감을 훼손할 것이며, 공공 서비스를 약화시킬 것이라고 주장했다. 반집합주의자(신우파)들이나 맑시스트들이 복지국가의 순기능에 대해 평가절하했던 것과는 달리 페이비안사회주의자(사회민주주의자)들은 복지국가가 가장 좋은 국가 형태라고 보았다. 일부 복지국가 실패 현상에 대해서는 기술적이고 행정적인 결함에 의한 것일 뿐 복지국가 자체의 결함 때문은 아니라고 생각했다(George & Wilding, 1994).

맑시스트들은 복지국가가 자본주의를 대체하는 체제라 인정하지 않고, 오히려 자본주의를 지지하고 강화하기 위한 체제라고 비판한다. 공적인 서비스를 제공함으로써 자본의 이윤 증대를 강화하고 이를 정치적으로 정당화하는 것이라고 생각한다. 맑시즘은 복지국가가 일정 정도 사회문제를 개선할 수 있을지 몰라도 보다 근본적인 기능은 자본주의 체제 유지라는 관점을 견지한다. 복지정책이 자본주의 체제의 모순을 단기적으로 해결할 뿐 근본적인 해결책이 될 수 없다고 비판한다(George & Wilding, 1994).

2) 사회민주주의와 신자유주의(케인지안, 제3의 길)

사회민주주의란, 계급투쟁에 의해 자본주의를 사회주의로 대체시키려는 고전적, 급진적 사회주의가 아니라 온건하고 의회주의적인 사회주의이다. 시장경제의 모순과 분배상의 문제점을 국가개입에 의해 해결하려는 사회이념이다(Giddens, 1998: 김기원, 2017에서 재인용). 피츠패트릭(Fitzpatrick, 2013)은 사회민주주의를 이론적으로 '사회적 자유주의'와 '민주적 사회주의' 2가지로 구분하였다. 이론적으로는 2가지 개념이 구별되지만, 이데올로기로서의 사회민주주의는 실물경제와 사회정책 결정에서 복지자본주의의 장점에 관해 광범위한 중도 좌파적 합의를 이끌어냈다고 평가된다.

사회민주체제는 계급 간의 타협을 추구하는 조합주의(corporatism)이다. 이 체제는 자본가 계층과 대중노조지도부가 지배블록을 구성하여 노사간의 사회적 동반자관계 수립을 추구한다. 노동자계층과 신중간계층이 연합하여 자본주의를 무너뜨리기보다는 자본주의를 인정하면서 '복지동맹'을 이룩하려는 체제이다(김기원, 2017: 81). 정부는 노사간의 타협에서 조정자 혹은 중재자의 역할을 한다.

사회민주주의의 핵심적 특징은 고전적 사회주의와 달리 생산수단의 개인적 소유권을 불법화하지 않고 모든 생산수단의 사적 소유를 수용한다. "생산 소득의 일부는 정당하게 사회에 귀속되고 사회에 인도되어야 한다"는 평등주의 또는 분배정의 사상에 따라 사회의 각 구성원에게 재분배된다(Hoppe, 1997: 김기원, 2017: 81에서 재인용). 사회민주주의자들은 모든 국민에게 인간다운 삶의 질을 보장하고, 복지 급여나 서비스를 통해 경제성장과 사회적 투자를 촉진하며, 사회통합을 가능하게 한다는 점에서 복지국가를 적극적으로 지지한다. 제2차 세계대전 이후 1970년대까지 경제성장 시기에 서구 복지국가들은 사회민주주의적 복지국가 확대를 지지해 왔다. 사회민주주의적 복지국가는 그러나 1970년대 경제 위기 이후 세금부담, 재정적자, 중앙집권제, 근로의욕 감소 등에 대한 비판에 직면하게 되고 영국과 미국을 중심으로 신자유주의 이데올로기가 주도권을 잡게 된다.

신자유주의란 경제적 자유주의와 도덕적 보수주의에 충실한 사람들이 결합된 것이다(Fitzpatrick, 2013). 최소한의 국가 개입으로 작동하는 자유시장을 선호하는 반면, 보수주의적인 가족, 민족, 종교 등 비시장적 전통가치를 옹호하고, 사회질서 유지를 위한 강력한 국가를 지향하기 때문에 신(新)우파 혹은 신(新)보수주의라고도 불린다(김기원, 1998: 270).

신자유주의자들은 복지국가가 약속했던 것과 제공했던 것 사이에 근본적으로 모순이 존재한다고 주장한다. 신자유주의란 1980년대에 영국과 미국을 중심으로 확산되어 정치체제와 결합했던 이데올로기이다. 기존 복지국가에서 정부 개입과 공공부문을 확대함에 따라 파생했던 문제점을 해결하기 위해 시장경제에 대한 정부의 개입을 최소화하는 동시에 시장의 역할과 기능을 확대하고, 기업과 개인의 자유를 증대시키며, 최소한의 사회안전망을 제공함으로써 사회경제적 관계를 시장 중심으로 재편하려는 이론과 이념을 말한다(김기원, 2017: 83).

신자유주의자들은 복지국가가 제시했던 완전고용의 유지, 높은 수준의 재분배를 통한 평등, 법률로 보장된 권리를 통한 기본적 욕구 충족, 공공부문의 지속적 확장, 국가의 거시경제조절, 노사 간 조합주의제도 등의 목표들이(Fitzpatrick, 2013: 283) 재정 능력의 약화로 이루기 어려워졌다고 평가하였다. 복지국가가 공적 수입보다 공적 지출을 강조하고 민간부문을 축소시키고 국민에게 과도한 세금을 부과함으로써 복지국가에 대한 정치적 지지도가 약화되었다는 것이다.

신자유주의 사회정책의 강조점은 낮은 인플레이션에 부합하는 고용수준, 노동 공급 중심 개혁, 사회적 불평등 유지, 기업가적인 위험을 감수하는 민간부문, 탈규제와 민영화, 노동시장 유연성, 경영자와 주주의 권리, 소비자 주권으로 이동하게 되었다(Fitzpatrick, 2013: 283). 영국의 대처리즘(Thatcherism)과 미국의 레이거노믹스(Reaganomics)가 신자유주의에 기반한 대표적인 정부정책이다.

신자유주의 이데올로기는 그러나 자본주의의 구조적 모순을 노동자와 국민에게 전가하고, 소득불평등을 심화시키고, 노동시장 유연화에 따라 비정규직, 일용직, 임시직 노동이 증가하는 등 고용안정성을 훼손시켰다는 비판을 받는다. 불평등이 심화되고 인간다운 생활을 위한 최소한의 안전망조차 보장하지 못한다는 비판으로부터도 자유롭지 않다.

복지국가를 둘러싼 사회민주주의, 신자유주의적 흐름에 대해 중도적 노선을 모색한 학자가 기든스이다. 기든스는 '제3의 길(The Third Way)'이라는 사회이념을 제시하면서 사회민주주의와 신자유주의를 변증법적으로 통합하고 이를 초월하는 사고와 정책형성의 틀을 제안하였다(김기원, 2017: 85).

제3의 길은 경제적 효율과 사회적 형평을 두 축으로 삼으면서 경제성장과 복지국가를 동시에 유지 · 발전시킨다는 것을 기본 방향으로 설정하고 추진해 나가는 정책 노선이다(김기원, 2017: 86). 국민은 복지 수급자와 노동자로서의 권리와 의무를 가진다는 '개인주의'와 기회균등과 분배적 정의를 실현함으로써 공동체적 사회연대를 달성하려는 '집합주의'를 동시에 추구한다. 영국의 블레어리즘(Blairism)과 독일 슈뢰더(Schröder)의 '새로운 중도' 노선이 제3의 길 이데올로기에 기반하고 있다(김기원, 2017: 86).

기든스의 제3의 길은 사회민주주의와 신자유주의의 장점을 고르게 지니고 있는 중도 노선이면서도 근거가 부족하고 개념이 모호하다는 비판을 받는다. 또한 신자유주의가 차지하는 위상에 비하여, 사회민주주의적 가치가 차지하는 위상은 지나칠 정도로 평가절하 되어 있다는 비판도 받는다(채장수, 2000).

3) 페미니즘과 녹색주의

페미니즘이란 용어는 라틴어 페미나(femina, 여성)에서 나온 것으로 여성적인 특성을 지니는 것을 의미했지만, 현재는 남녀평등을 추구하는 실천적 이념으로 알려져 있다(공미혜 외, 2015). 페미니즘은 사회복지정책에 대해 비판적이다. 사회복지정책이 여성의 삶의 질을 개선할 수 있다는 가능성은 인정하면서도 사회복지정책의 많은 부분에 대해 비판하였다. 출산, 아동양육, 돌봄 등을 지원하는 사회복지정책은 여성의 돌봄 노동에 대한 보상을 제공하기도 하고 노동시장 참여를 용이하게도 하지만, 기본적으로 남성 생계부양자를 위한 사회보험을 기본적 골격으로 하는 사회복지정책에 대해 비판한다(George & Wilding, 1994).

복지국가의 탈상품화[02] 효과에 대해서도 남성노동자는 탈상품화를 통해 사회복지정책의 혜택을 볼 수 있지만, 여성의 경우 탈상품화의 전제조건인 '상품화'(노동시장 참여)에서 배제된 상황에서 탈상품화의 혜택은 주로 남성노동자에게 돌아간다고 비판한다(Orloff, 1993).

많은 복지국가의 사회복지정책에서 가장 기본적인 요소는 '가족'이지만 국가마다 가족을 지원하는 성격은 많이 다르다. 심(Siim, 1990: 95)은 덴마크

02 탈상품화란, Esping-Andersen(1990)이 복지국가를 유형화할 때 사용한 개념으로 복지국가에서 사회보장제도에 의해 노동을 상품화하지 않고도(노령, 질병, 실업 등으로 노동을 중단해야 할 때 노동을 하지 않고도) 생계를 영위할 수 있는 정도를 의미한다.

와 영국의 가족정책 성과를 비교하면서 덴마크는 여성을 공적 영역 속으로 통합하는 것이 목적인 반면 영국은 여성의 가사노동을 지원하는 데 사회정책을 활용해 왔다고 보았다. 사회복지정책은 여성에게 유익할 수도 있으나 반대로 의존성과 성역할을 강화할 수도 있다는 것이다(George & Wilding, 1994).

녹색주의는 생태주의 또는 환경주의라는 용어로도 사용될 수 있다. 생태학적 사상은 현 세대의 인류를 넘어 공동체의 개념을 확장한다. 상호의존적으로 생태계를 구성하는 현재의 인류뿐만 아니라 윤리적으로 의미 있는 모든 존재들(현재와 미래 세대의 인류와 비인류)을 포함하려는 시도를 표현한다(Fitzpatrick, 2013).

녹색주의의 핵심적 사상은 선진 산업사회의 발전방향에 대해 비판하는 것이다. 먼저, 산업사회에서 근본적으로 지금까지 이루어 온 경제성장과 소비 모두 바람직하다는 신념을 비판한다. 둘째, 고도로 복합적인 대규모 과학기술을 사용하는 것에 반대한다. 이는 자원을 낭비하고 다양한 방법으로 오염 유발의 가능성을 높이기 때문이다. 셋째, 산업사회의 탐욕적이고 극도로 개인주의적인 풍조에 대해 비판한다. 넷째, 산업사회는 기본적으로 인간 중심적이고 동식물과 같은 비인간 유기체를 배제한다는 것이다(George & Wilding, 1999).

복지국가에 대해서는 첫째, 사회복지정책이 사회문제의 원인이 아니라 결과만을 다루고 있으며, 보다 근본적인 문제점(범죄, 질병, 실업, 수질오염 등)은 해결하지 못한다고 비판한다. 둘째, 녹색주의의 핵심 요구 중 하나는 경제성장률과 소비율을 감소시키는 것이고 공공복지지출 역시 축소되어야 한다는 것이다. 세 번째, 녹색주의가 강조하는 자립심은 복지수급자들에게 권위적으로 복지를 공급하는 무능한 전일제 전문관료를 거부한다. 네 번째, 특히 의료서비스 등이 고도의 과학기술에 의존하는 것을 비판한다. 마지막으로 녹색주의는 대도시, 공장, 병원, 학교 등 대규모 조직단위를 거부한다(George & Wilding, 1999).

2. 사회복지정책 발달이론

1) 산업화론

산업화론은 사회복지정책 발달을 설명하는 이론들 가운데 가장 많이 논의되었던 것이다. 산업화론은 산업화에 따른 욕구 증가에 대한 대응이 산업화의 생산성 증가에 따른 자원의 증가로 가능해지면서 사회복지정책이 발달했다는 것이다(Wilensky & Lebeaux, 1965; 김태성 · 성경륭, 1995에서 재인용).

산업화가 진전됨에 따라 인구가 공장 지역에 집중되면서 도시가 형성되고 인구밀도가 높아지면서 생기는 다양한 도시문제(주택, 범죄, 비행, 가족해체 등)가 발생했다. 또한 제조업이 발달하면서 생기는 산업재해, 노동시장 발달로 인해 생기는 실업문제, 빈곤과 불평등 문제 등 사회문제가 급증했다.

제조 공장이 밀집되면서 노동자 계급이 대규모로 형성되었고, 노동력의 지속적 공급이 반드시 필요한 산업자본주의 메카니즘에 따라 노령, 질병, 실업, 산재 등으로 노동이 중단되었을 때 이들의 생계를 지탱할 수 있도록 소득 보장 기능을 하는 사회안전망이 필요하게 되었다.

산업화론에 따르면 서로 다른 상황에 있는 국가들이라 해도 산업화와 그에 따른 경제성장만 이루어지면 자동적으로 복지정책이 발달한다는 것으로 수렴이론(convergence theory)이라고도 부른다(Wilensky & Lebeaux, 1965). 정치적인 변수 또는 계급 갈등이라는 측면보다는 경제적인 측면을 강조한다.

이렇게 산업화에 따른 경제적 측면만 강조하고 정치적 측면을 경시한다는 것은 산업화론에 대한 비판의 핵심적 내용이다. 사회문제와 욕구의 증가가 어떻게 사회복지정책으로 제도화되었는지에 대한 구체적 메커니즘은 설명하지 못하며, 사회구성원 간의 합의를 당연한 전제로 설정하고, 사회구성원 간 갈등이나 사회문제와 해결방법에 대한 시각 차이에 대해서는 설명하지 못한다는 비판을 받는다.

2) 독점자본주의이론

산업화론이 산업화에 따른 욕구 또는 사회문제의 증가와 사회복지정책발달의 메커니즘을 경제적 자원의 증가 정도로만 설명한 것에 비하여, 독점자본주의이론은 자본주의 발달과 사회복지정책 발달의 관계를 계급갈등과 국가의 역할이라는 메커니즘으로 설명하였다.

독점자본주의란 상업자본주의와 산업자본주의 이후의 자본주의 발달단계로 독점자본과 국가가 결합하여 자본주의를 유지하는 체제이다. 전통적 맑시즘 이후 자본주의 사회는 커다란 변화가 이루어지기 시작하며 경쟁적 자본주의로부터 점차 독점자본주의로 변화하기 시작했고, 이러한 현상은 2차 세계대전 이후 뚜렷해졌다고 본다(김태성 · 성경륭, 1995). 경쟁적 자본주의 체제에서는 국가의 역할이 소극적이었던 반면 독점자본주의 체제로 이행하고 국가가 적극적으로 시장과 가족에 개입하기 시작하면서 사회복지정책이 발달하였다고 본다.

독점자본이 형성되고 빈부격차가 커지자 마르크스가 예견했던 자본축적의 위기(대공황과 같은 경기 불황)와 계급투쟁(대규모 시위, 폭동 등)이 나타났고, 국가가 자본가의 자본축적을 정당화하기 위해 사회복지정책을 자본축적의 수단으로 사용하였다는 것이다. 이때 국가의 역할이 자본에게 도구적인지 자본으로부터 상대적 자율성을 확보하는지에 따라 도구주의 관점과 구조주의 관점으로 구분되기도 한다(김태성 · 성경륭, 1995).

구조주의 관점에서 국가는 두 가지 기본적이고 모순적인 기능을 수행하는데 하나는 자본축적이고 다른 하나는 정당화이다(O'Connor, 1973: 김태성 · 성경륭, 1995에서 재인용). 국가는 이윤 발생과 자본축적 기능을 유지하면서도 자본축적에 따른 빈부격차로부터 야기되는 사회갈등을 잠재울 수 있는 사회 안정 기제도 필요하다는 것이다. 이를 위해 국가는 노동력의 생산성을 증가시키기 위한 정책(예: 노동시장정책), 노동력의 재생산 능력을 확대시키는 정책(예: 사회보험), 비노동인구의 사회갈등 유발 가능성을 낮추는 정책(예: 공공부조)이 필요하다고 보았다.

3) 권력자원론

산업화론과 독점자본주의 이론이 산업화와 자본주의 발전에 따른 경제적 측면을 강조하고 민주주의 발달과 같은 정치적 측면을 고려하지 않았다고 평가받는 반면 권력자원론은 정치적 측면을 강조한다. 노동자의 수가 증가하면서 노동조합이 형성되고 노동자계급이 정치세력화함으로써 경제적 자원이 아닌 권력자원의 힘을 발휘한다는 것이다(Esping-Andersen & Korpi, 1985).

민주주의 정치제도에서 중요한 의사결정 방식인 다수결의 논리가 사회구성원의 다수를 차지하는 노동계급의 이익을 위해 활용될 가능성이 높아졌다. 또한 노동계급이 조직화되면 노동계급을 위한 정당이 생길 수 있고, 노동자 정당의 의회진출이 가능해지면 노동자 정당이 다수당이 되었을 때 상당한 수준의 정치적 권력을 행사할 수 있다(구인회 외, 2012). 권력자원론에 의하면 이러한 정치적 권력을 통해 노동자들을 위한 다양한 사회복지정책을 입안하고 시행함으로써 사회복지정책을 발달시킨다.

김태성 · 성경륭(1995)은 권력자원론을 사회민주주의이론과 등치시키면서 복지국가 발달 설명에서 권력자원론이 유효한 논리적 근거를 3가지로 제시하였다. 첫째, 사회민주주의 이론(권력자원론)은 생산수단의 국유화를 안 해도 즉 자본가의 이익에 반하지 않고도 소비의 국유화(관리된 자본주의) — 조세정책, 재정정책, 금융정책 등 — 를 통해 자본을 통제할 수 있다. 둘째, 사회민주주의 이론(권력자원론)은 의회민주주의 제도에서의 정치적 힘을 강조한다. 셋째, 자본주의가 발전하면서 전통적인 노동자계급과는 성격이 다른 중간층(주로 화이트칼라 노동자들), 자본가계급과는 성격이 다른 경영자층(중소기업 경영자 또는 자영업자)과 같은 새로운 계층이 노동자의 권력 자원에 힘을 보탤 수 있다는 것이다.

그러나 다른 한편으로 권력자원론은 복잡다단한 현대 사회 발달을 감안할 때 노동자 계급 의식의 동질성은 약해지고 순수 노동자계급을 위한 정당은 집권이 어려워 노동자 계급만을 위한 정당이 존재하기 어렵다는 현실적 한계를 갖는다. 또한 영국이나 독일의 사회복지정책 기원은 노동자정당이 아닌 자유주의자 혹은 보수주의자들에 의해 시작되었다는 역사적 사실 때문에 사회복지정책의 초기 발달에는 권력자원론의 설명력이 약하다는 한계를 갖는다.

4) 다원주의론 또는 이익집단정치이론

다원주의론 또는 이익집단정치이론은 사회의 균열 지점을 전통적인 계급(노동자와 자본가)에 두지 않고 다양한 이해관계를 가진 이익집단 간 갈등에 두었다는 점에서 특징적이다. 사회복지정책의 발달은 다양한 이익집단들 사이의 사회적 자원 분배를 둘러싼 경쟁이 치열해짐에 따라 이익집단들의 정치적 힘이 중요해져서 정치인들이 이익집단의 요구를 수용하여 정책으로 발달했다고 본다(Pampel & Williamson, 1989: 김태성 · 성경륭, 1995에서 재인용).

다원주의론을 뒷받침하는 논리적 근거로는 첫째, 현대 사회가 다원화되면서 전통적인 노동-자본 계급 차이에 의한 정치적 구분이 약해진다는 것이다. 중간층이 확대되면서 정치적 지향도 중도화되는 경향이 있는데 이는 권력자원론에서 논하는 계급정당의 지향과는 다를 수 있다는 것이다. 둘째, 다원화된 사회에서는 오히려 인종, 종교, 언어, 문화, 성별, 연령 등의 귀속적 차이에 따른 이해관계와 정치적 지향이 발전하기 때문에 전통적인 계급 지향의 정책이 나오기 어렵다는 것이다. 셋째, 탈산업화와 함께 노동 혹은 자본가 계급 내에서도 다양한 이해관계를 지닌 하위 집단들이 생겨난다는 것이다. 자본가 계급 내에서도 대기업 자본가와 영세중소기업 자본가의 이해관계가 다르고, 노동자 계급 내에서도 대기업 정규직 노조와 중소기업 비정규직 노조의 이해관계가 다를 수 있기 때문이다. 또한 집단의 크기가 작고 동질적일수록 집단행동에 대한 동기가 커지고 이에 따른 정치적 힘도 커진다고 본다(김태성 · 성경륭, 1995: 153-154).

다원주의론 또는 이익집단 정치이론이 적용되는 대표적 사회복지정책은 노인복지정책이다. 인구고령화에 따라 노인의 수가 많아지고, 노인의 이해관계가 동질적이 되면서 노인복지정책(기초연금, 공적연금, 장기요양 등)에 대한 지지도는 매우 높아 사회복지지출에서 가장 높은 비율을 차지한다.

그러나 다원주의론을 적용하기 어려운 국가(예를 들면 사회민주당이 집권하여 계급적 이해관계를 많이 반영하는 스칸디나비아 국가나 민주화 이전 국가들)의 사회복지정책 발달에 대해서는 설명하기 어렵다는 한계가 있다(김태성 · 성경륭, 1995: 158).

5) 국가중심이론

앞에서 설명한 4가지 이론들이 사회복지정책의 수요 측면에 초점을 맞추어 설명했다면 국가중심이론은 사회복지 공급 측면에서 사회복지정책의 발달을 설명한다(김태성 · 성경륭, 1995). 국가중심이론에 따르면 산업화에 따른 사회복지 수요, 노동자계급 권력, 이익집단 정치력, 자본가와 국가의 이해관계보다는 복지 공급자인 국가의 구조적 · 제도적 요인에 따라 복지정책이 달라질 것이라고 이해된다. 국가중심이론은 국가가 복지 수요를 반영하여 형성된 정책의 전달이라는 소극적 역할이 아닌, 정책 내용의 형성에도 영향을 미치는 적극적인 역할을 한다고 강조한다.

국가중심이론에서는 사회복지정책이 국가 관료기구를 맡고 있는 개혁적인 정치가 또는 전문관료들에 의해 국가발전의 장기적인 안목에서 형성된다고 본다. 따라서 국가중심이론에서는 정책형성과정을 중시한다. 유사한 사회문제가 발생해도 정책형성과정에 따라 어떤 국가 기구에서는 정책화가 될 수도 있고 다른 국가 기구에서는 아젠다로 택해지지 않을 수도 있다는 것이다. 국가중심이론에서는 국가 기구가 중앙집권적이고 조합주의적인 형태일수록 사회복지정책이 잘 발달한다고 보았다. 미국과 같이 분권적인 국가보다는 스웨덴과 같이 중앙집권화된 정부에서 사회복지정책이 더 잘 발달한다는 것이다. 사회복지정책을 담당하는 정부 부처(예: 보건복지부)는 부처의 예산 확보 또는 영향력 확대에 도움이 될 수 있도록 사회복지정책의 발달 또는 확대를 위해 노력한다는 점에서도 국가중심이론의 설명이 유효하다(김태성 · 성경륭, 1995). 그러나 국가마다 관료기구, 정당구조, 의회기구 등의 특성이 고유하고 다양하기 때문에 국가중심이론으로 사회복지정책 발달을 일반화하여 설명하기 어렵다는 한계가 있다.

6) 사회양심론

사회양심론은 다른 사람들의 불행을 도우려는 이타적인 마음이 사회정책으로 발현된 것이라고 보는 이론이다(Hall, 1952: 박경일, 2015에서 재인용). 베이커(Baker, 1979)의 가설에 의하면 사회정책이란 인간이면 보편적으로 갖고 있는 이타심을 국가를 통해 실현하는 것이고, 사회적 의무감의 확대와 욕구에 대한 지식의 증대로 변화되며, 이 변화는 누적적으로 일어난다고 보았다. 현재의 사회복지정책은 현재로서는 최선의 정책이고 현재의 정책이 완벽하지는 않을지라도 주된 사회문제의 해결에는 도움이 되었다고 보는 것이다(박경일, 2015에서 재인용).

사회문제와 사회복지정책에 대한 낙관적 인식과 도덕에 대한 신념이 사회양심론의 주요한 장점이라고 볼 수 있다. 그러나 현실 정책에 적용하기에는 국가별로 다른 사회복지정책에 대한 설명이 어렵다는 한계가 있다. 이타심이 인간의 보편적 특징이고 어느 사회에나 인간이 사회 구성원으로 살아가는 한 사회복지정책은 모든 사회에서 유사하게 나타나야 하지만 현실은 그렇지 않다. 사회복지정책이 항상 선한 의도에서 실현되지 않을 수도 있으며 때로는 국가의 사회통제적 의도가 반영될 수 있음에도 이에 대한 설명이 불가능하다는 한계도 있다.

7) 시민권론

시민권론은 마샬(Marshall, 1981)의 시민권 발달 단계로부터 사회복지정책 발달을 설명하는 이론이라 할 수 있다. 마샬은 『The Right to Welfare』라는 그의 저서에서 시민권(Citizenship)의 단계적 발달에 대해 설명하였다. 그의 시민권 발달단계에 의하면 먼저 18세기 시민혁명을 통해 신분사회에서 시민사회로 변화되면서 '법 앞에서 만인의 평등과 자유'를 의미하는 공민권 혹은 자유권(Civil Right)이 형성되었다. 두 번째로 19세기 의회제도의 발달과 차티스트 운동을 통해 노동자의 참정권이 보장되면서 정치권(Political Right)이 형성되었다. 마지막으로 20세기 이후에 시민이 사회의 일반적인 생활양식을 누릴 수 있는 조건으로서 최소한의 경제적 · 사회적 복지를 누릴 권리인 사회권(Social Right)의 개념이 발달되었는데 이 사회권의 발달이 사회복지정책 발달에 의해 뒷받침된다는 것이다. 사회권은 복지권이라고도 불릴 만큼 사회복지정책과 밀접한 관련이 있다.

그러나 마샬의 시민권론은 공민권, 정치권, 사회권에 너무나 많은 것을 포함시키려고 하였다는 비판을 받기도 한다. 마샬이 주장한 시민권의 세 가지 형태(공민권, 정치권, 사회권)보다 더 다양한 형태를 취할 가능성에 대해서도 비판이 제기된다. 지나치게 영미권 국가 중심적이고 젠더적 차원이나 인종적 차원을 간과하고 있다는 비판을 받기도 한다(Fitzpatrick, 2013: 159).

8) 확산이론

확산이론은 개인, 집단 또는 사회체제 수준에서 혁신이 확산되는 커뮤니케이션 과정을 설명하는 이론으로서 사회복지정책의 발달이 국가 간 의사소통이나 영향력을 주고받음에 따라 이루어진다는 것이다(박경일, 2015). 영국의 자유당 집권시 수상이었던 로이드 조지(Lloyd George)는 독일 방문 이후 사회보험 도입을 적극적으로 시도하였고, 미국의 인보관 운동은 영국의 인보관 운동의 영향을 받은 것으로 알려져 있다.

사회보험 형태로 노인장기요양에 대한 보장을 하는 국가는 독일, 일본, 한국인데, 한국의 노인장기요양보험은 일본의 제도로부터 영향을 받은 것을 볼 때 공간적 확산이 일어난 예로 볼 수 있다. 지방정부 간에 복지정책이 확산되는 것 역시 공간적 확산이라 볼 수 있다. 반면 개발도상국가의 정책이 선진국의 정책으로부터 아이디어를 얻어 시작되는 것은 위계적 확산이라고 하고 중앙정부에서 도입한 사회복지정책이 지방정부에 확산되는 것 역시 위계적 확산의 예라고 볼 수 있다. 실제로 정책 대안을 개발할 때 외국의 사례를 연구하여 도입 방안을 검토하는 경우가 많은데 이러한 방법은 확산이론이 사회복지정책 발달을 설명하는 설명력을 높인다.

그러나 확산이론은 정부의 성격을 고려하지 않고, 서구 편향주의 또는 서구 우월주의적 시각이 내재되어 있다는 비판을 받는다. 실제로 확산이 활발히 이루어지는 단위는 국가와 같은 사회체계 수준이 아니라 개인, 집단, 소규모 지역사회 같은 미시적 단위에 국한된다는 비판을 받기도 한다(박경일, 2015).

3. 자본주의와 복지국가

1) 자본주의 발달과 복지국가

위의 사회복지정책발달이론에 대한 설명에서 알 수 있듯이 복지국가와 자본주의 발달은 매우 밀접한 관련이 있다. 자본주의란 경제시스템을 가리키는 말로 사유재산제에 바탕을 둔 경제체제이며 시장(market) 기제를 통해 재화와 서비스를 생산, 분배, 소비하는 시스템이다.

초기 자본주의 발달 시기에는 합리적인 행위자가 완전한 정보를 가지고 완전 경쟁을 통해 합리적인 결정을 하는 시장 시스템에 국가가 개입하지 않는 것이 바람직한 것으로 여겨졌다. 그러나 시장 시스템이 국가의 조정 없이 작동하기 위해 필요한 이러한 전제 조건(합리적인 행위자, 완전한 정보, 완전 경쟁 등)은 불가능하기 때문에 시장 경제 체제가 기능적으로 작동하지 못하는 시장 실패(market failure)가 발생하였다.

산업혁명 이후 산업체제가 공장제 수공업에서 공장제 기계공업으로 변화하면서 자본 축적과 노동집약적 산업이 동시에 확대되었다. 위의 산업화이론에서 설명한 것과 같이 노동집약적 산업이 발달하면서 공장 중심으로 인구가 집중되고, 도시가 발달되며, 각종 사회문제가 발생하기 시작했다(Wilensky & Lebeaux, 1965). 생산성이 확대되어 부가가치가 증가하였지만, 노동자 계급과 자본가 계급 간에 빈부 격차가 더욱 확대되고 빈부 격차의 심화로 인한 불평등의 문제도 대두되었다. 자본주의 경제체제에서 노동자들이 자본 없이 생계를 영위하기 위해서는 시장에서 노동력을 상품화하고 임금을 받아야 하는데, 노동시장에서 임금을 충분히 받지 못하거나 노령, 실업, 질병, 산재 등으로 노동을 중단하면 생계를 영위하지 못한다.

이렇게 자본주의 경제체제의 모순이 발생하면서 국가 개입을 최소화한 자본주의 경제체제를 지향하는 '야경국가'에서 시장 실패를 보완하기 위해 국가 개입이 필요한 '복지국가' 체제로 전환하게 되었다. 자본주의 경제체제에서 불가피하게 발생하는 빈곤과 불평등, 노동 중단으로 인한 소득 감소에 대해 국가의 개입 없이는 자본주의 시스템을 유지할 수 없게 된 것이다. 이를 '수정 자본주의', '복지자본주의'라고 하기도 한다.

이렇게 본격적인 복지국가 체제가 등장한 이후 1950~60년대는 '복지국가 황금기'라 불릴 정도로 특히 서구 선진국들을 중심으로 복지지출이 급격히 확대되었다. 이 시기에는 자본주의 경제체제를 통한 국민총생산과 복지국가 체제를 통한 복지지출이 함께 성장한 시기였다고 볼 수 있다.

2) 복지국가 위기와 재편

2차대전 이후 경제성장과 함께 확대일로에 있던 복지국가는 1970년대 이후 전세계적 불황에 따른 경제성장 둔화, 정부 재정적자, 스테그플레이션[03], 실업률 상승에 따라 위기를 맞게 된다. 미슈라(Mishra, 1984)는 복지국가 위기의 증상을 5가지로 정리하였다. 첫째, 스테그플레이션이 시작되고 경제성장의 속도가 느려지거나 경제성장이 멈춘다. 둘째, 완전고용 체제가 붕괴되고 대량실업이 만연하게 된다. 셋째, 국가 재정적자가 확대된다. 넷째, 사회서비스 지출을 의도적으로 삭감한다. 다섯째, 복지국가 시스템에 대한 국민신뢰가 상실된다(구인회 외, 2007: 106에서 재인용).

복지국가 위기에 대한 시각은 크게 2가지로 구분될 수 있다. 하나는 복지국가 위기를 복지국가의 '실패'로 보는 시각과 다른 하나는 복지국가 위기가 복지국가의 실패가 아니며 복지국가는 변함없이 그 체제를 유지한다고 보는 시각 즉 복지국가 위기에 대한 반대론이다.

복지국가의 위기에 대한 반대론은 다시 '불가역성론(the irreversibility thesis)'과 '성숙론(maturity thesis)'으로 구별할 수 있다. 복지국가 불가역성론은 경제 위기 이후 복지 지출이 감소된 것은 사실이나 삭감액의 수준은 매우 미미하다는 것이다. 복지지출 성장률의 둔화폭이 경제성장률 둔화폭보다 크지 않다고 본다(Alber, 1988: Mishra, 1990: 안상훈, 2002: 구인회 외, 2007: 110에서 재인용). 복지국가에 대한 정치적 지지도 역시 1980년대 이후 좌파 정당 지지도가 낮아졌다는 주장과는 달리 전반적인 '정치 자체'에 대한 무관심에 비하면 좌파 정당 지지도가 낮아진 것도 아니라고 주장한다(Ahn, 2000; 구인회 외, 2007: 110에서 재인용). 불가역성이란 복지국가의 확대 즉 복지지출의 증대 양상은 정치적 이유 또는 복지정책에 대한 수요의 증가 때문에 복지 프로그램 축소로 전환하기 어렵다는 의미이다.

복지국가 성숙론은 1980년대 복지국가가 축소된 것이 아니라 안정기에

03 경기침체가 지속되면서도 물가는 상승하는 경제 현상을 가리키는 용어로 경기침체(stagnation)와 물가상승(inflation)의 합성어이다.

접어들면서 숨고르기 또는 현상유지를 하고 있다는 주장이다(Heclo, 1981; Mishra, 1990; Ahn, 2000; 구인회 외, 2007: 110에서 재인용). 복지국가의 성장이 멈춘 것은 '위기'가 아니라 극히 자연스러운 현상이라는 것이다. 안정기에 접어든 복지국가는 기술적 조정을 통해 효율성과 유연성을 높이게 될 것으로 기대한다(구인회 외, 2007: 111).

에스핑 안데르센(Esping-Andersen, 1996)에 의하면 복지국가 위기는 보편적 현상이 아니고, 재편의 과정도 체제별로 상이하다. 복지국가의 위기까지는 아니라 하더라도 1920년대 후반 케인즈주의 처방에 따른 인플레이션 없는 유효수요 창출, 완전고용, 경제성장과 복지지출의 동반성장 등은 더 이상 실현 불가능하다는 사실은 1970년대 이후 복지국가들에서 경험 가능한 현상이다(구인회 외, 2007: 112). 복지국가들은 각기 다른 방식으로 복지국가를 재편하였다. 모든 국가가 신자유주의 이데올로기에 따라 민영화와 복지지출 삭감의 양태로 재편하게 되지는 않았다 하더라도 어느 정도는 복지다원주의, 민영화, 급여 수준 감소 등의 방향을 취하였다.

3) 4차 산업혁명과 복지국가의 변화

1970년대 이후 경제성장 둔화, 스테그플레이션, 실업률 상승 등의 경제변화와 맞물린 복지국가의 위기와 재편 이후 현재 복지국가 체제가 과연 4차 산업혁명 이후 노동시장의 변화에 대응할 수 있는가에 대한 문제제기가 있어 왔다. 4차 산업혁명이란 무엇이고, 왜 이것이 노동시장의 변화를 견인하며 또한 기존의 복지체제가 왜 새로운 산업구조와 노동시장 변화에 적응하지 못한다는 논의를 하는지 살펴볼 필요가 있다.

4차 산업혁명이란 2016년 1월 스위스 다보스 세계경제포럼(World Economy Forum)에서 '제4차 산업혁명의 이해'라는 의제가 논의되면서 이후

전 세계적인 담론이 되었다. 세계경제포럼의 회장인 클라우스 슈밥(Klaus Schwab)은 4차 산업혁명을 '디지털 혁명인 3차 산업혁명[04]에 기반을 두고 있으며, 디지털, 물리, 바이오 등 기존 영역의 경계가 사라지면서 융합되는 기술적인 혁명'(이성준, 2018에서 재인용)이라 정의하였다. 이 포럼에 모인 전문가들은 곧 제4차 산업혁명이 도래할 것이며, 이는 산업과 사회, 통치체제, 인간의 행동패턴, 의식구조 등 전 분야에 걸쳐서 기존의 양식을 바꾸는 급진적인 변화를 몰고 올 것으로 예견하였다(김성재, 2017: 박지은 · 권혜선 · 김성철, 2017: 안상희 · 이민화, 2016: 장필성, 2016: 조영신, 2016: 이성준, 2018에서 재인용).

제4차 산업혁명에 따른 인공지능 혁명이 인간의 노동을 불필요한 것으로 만들어 20세기 말에 경험했던 대량 실업과는 또 다른 차원의 일자리 감소를 만들어낼 것이라는 예상을 충분히 할 수 있다. 4차 산업혁명으로 인해 인공

---

04 이성준(2018)은 인류 역사에서의 산업혁명들에 대해 기존 연구들을 재구성하여 아래와 같이 정리하였다.

	제1차 산업혁명	제2차 산업혁명	제3차 산업혁명	제4차 산업혁명
시기	18세기	19~20세기 초	20세기 후반	2015년~현재
특징	- 증기기관의 발명 - 증기기관 바탕의 기계동력	- 전기와 조립라인의 출현 - 작업방식 등의 표준화 및 기업/국가 수준의 대량생산체제 확립 - 인간의 육체노동 대체	- 반도체, PC, 인터넷 등을 기반으로 하는 디지털 혁명 - 정보처리와 커뮤니케이션 혁명	- 인간의 두뇌 노동을 사물, 기계 및 공간으로 외부화시킴 - 기계학습 - 자동성과 연결성이 극대화되는 혁명 - 온오프라인 세계의 융합
의미	증기기관 관련 기술을 통한 '기계화' 혁명	전기와 조립라인을 통한 '대량생산' 혁명	컴퓨터, 네트워크와 같은 정보통신 기반 '지식정보' 혁명	I&T, 인공지능 등을 통한 '만물지능화' 혁명

출처: 안종배(2017), 박지은 외(2017), 안상희 · 이민화(2016), 하원규 · 최남희(2015), UBS(2016)의 내용을 기반으로 이성준(2018)이 재구성.

지능을 통한 극단적인 자동화가 발생하여 고도로 반복적인 저숙련 작업뿐만 아니라 고도로 일상적인 중숙련 직업까지도 자동화가 될 것이다(김민표, 2017: 71). WEF에 따르면, 향후 5년 동안 약 200만 개의 새로운 일자리가 창출되겠지만, 약 710만 개의 일자리가 사라질 것으로 전망되고 있다(World Economic Forum, 2016: 정원호 · 이상준 · 강남훈, 2016: 17-18에서 재인용).

복지국가 재편에서 노동시장 유연화, 최저임금 인하, 복지축소 등의 신자유주의 전략에 대한 비판과 함께 제기되었던 이론이 임금주도성장론이었다. 신자유주의의 대안으로 선택 가능한 담론이었던 임금주도성장론은 경제성장에 부정적인 역할을 한다고 이해되었던 임금(노동비용)을 총수요와 노동생산성을 창출하고 확대하는 새로운 전략으로 활용하자는 것이다(김교성 외, 2018: 70). 임금주도성장론은 친노동적 분배정책(복지 확대)과 함께 가계소득을 견인하는 실질 임금 상승을 주요한 전략으로 삼는다(김교성 외, 2018: 71). 그런데 4차 산업혁명으로 노동시장의 일자리가 더욱 감소하면 신자유주의 복지국가 재편에 맞섰던 임금주도성장론은 실효성이 감소되고, 고용 기반 사회보험 중심 복지체제는 재원과 급여 대상이 대폭 축소되면서 지속 가능성을 잃어버리게 된다.

현재 사회보험 중심의 복지국가가 노동시장의 변화와 정합적이지 않은 측면이 있다는 점을 전제로 할 때 정합성을 높이고 사회보험의 기능을 보완할 수 있는 제도로서 기본소득 제도가 필요하다는 논의가 제기되었다(김교성 외, 2018: 114). 기본소득이란 '자산조사와 근로에 대한 요구 없이 모든 개인에게 무조건 교부되는 주기적 현금'으로 정의된다(김교성 외, 2018: 17). 지금까지 기본소득제도는 사전적 개념의 형태 그대로는 도입되지 않았고, 일부 국가 혹은 지역에서 변형된 형태로 시도되고 있다. 기본소득 제도의 실현을 둘러싼 다양한 논쟁이 존재하며, 이 제도가 어떤 형태로 복지국가에서 실현될지의 여부는 좀더 지켜봐야 할 것이다.

4) 복지국가 유형화와 젠더 레짐

자본주의가 발달하면서 복지국가가 일정한 형태로 확대되고 위기를 맞아 재편하는 양상은 국가마다 유사하면서도 국가별로 다른 양상으로 나타난다. 어떤 국가가 복지국가이냐에 대한 견해도 다양하지만 경제적으로 발전한 이른바 '선진산업국가'들은 어느 정도는 '복지국가'의 형태를 띠고 있다. 35개 선진산업국가들을 회원국으로 하고 있는 경제협력개발기구(Organization for Economic Cooperation and Development)의 GDP 대비 공공사회지출 비율은 2019년 기준으로 최저 7.5%(멕시코)에서 최대 31.0%(프랑스)까지로 평균 20%를 사회지출에 사용한다.[05] 공공 사회지출의 비율에 따라 복지국가를 유형화하기도 하지만 사회복지 지출비율의 단순비교는 사회복지 지출의 성격을 구분하지 못한다(김태성 · 성경륭, 1995: 166).

에스핑-안데르센(Esping-Andersen, 1990)은 복지정책의 탈상품화(decommodification) 정도와 계층화(stratification) 정도에 따라 자유주의적 복지국가(liberal welfare state), 보수주의 · 조합주의적 복지국가(corporatist welfare state), 사회민주적 복지국가(social democratic welfare state)의 세 가지 유형으로 구분하였다. 탈상품화란 노동력을 상품화하지 않고도 인간적인 생활 수준을 유지할 수 있는 정도를 의미하는 것이다. 즉 실업, 은퇴, 질병 등의 이유로 노동시장에서 일을 하지 않고도 복지정책을 통해 어느 정도의 급여를 제공받을 수 있는가를 의미한다. 계층화란 복지국가의 복지정책이 계층화에 어느 정도 영향을 미치는지를 의미한다.

자유주의적 복지국가는 탈상품화 정도가 낮고 소득조사에 의한 공공부조 프로그램을 주요한 복지정책으로 삼고 있다. 자유주의 이념을 바탕으로 하

---

05 OECD social expenditure database(http://www.oecd.org/social/expenditure.htm에서 2021년 12월 18일 인출).

고 있으며 복지정책의 급여는 저소득층 위주로 하고 급여 수급 자격은 까다로워서 스티그마를 부여한다. 앵글로 색슨 계열 국가들이 자유주의 복지국가에 해당된다.

보수주의 · 조합주의 복지국가는 복지정책이 노동시장의 계층과 사회적 지위를 유지하게 한다. 직업별 · 계층별로 구분된 사회보험이 주요한 복지정책이며 조합주의 제도 특성 때문에 위험 분산의 효과가 상대적으로 낮다. 자유주의적 복지국가보다 탈상품화 효과는 크지만 계층화 효과 때문에 한계가 있다. 보수주의 이념을 바탕으로 하고 있는 대륙 유럽 국가들이 조합주의 복지국가에 해당한다.

사회민주적 복지국가는 이념적으로 사회민주주의를 바탕으로 하고 있고 복지정책의 보편주의적 원칙과 탈상품화 효과가 강하다. 복지정책 급여는 저소득층뿐만 아니라 중산층까지도 혜택을 받을 수 있고 복지국가에 대한 국민의 신뢰가 강하다. 사회보험제도뿐만 아니라 사회서비스가 발달되어 여성의 경제활동 참여율이 높은 편이다. 북유럽 국가들이 사회민주적 복지국가에 해당된다.

에스핑-안데르센의 복지자본주의 유형화는 복지국가 유형화 연구들 중 가장 신뢰받는 연구이지만, 일부 여성주의자들에게는 비판을 받았다(Lewis, 1992; O'Connor, 1993; Orloff, 1993; Sainsbury, 1996). 여성주의자들은 에스핑-안데르센의 복지국가 유형화 연구가 남성 생계부양자 모델과 남성 노동자를 대상으로 하는 사회보험제도를 중심으로 논의하였고 국가와 시장의 관계에만 관심을 가졌다고 비판한다. 에스핑-안데르센의 복지자본주의 유형화 논의에서 복지의 사적 제공자인 가족과 여성들의 무급노동은 고려하지 않았다는 것이다. '탈상품화'라는 개념 역시 돌봄 노동과 무급노동 등 상품화되지 않은 노동을 제공하는 여성에게는 무의미한 개념일 수 있다.

이에 비하여 여성주의 복지국가 논의에서는 '탈가족화(defamilialization)'

혹은 '독립적인 가구를 형성할 수 있는 능력'이라는 개념이 중요한 정책 효과의 기준이 된다(Orloff, 1993). 탈가족화란 가족의 돌봄에 의존하지 않고 인간다운 생활을 유지할 수 있는 정도를 의미하며 사회보험이나 공공부조와 같은 소득보장정책보다는 돌봄서비스를 제공하는 사회서비스 정책을 통하여 탈가족화 효과를 높일 수 있다.

이에 여성주의 학자들은 여성과 가족의 역할에 대한 고려 없이 남성 생계부양자와 유급노동만을 고려한 에스핑-안데르센의 복지국가 유형화 논의를 비판하며(Langan & Ostner, 1990; Lewis, 1992; Sainsbury, 1996) 다양한 대안적 논의를 제시하였고 이는 후에 '젠더레짐' 논의로 발전하였다. 젠더레짐 논의는 복지국가 유형화에서 '젠더 관계(gender relations)'를 유형화의 주요한 기준으로 발전시켰다. 기존의 복지국가 유형화 논의에서는 고려하지 않았던 노동의 성별분업, 가족임금체계, 결혼제도 등이 다뤄졌기 때문에(O'Connor, Orloff & Shaver, 1999) 젠더레짐 논의에서는 복지국가 논의가 국가와 노동시장, 사회보험, 유급노동, 계급에 대한 논의에서 가족, 가족정책, 돌봄노동, 젠더에 대한 논의로 발전되었다고 볼 수 있다.

세인즈베리(Sainsbury, 1999)는 3가지 유형의 젠더레짐을 제시했다. '사회적 권리가 개인에게 주어지는가 가족에게 주어지는가', '수급권이 전통적 성별분업에 기초하는가', '돌봄 부담에 대해 국가가 어느 정도 책임을 지는가', '유급노동에 대한 접근성이 성별에 따라 어느 정도 달라지는가' 등 기준에 따라 남성생계부양자 모델(male-breadwinner regime), 분리된 성역할 모델(separate gender roles regime), 개별화된 소득-돌봄 모델(individualized earner-carer model)의 3가지 젠더레짐으로 구분하였다.

남성생계부양자 모델은 엄격한 성별분업 이데올로기, 남성 가장의 사회보장수급권, 합산 과세[06], 남성에게 유리한 노동시장, 돌봄의 사적 책임, 무급

---

06 개별과세(separate taxation)는 부부가 개인별로 세금을 부과하는 것이고, 합산과세(joint taxa-

돌봄 노동 등의 특징이 있으며, 분리된 성역할 모델은 성별분업 이데올로기, 가족 수급권(여성은 돌봄 제공자로서, 남성은 생계부양자로서의 수급권), 합산과세, 남성에게 유리한 노동시장, 돌봄 노동에 대한 보상 등의 특성이 있다. 개별화된 소득–돌봄 모델은 남성과 여성이 모두 소득자/돌봄제공자가 될 수 있고, 수급권이 시민권 또는 거주에 기반하여 개인에게 주어지며, 개별과세, 양성 모두에게 유리한 노동시장, 국가의 돌봄 책임, 돌봄 서비스 제공 또는 보상 등의 특성이 있다(Sainsbury, 1999: 윤홍식 외, 2011: 37에서 재인용).

---

tion)는 가구별로, 즉 생계부양자에게 세금을 부과하는 것을 의미한다. 여성주의 논의에서 개별과세와 합산과세는 여성의 경제활동 참여에 영향을 미치는 것으로 나타난다(Gustafsson, 1995).

퀴즈

01 다음 중 사회복지정책의 이데올로기에 대한 설명으로 틀린 것은?

① 반집합주의 – 사회복지정책을 반대한다.
② 소극적 집합주의 – 복지국가가 자유시장체제의 모순을 완화해 준다.
③ 신우파 – 국가 역할 강화를 옹호한다.
④ 페이비언사회주의 – 사회통합을 지향한다.
⑤ 마르크스주의 – 복지국가를 반대한다.

02 다음 이데올로기 중 개인주의 성향이 가장 강한 이데올로기는?

① 페미니즘
② 녹색주의
③ 신우파
④ 산업적 업적주의
⑤ 사회민주주의

03 다음 중 사회복지정책 발달이론에 대한 설명으로 틀린 것은?

① 산업화론은 산업화에 따른 욕구 증가에 대한 대응으로 사회복지정책이 발달했다는 것이다.
② 산업화론에 따르면 경제성장과 산업화는 복지국가로 수렴한다.
③ 독점자본주의 이론에서는 복지정책이 자본가의 도구라고 한다.
④ 권력자원론에 따르면 노동자의 경제적 권력이 복지정책 발달을 이끌었다고 주장한다.
⑤ 다원주의론에서는 계급정치보다 이익집단 정치를 중시한다.

04 다음 중 복지국가 위기의 양상이 아닌 것은?

① 스테그플레이션
② 국가 재정적자 확대
③ 완전고용체제 붕괴
④ 좌파 정당 집권
⑤ 실업률 증가

05 경제위기 이후 복지지출이 감소된 것은 사실이나 삭감액의 수준은 미미하고 복지국가 제도 발전을 역행할 수는 없다는 복지국가 위기 반대론을 (　　　)(이)라 한다.

06 잔여적 모형은 복지 대상 선정시 (　　　)주의를 선호하고, 제도적 모형은 (　　　)주의를 선호한다. 시민권론에서 시민권의 발달순서를 공민권, (　　　), (　　　)(으)로 파악한다.

07 여성주의자들은 복지국가 논의에서 가족 돌봄에 의존하지 않고 인간다운 생활을 유지할 수 있는 정도를 나타내는 (　　　)을(를) 중요한 정책 효과의 기준으로 파악한다.

학습활동

01 [개인][조별] 동영상 강의와 읽기 자료에서 이해가 안 되었던 것을 질문한다.

02 [조별] 사회복지정책 이데올로기 중 나의 관점과 가장 비슷한 것과 가장 다른 것을 골라 차이점을 설명해 본다. 3분 스피치로 준비해 본다.

이데올로기	핵심적 특징	(나의 관점과) 가장 유사한 것에 v	이유	(나의 관점과) 가장 반대되는 것에 v	이유
반집합주의					
소극적집합주의					
페이비안사회주의					
사회민주주의					
신자유주의					
페미니즘					
녹색주의					

03 [조별] 사회복지정책 발달이론 중 핵심적인 내용을 요약해서 진술하고, 이 발달이론이 적용되는 정책을 예로 들어 본다.

이론	핵심 내용 요약	사회복지정책 예시
산업화론		
독점자본주의이론		
권력자원론		
다원주의론 (이익집단정치이론)		
국가중심이론		
사회양심론		

시민권론		
확산이론		

04 [조별] 자본주의 발달, 1~4차 산업혁명, 복지국가 발달의 연관성을 살펴보고, 현재 우리나라의 상황이 자본주의, 산업혁명, 복지국가 발달 단계에서 어느 단계에 위치해 있는지 토론한다.

05 [조별] 젠더레짐에 대해 설명하고 우리나라의 현재 상황과 비교해 본다.

젠더레짐	핵심 내용 요약	내가 발견할 수 있는 주변 상황과 비교
남성생계부양자 모델		
분리된 성역할 모델		
개별화된 소득-돌봄 모델		

과 제

01 EBS 다큐프라임 자본주의 제5부 "국가는 무엇을 해야 하는가"의 내용을 요약하고(1/2페이지), 감상(1/2페이지)을 써서 제출하기

02
PART

사회복지정책 분석

제3장 | 사회복지정책 분석틀

제4장 | 사회복지정책 형성 과정

제5장 | 사회복지정책 대상

제6장 | 사회복지정책 급여

제7장 | 사회복지정책 전달체계

제8장 | 사회복지정책 재원

제9장 | 사회복지정책 성과

CHAPTER

03

사회복지정책 분석틀

1. 사회복지정책 분석의 차원
2. 사회복지정책 산출 분석틀

Social Welfare Policy

CHAPTER 03

사회복지정책 분석틀

학습목표

01 사회복지정책의 분석 차원(과정, 산출, 성과)의 의미와 차이점을 이해할 수 있다.

02 사회복지정책 산출 분석의 4가지 차원을 설명할 수 있다.

1. 사회복지정책 분석의 차원

1장에서 살펴봤듯이 사회복지정책의 개념과 영역은 광범위하여 사회복지정책을 분석하려고 할 때 어디서부터 어디까지 분석해야 하는지 난감해진다. 사회복지정책학자인 길버트와 터렐(Gilbert & Terrell, 2014)은 사회복지정책의 세 가지 분석 차원 — 과정(process), 산출(product), 성과(performance), 이른바 3P — 을 제시하였다. 사실상 이 세 가지 정책 요소가 분절적이라기보다는 서로 밀접하게 연관되어 있기는 하지만 각 차원에서 분석할 때 고려해야 할 요소들은 조금씩 다르다.

1) 과정 분석

과정 분석은 정치사회적, 기술적 요인들이 정책형성 과정에서 어떻게 영향을 미치는지에 초점을 맞추는 것이다. 정책과정 분석에서는 정치집단, 관료집단, 이익집단 등 여러 행위자들이 정책형성 과정에 어떤 영향을 미치는지, 서로 어떤 관계를 맺고 있는지를 분석하는 것이다. 대개 의사결정 과정에 정치적, 기술적으로 어떤 요소들이 투입되는지에 대한 사례연구의 형태로 정책 사정(policy assessment)이 이루어지는 시점에서 활용된다. 과정 분석은 사회복지정책이나 프로그램 발달에 대한 장기적이고 전체적인 관점의 분석이다(Gilbert & Terrel, 2014: 13-14).

길버트와 터렐(Gilbert & Terrell, 2014: 14)에 의하면 대표적인 과정 분석의 전통은 복지국가를 계급, 문화, 억압의 관점에서 분석하는 것으로 맑시스트 관점의 분석이 많고, 최근에는 사회복지정책 과정을 억압적인 가부장제와 성차별주의의 용어로 해석하는 페미니스트 관점의 과정 분석 연구들이 많아졌다. 피븐과 클라워드(Piven & Cloward, 1971)의 『Regulating the Poor: The Functions of Public Welfare』는 통치계급, 가부장주의, 경제 엘리트의 관점에서 묘사된 지배계급과 이익집단에 의해 형성된 복지정책 과정 분석 연구이다(Gilbert & Terrel, 2014: 14에서 재인용).

이와 달리 대안적인 '다원주의' 관점의 과정 분석은 정책 결정이 경제적 엘리트집단뿐만 아니라 시민단체, 테크노크러시, 정치인, 투표자 등 다양한 집단의 이해관계가 반영된 것으로 해석하는 것이다(Gilbert & Terrel, 2014: 14).

이 책에서는 4장에서 정책 과정의 단계들과 각 정책 과정 단계에 영향을 미칠 수 있는 다양한 이해집단과 분석 기법, 정책결정 이론을 소개할 것이다.

2) 산출 분석

정책 산물 분석은 다양한 형태의 정책 산출(정책제안서, 법령, 계획 등과 이에 기반하여 실제 실행되는 정책 및 프로그램)을 분석하는 것이다. 정책 연구의 분석 초점은 '선택'의 문제이다. '정책 산물을 구성하는 다양한 선택의 본질이나 형식은 무엇인가?' '어떤 선택은 배제되었는가?' '정책 산물로 이끈 가치, 이론, 전제조건은 무엇인가?' 등의 질문을 던지는 것이다(Gilbert & Terrel, 2014: 14). 정책 산물 분석은 정책 내용 분석이라고 할 수 있으며 정책 산물 분석의 분석틀은 정책 대상, 급여, 전달체계, 재원이다. 정책 내용 분석의 구체적인 차원들은 2절과 5~8장에서 설명할 것이다.

3) 성과 분석

정책 성과 분석은 정책 결과에 대한 분석이다. 정책 성과는 다양한 방법론을 도입하여 정책 결과의 양적, 질적 자료를 수집하여 측정한다. 정책 성과 분석에서는 크게 두 가지 질문을 던질 수 있다(Gilbert & Terrel, 2014: 15). 첫째, 정책이 잘 수행되었는가? 둘째, 정책의 영향은 무엇인가?

첫 번째 질문에서는 정책이 목표 집단에게 잘 전달이 되었는지, 정책의 비용은 얼마인지 등을 분석할 수 있다. 두번째 질문인 정책의 영향은 정책(프로그램) 수행 전후의 대상 변화가 정책(프로그램) 개입의 영향인지를 파악하는 것이다. 정책 내용 분석이나 성과 분석은 정책 과정 분석만큼 논쟁적이진 않지만, 전혀 논쟁적이지 않은 것도 아니다(Gilbert & Terrel, 2014: 15).

정책 내용 분석에서는 예를 들면 사회서비스를 유료로 제공함으로써 그만큼의 효용 가치가 있었는지, 급여를 현금이나 현물로 제공할 때 장단점이 무엇인지 등을 분석한다. 정책 성과 분석에서는 정책 또는 프로그램의 영향, 효과성, 효율성 등을 분석한다. 이 책에서는 정책 성과 분석의 자세한 내용을 다루지는 않고 사회복지정책의 거시적인 성과지표로 측정할 수 있는 지표들에 대해 9장에서 소개한다.

2. 사회복지정책 산출 분석틀

길버트와 터렐(Gilbert & Terrell, 2014: 69)은 사회복지정책에서 자원의 할당을 시장 영역 외부에서 이루어지는 사회적 이전으로 파악하고 사회복지정책 분석 차원이란 어떤 형태의 급여를, 누구에게, 어떤 방법으로, 무슨 재원에서 제공하는가를 결정하는 원칙을 선택하는 것으로 파악하였다. 주요한 분석의 차원은 다음과 같은 4가지 질문으로 표현된다. 첫째, 사회적 급여 할당의 기반은 무엇인가? 둘째, 사회적 급여의 형태는 무엇인가? 셋째, 사회적 급여의 전달 전략은 무엇인가? 넷째, 사회적 급여의 재원 조달 방법은 무엇인가?

1) 대상

사회복지정책 산물(내용) 분석 차원의 첫 번째 질문은 사회복지정책의 '대상'을 선택하는 기준을 묻는 것이다. 사회복지정책을 통해 어떤 사람들이 혜택을 받도록 설계되었는지, 정책 실행을 통해 누구의 복지가 증진되는지에 대한 질문이다. 사회복지정책이 사회 전체에 이익이 되는 공공정책이라 하더라도 정책을 통해 보다 직접적이고 즉각적인 혜택을 받는 인구집단이 구분되게 마련이다. 정책결정자들은 특정 사회복지정책을 통해 어떤 집단이 주요한 혜택을 받을 것인지를 결정할 때 일반 국민들이 이 정책의 혜택이 어떤 대상에게 주어지는 것을 지지하는지에 대한 정치적 고려도 해야 한다. 보다 구체적이고 기술적으로는 급여의 수급자격(eligibility)을 어떻게 결정할 것인가를 결정하는 데에 연령, 성별, 결혼 여부, 거주지, 취업 여부, 교육수준, 건강, 소득 수준 등의 다양한 요소들을 고려해야 한다. 다양한 정책 대상 선정 기준과 요소에 대해서는 5장에서 보다 자세히 설명한다.

2) 급여

사회복지정책 산물(내용) 분석 차원의 두 번째 질문은 사회복지정책의 '급여'가 어떤 형태인가에 대한 것이다. 급여의 전통적인 형태는 '현금' 또는 '현물'이었다. 현물은 다시 물질적인 현물 급여와 비물질적인 서비스 급여로 구분되기도 한다. 현금과 현물 형태의 급여 외에도 권력, 증서(바우처), 기회 등의 여러 요소들이 급여의 형태를 구성한다. 다양한 급여 형태에 대해서는 6장에서 구체적으로 살펴볼 것이다.

3) 전달체계

사회복지정책 분석의 첫 번째, 두 번째 차원이 '누구에게' '무엇을' 제공하는가에 대한 것이었다면 사회복지정책 산물(내용) 분석의 세 번째 차원은 사회복지정책을 '어떻게' 전달하는가에 대한 것이다. 사회복지정책에서 제공되는 급여를 정책 대상에게 전달하는 체계가 잘 구성되어 있어야 사회복지정책의 급여가 대상자에게 정확하게 전달될 수 있기 때문에 정책 분석의 세 번째 요소인 전달체계는 매우 중요하다.

사회복지정책 급여가 어떤 기관을 통해서 전달되어야 하는지, 정책 급여의 전달에 필요한 지역 단위는 시군구가 되어야 할지 시도가 되어야 할지 등이 전달체계 선택에 대한 내용이다. 예를 들어 직업상담 서비스를 제공한다고 할 때 서비스가 광역 자치단체나 기초자치단체 단위로 이루어져야 할지, 직업상담사의 기술적인 자격 수준이 중요한지 지역의 거주자인 것이 중요한지, 이미 유사한 서비스가 제공되고 있다면 새로운 서비스는 어떤 위치에서 제공되어야 할지, 정부기관, 비영리조직, 영리조직 중 어떤 조직에서 제공해야 할지 등을 결정하는 것이다. 사회복지정책 전달체계와 공급주체에 대한 내용은 7장에서 구체적으로 서술한다.

4) 재원

사회복지정책이 시장 외부의 자원 할당 기제로 파악된다면 제공되는 자원의 재정 원천은 어떤 형태인지에 대한 질문도 중요하다. 사회복지정책 재원에 대한 질문은 다음의 요소들을 고려하도록 구체화되어야 한다. 재정의 원천을 공공으로 할 것인지 민간으로 할 것인지, 공공과 민간 재원을 합해서 할 것인지, 공공과 민간의 재원을 모두 사용한다면 정부 부문 재원은 어느 정도 비율로 할 것인지, 정부 재원 중에서도 어떤 종류의 조세를 활용할 것인지, 정부 재원은 보조금 형태로 지급할 것인지, 보조금 지급 조건을 구체적으로 어떻게 정할 것인지 등을 함께 고려해야 한다. 사회복지정책의 재원에 대해서는 8장에서 구체적으로 서술한다.

퀴 즈

01 길버트와 터렐이 언급한 사회복지정책의 3가지 분석 차원은 과정, 산출, (　　)(이)며, 이 중 사회복지정책 산출의 4가지 분석 차원은 (　　), (　　), 전달체계, (　　)이다.

02 사회복지정책 급여 유형 중 현금과 현물 외에도 (　　), 권력, 기회 등의 형태가 있다.

학습활동

01 [조별] 동영상 강의와 읽기 자료에서 이해가 안 되었던 것을 질문한다.

02 [조별] 정책 분석의 3가지 차원(Process, Product, Performance)의 주요한 내용을 설명해 본다.

03 [조별] 정책 산출 분석의 4가지 차원을 설명하고 각 차원이 실제 사회복지정책의 어떤 부분인지, 정책에서 왜 중요한지를 토론해 본다.

정책 산출	의미	예시	중요한 이유
대상			
급여			
전달체계			
재원			

CHAPTER

04

사회복지정책 형성 과정

1. 정책 문제 확인
2. 정책 의제 설정
3. 정책 대안 형성과 비교
4. 정책 결정
5. 정책 집행
6. 정책 평가

CHAPTER 04

사회복지정책 형성 과정

학습목표

01 사회복지정책 형성 과정 6단계의 순서를 이해한다.
02 문제 확인 단계에서 사용되는 이슈 관련 개념들을 이해하고 설명할 수 있다.
03 정책 의제 설정 방법 세 가지의 차이점을 설명할 수 있다.
04 정책 대안을 형성할 때 필요한 작업이 무엇인지 파악한다.
05 6개 정책 결정 모형의 개념과 차이점을 설명할 수 있다.
06 정책 집행과 정책 평가 단계의 의의를 파악한다.

사회복지정책 형성 과정은 의사결정 과정이다. 사회복지정책은 사회문제 해결 방법과 관련이 있으며 사회문제의 인식에서부터 정책 형성이 시작된다고 볼 수 있다. 많은 학자들이 정책 형성 과정에 대해 다양한 단계를 제시한다. 디니토와 다이(DiNitto & Dye, 1987)는 정책 문제의 확인→정책 대안의 형성→공공정책의 입법화→공공정책의 집행→정책 평가의 단계를 제시하였고, 앤더슨(Anderson, 1975)은 정책아젠다→정책형성→정책채택→정책집행→정책평가의 단계를 제시하였다. 스몰우드와 나카무라(Smallwood & Nakamura, 1980)는 정책형성→정책집행→정책평가로 정책 형성 과정을 단순화하였다.

본서에서는 여러 학자들의 논의를 종합하여 우리 사회복지정책 현실에 가장 적합하다고 평가되는 '문제 확인→의제 설정→대안의 형성과 비교→정책 결정→정책 집행→정책 평가'의 6단계로 나누어 각 단계에서 고려해야 할 요소, 개념, 이론 등에 대해 설명하고자 한다.

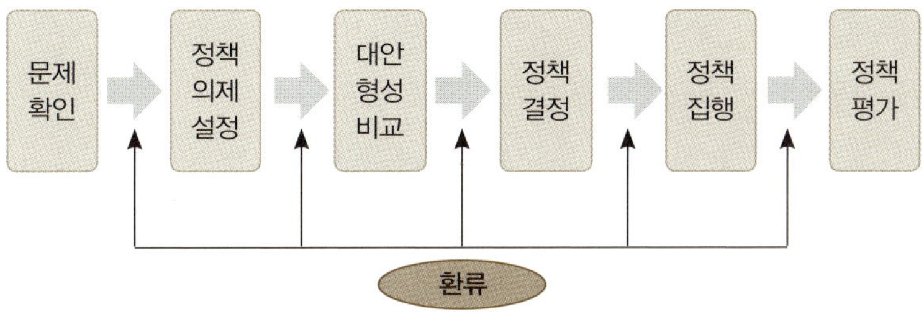

[그림 4-1] 정책 형성 과정

1. 정책 문제 확인

1) 사회문제와 요구

사회복지정책은 사회문제(social problems)를 해결하기 위한 정책이다. 일부 정책과정론에서는 정책 문제 확인의 과정을 생략하기도 하지만, 사회문제는 사회복지정책 형성의 시작점이라고 보는 것이 타당하다. 이 사회에 '문제'라고 불리는 것들은 많지만 모두 '사회문제'라고 할 수는 없다. 어떤 문제가 사회문제로 인식되려면 많은 사람에게 영향을 주고, 사회에 바람직하지 않은 영향을 미치며, 이런 문제에 대한 행동을 요구하고, 이 행동에 따른 개입이 존재해야 한다(Horton & Lesllie, 1995: 4; 박용순 외, 2012: 18에서 재인용).

다른 한편으로 사회문제는 그 사회의 성격을 반영하고 있기 때문에(embedded) 상대적으로 인식되기도 한다. A라는 사회에서는 특정 문제가 사회문제라고 규정되어도 B라는 사회에서는 사회문제가 아닐 수도 있다는 것이다. 사회문제는 관점에 따라서도 다르게 인식될 수 있다. 기능주의 관점, 갈등주의 관점, 상징적 상호작용주의 관점 등 사회를 해석하는 관점에 따라 다르게 인식될 수도 있고, 신자유주의, 사회민주주의 등 사회 체제 혹은 이데올로기에 따라 다르게 인식될 수도 있다.

문제가 해결되기를 바라는 경우 나타나는 구체적 행위를 요구(demand)라고 한다. 어떤 조건이 문제로 성숙되려면 그 조건에 대한 문제로서의 인식 및 해석이 존재해야 하며, 여기에 바램이 가미되어 구체적인 행동으로 나타나는 경우 그 문제는 요구로 전환된다(송근원, 2004: 118).

2) 이슈와 없이슈

이슈(issue)란 정치적 논점으로 부각된 문제나 요구로서 정치의 연료이다(Eyestone, 1978: 1). 넓은 의미에서 이슈의 개념은 어떤 문제나 요구가 '공공의 관심을 끌어' '공공 정책상의 논점'으로 제시되는 경우를 의미한다. 예컨대 아무개 장관의 스캔들은 대중의 관심을 끌지는 모르나 공공정책상 논점으로 제시되지 않는 이상 이슈는 아니다. 그런데 대통령이 그 장관을 해직하지 않아 그를 해직시켜야 한다는 여론이 형성되고 공직과 사생활의 관계 정립에 관한 정책상의 논점이 제시된다면, 이 문제는 공직자 윤리에 관한 이슈로 바뀌게 된다(송근원, 2004: 118-119).

어떤 문제나 요구가 공공의 관심을 끌긴 하지만 정치 체제나 정책꾼들에 의해 통제되어 공공정책상의 논점으로 제시되지 않고 무시되는 경우 그것은 억압된 이슈(depressed issue) 또는 없이슈(non-issue)라고 부른다. 제5공화국 시절 통일, 노동, 민주화 등의 이슈가 없이슈의 예이다. 없이슈의 경우 이슈 갈등이 잠재화하면서 계속 억압됨으로써 언젠가는 체제가 허용하는 범위를 넘어선 요구 표명 행위를 통해 분출된다(송근원, 2004: 120).

3) 이슈제기자와 이슈유발장치

이슈제기자(issue initiator)란 어떤 문제를 해결하기 위해 그 문제를 제기하고 공론화하는 역할을 담당하는 사람을 의미하고, 이슈유발장치(issue triggering mechanism)란 문제나 요구가 이슈화되는 과정에 도움을 주는 예기치 못한 사건을 의미한다. 이슈제기자의 의도적인 노력이나 이슈유발장치에 의해 문제가 이슈화된다(이진숙 외, 2014: 230).

사회복지와 관련된 문제에서 이슈제기자는 클라이언트 자신, 사회복지전문가, 언론, 정치인 등이 될 수 있다. 클라이언트는 사회문제로 인해 고통을 받는 사람들이고 사회문제의 해결을 누구보다도 원하는 사람들이기 때문에 이슈제기자가 될 수 있다. 그러나 다른 한편으로 클라이언트는 고통받는 사회문제를 이슈화하는 지식이나 권력 자원이 부족할 수 있기 때문에 간헐적이고 비의도적인 이슈제기자가 되는 경우가 많다(이진숙 외, 2014: 232).

오히려 사회복지전문가는 클라이언트의 문제에 대해 잘 알고 있고, 문제의 해결 방법, 정부개입의 필요성 등을 잘 알고 있어서 클라이언트의 문제를 이슈화하는 중요한 이슈제기자의 역할을 할 수 있다. 언론은 사회복지문제에 대한 전문성이 있는 것은 아니지만, 파급력이 있는 이슈제기자이다. 언론을 통해 일반 대중이 관심이 없었던 사회문제가 이슈로 드러나는 일들이 많이 있고, 이는 사회문제에서뿐만 아니라 정치경제 전반에서 확인할 수 있는 이슈제기자로서의 언론 역할이다.

정치인도 중요한 이슈제기자가 될 수 있다. 선출직 정치인의 경우 선거기간 동안 해당 지역, 국가의 사회문제를 제기하고 이를 해결하기 위한 공약을 제시함으로써 이슈를 제기한다. 정치인들은 이슈제기자로서뿐만 아니라 정책꾼으로서 이슈가 정책 의제에 포함되도록 하는 데에 큰 역할을 하기 때문에 이슈가 정책으로 발전할 수 있는 중요한 수단이기도 하다. 사회복지전문가들은 파급효과가 큰 언론이나 정책화가 가능한 정치인을 통해 이슈를 제기할 수도 있다.

이슈유발장치는 정치적 과정 속에서 일상적인 문제를 국민들에게 널리 인식시켜 국민적 반응을 끌어내는 데 작용하는 기제이다(Gerston, 1983: 24: 송근원, 2004: 164에서 재인용). 문제가 환경 속에 방치되어 있는 것을 정치적으로 인식시켜 줄 때 중요한 구실을 하며, 궁극적으로는 공공정책 형성에 대한 압력을 가하는 촉매 역할을 한다(송근원, 2004: 164).

2. 정책 의제 설정

아젠다(agenda)란 공공정책으로 전환되기 위하여 정책결정자들의 관심을 불러일으키고 논의될 상태에 있는 문제나 이슈, 의제들의 목록을 의미한다(이진숙 외, 2014: 235). 이슈는 이슈 확장 과정에서 공공 의제에서 정부 의제로 옮겨져 정책 의제가 되어 정책꾼들에 의하여 논의된다. 정책 의제로서 논의된다는 말은 정책 결정자들에 의해 적극적으로 그 해결 방법이 고려된다는 것을 의미한다. 정책꾼들에 의하여 논의된다는 것은 정치적 토론을 의미하고, 반드시 학자나 전문가의 논의를 포함하는 것은 아니다. 바바라 넬슨(Nelson, 1984)에 따르면 하나의 문제가 전문가나 학자에 의하여 다루어질 때, 그 문제는 '전문 아젠다(professional agenda)'에 속하는 것으로 전문 아젠다에 수록된 문제가 항상 정치인들의 주목을 받지는 않는다고 주장한다(송근원, 2004: 166에서 재인용).

정책 의제 설정은 정부가 정책적 해결을 위해 "사회문제를 정책 문제로 채택하는 행동"을 뜻한다. 즉 정부가 다양한 사회문제 중 정책적으로 해결하기 위해 심각하게 검토하기로 결정하는 과정이다(권기헌, 2008: 박경효,

2011: 352에서 재인용). 수많은 사회문제와 이슈들 중에서 어떤 것은 정부의제로 선정되고 어떤 것은 정부의제로 선정되지 않는가, 정책의제가 누구에 의해 주도되는가 하는 문제가 주요 관심사로 등장한다(박경효, 2011: 352). 콥 등(Cobb, Ross & Ross, 1976)은 정책의제설정과정을 다원화된 정치체제에서 나타나는 외부주도형과 후진국에서 주로 목격되는 동원형, 양자의 성격이 혼합된 내부접근형의 세 가지로 유형화한 바 있다(박경효, 2011: 352에서 재인용).

1) 외부주도형

외부주도형은 정부 밖에 있는 사회구성원들이 주도하여 사회문제를 해결해 줄 것을 정부에 요구하여 정부의제로 채택되는 유형이다. 이 유형은 민간주도형이라고도 하며, 다원화되고 민주화된 선진국 정치체제에서 많이 나타난다. 일반적으로 사회문제→공중의제→정부의제의 절차를 거친다. 공중의제는 사회문제가 일반 대중의 주목을 받게 된 의제를, 정부의제는 공중의제 중에서 정부가 해결하기로 공식적으로 밝힌 의제를 의미한다(박경효, 2011: 352).

2) 동원형

동원형은 정부의제가 국가의 최고정책결정자에 의해 주도되는 유형으로서, 주로 후진국에서 많이 볼 수 있다. 대통령 등 최고정책결정자가 사회문제를 인식하여 바로 정책의제화한 후, 이를 다시 국민들에게 홍보하여 공중의제화하고 국민적 인식을 확산시킨다(사회문제→정부의제→공중의제). 정부의 힘이 강하고 민간부문이 취약한 상황에서 주로 발생하는 동원형은 보통 정책결정이 진행되면서 함께 이뤄지거나 정책결정 후에 진행되기도 한다(박경효, 2011: 353).

3) 내부접근형

내부접근형은 정부기관 내의 관료집단들이 사회문제를 정부의제화하는 경우를 말한다. 이처럼 정책담당자들에 의해 사회문제가 정책의제로 채택되는 한편, 공중의제화 과정은 생략 또는 억제되는 경향을 보인다(사회문제→정부의제). 이 유형은 흔히 정부가 신속하게 사회문제를 다루고자 하거나 일반 국민에게 알리는 것이 곤란한 경우, 또한 관료들이 주도하는 경제개발계획, 특수집단이 정부로부터 수혜를 입게 되는 분배정책, 외교 및 국방정책 등에서 나타난다(박경효, 2011: 353).

3. 정책 대안 형성과 비교

정책대안의 형성 과정은 좁은 의미로는 주어진 목표 달성을 위해 여러 가지 정책 대안을 모색하고 개발하는 과정만을 뜻하지만, 넓은 의미로는 정책문제가 무엇인지 파악하고, 문제를 둘러싼 상황을 파악하여 정책 목표를 세우고, 그 목표를 달성할 수 있는 정책 수단으로서의 정책 대안들을 개발하여, 어떤 정책 대안이 가장 바람직한 것인가를 비교하고 분석하는 과정을 의미한다(송근원, 2004: 213).

1) 사회복지 정책 대안 형성 과정

정책 대안 형성 과정을 넓은 의미로 파악한다면 첫째, 정책 문제와 상황 파악이 우선되어야 한다. 사회복지 문제를 파악하기 위해서는 문제를 일으키는 조건과 그것을 문제로 인식하는 사람들의 욕구, 문제를 해결하는 데 필요한 비용이나 자원을 파악해야 한다. 이를 위해 정책 관련자와의 면담, 문헌조사, 설문조사 등이 필요할 수도 있다. 면담과 조사를 통해서는 문제나 욕구의 원인, 문제의 영향, 문제의 인식 범위와 정도, 문제 해결 가능성과 비용 및 자원, 문제의 정치사회적 의미 등을 파악한다(송근원, 2004: 215-216).

둘째, 미래 예측과 목표 설정이 필요하다. 문제와 상황 파악이 현재 상태에 관한 파악이라고 한다면 바람직한 미래 상태인 목표를 설정하는 일은 미래지향적인 활동이다(송근원, 2004: 216). 미래를 예측하는 방법은 유추, 경향성 분석, 마르코프 모형, 회귀분석, 델파이기법, 경로분석 등이 있다. 사회복지정책 목표 설정에서 고려해야 할 요인은 정책 대상 집단인 클라이언트, 비용 부담자, 지역 주민들의 이해관계, 정책 문제의 특성, 문제 해결 목표의 종류 및 성격(단일 목표 vs 복수 목표, 장기목표 vs 단기목표, 거시목표 vs 미시목표 등), 다른 정책 목표와의 관계, 목표가 기초하는 가치 등이다(송근원, 2004: 222-223).

셋째, 대안을 개발하는 것이다. 사회복지 정책 목표가 설정되면 정책 대안들을 만들어 내야 한다. 정책 대안을 만들기 위해서는 어젠다, 상황과 배경, 미래에 대한 정보를 수집하여 종합적으로 검토 · 분석해야 한다. 정책 대안을 개발할 때에는 과거의 정책을 고려하거나, 외국의 정책 사례를 검토할 수 있으며, 사회과학적 지식을 사용하여 사회문제 해결을 위한 이론 모형을 구축할 수 있다. 과거 정책이나 외국 사례 등 정책 대안에 대한 전문

지식 및 상황에 대한 정보가 부족할 때에는 직관적 방법을 통해서도 정책 대안을 개발할 수 있다(송근원, 2004: 223-224).

넷째, 개발한 정책 대안들을 비교 분석하는 것이다. 어떤 사회문제에 대한 해결책은 한 가지만 존재하지는 않는다. 다양한 해결 방법이 존재할 수 있으며, 그 정책 대안들이 현재의 사회경제적 상황에 적합한지, 문제 해결에 효과적인지는 각 대안을 비교 분석함으로써 정책 대안의 우선순위를 파악할 수 있다. 정책 대안을 비교 분석하는 기준으로는 기술적 · 정치적 실현 가능성, 효율성, 효과성, 사회통합, 형평성 등이 있을 수 있다. 대안 비교 분석 기법으로는 비용편익 분석, 비용효과 분석, 줄서기 분석, 모의실험기법, 결정분석기법, 선형계획기법 등이 있다(송근원, 2004: 229-237).

2) 사회복지정책 대안 형성 과정에서 나타나는 문제점

사회복지정책 대안 형성 과정에서는 정책 시행 결과 나타날 것이라 예상되는 결과를 예측해서 대안을 설정해야 한다. 미래 상황에 대한 예측이 정확하지 않으면, 정책 대안의 결과를 비교 분석하기 어렵다. 또한 정책 결과를 분석할 때, 사회복지정책의 특성상 정책 결과를 계량화하는 데 한계가 있기 때문에 정책 대안의 목표가 정확하게 설정되지 않을 수도 있고, 정책 대안의 결과들을 상호 비교하기 어려울 수 있다(송근원, 2004: 239).

기본적으로 사회복지정책은 '가치' 지향적인 정책이기 때문에 관점에 따라 사회복지정책 결과에 대한 해석이 다를 수 있다. 모든 사람들이 공통적으로 공유하는 척도가 없기 때문에 결과 예측이 부정확하거나, 관점이나 가치에 따라 다른 결과가 예측될 수 있다.

시간과 비용이 한정되어 있는 상황에서 가장 적합한 대안을 찾기란 쉽지 않다. 사회문제는 시급히 해결해야 할 문제들이 많고, 자원의 희소성으로 예산이 한정되어 있는 상황에서 모든 상황을 고려하면서 대안을 형성하기에는 자원과 시간의 부족이 한계로 드러난다.

사회복지정책은 국가 여러 분야의 정책 중 한 분야의 정책이다. 때로 국가의 다른 분야의 정책 목표와 상충될 수 있고, 재정 부족으로 정책 우선순위에서 밀릴 수도 있다. 사회복지 문제만을 고려하여 정책을 만들 때 다른 분야 정책 목표와 상충하는 경우도 있을 수 있다(송근원, 2004: 240).

4. 정책 결정

정책 결정이란 다양한 사회문제를 해결하는 동시에 바람직한 사회로 나아가기 위해 정책 방향과 정책 내용을 결정하는 것이다(박경효, 2013). 권위를 가진 정책 결정자가 문제 해결을 위한 여러 정책대안들 가운데 하나를 선택하는 과정이다. 예를 들면, 정부 관계자들이 법률, 명령, 조례, 규칙 등을 제정하는 것, 국회에서 법률안을 통과시키는 것, 대통령이 통과된 법률안에 서명하는 것 등이다(송근원, 2004: 241).

1) 정책 결정 모형

정책 결정 행태에 관하여 개발된 이론 모형은 현실에서 나타나는 정책 결정의 모습을 이해하고 설명하는 데 유용한 틀을 제공하는 동시에 때로는 바람직한 정책 결정을 하기 위한 지침으로서의 역할을 한다(유민봉, 2012: 박경효, 2013: 353-354에서 재인용).

(1) 합리모형(rational model)

합리모형은 기본적으로 정책의 합리적 측면, 즉 최소한의 비용으로 최대의 효과를 달성하는 것으로서 접근한다. 의사결정자로서의 개인은 경제적 인간 혹은 가치극대자(value-maximizer)로 간주된다(박경효, 2013: 354). 정책결정자나 정책분석가가 고도의 합리성을 가지고 있고, 주어진 목적 달성을 극대화하기 위하여 최선의 정책 대안을 찾아낼 수 있다는 전제하에 만들어진 정책결정모형이다(송근원, 2004: 249).

합리모형의 정책 결정과정을 살펴보면 다음과 같다. 첫째, 해결해야 할 문제를 인식하고 목표를 설정한다. 둘째, 목표를 달성할 수 있는 모든 가능한 대안들을 수립한다. 셋째, 각 대안의 모든 가능한 편익과 비용을 계산한다. 넷째, 편익과 비용을 기준으로 최선의 정책 대안을 선택한다.

그러나 이 모형은 정책 결정의 목표를 주어진 것으로 가정한다는 점에서 한계가 있다. 정책 대안을 만들 때 모든 정보를 다 확보할 수 없고, 정책결정자의 능력을 과신한다는 것도 한계이다(박경효, 2013; 송근원, 2004). 실제 이루어지는 정책결정과정에서 의사결정자는 인지능력, 정보 등에서 제한된 합리성만을 가진다. 합리모형의 한계에 대한 이러한 인식은 다음에 설명할 만족모형의 출발점이 된다(박경효, 2013: 354). 또한 매몰비용(sunk cost)의 관점에서 비판받기도 한다. 어느 정책 대안이 합리적으로 최선의 것이라 판단된다 하더라도 이미 현재 정책 시행에 많은 자원이 투입되었기 때문에 새 대안보다는 과거의 정책을 수정해서 사용할 가능성이 더 높다(송근원, 2004). 이는 점증모형의 출발점이기도 하다.

(2) 만족모형(satisficing model)[01]

만족모형은 합리모형과는 달리 인간의 완전한 합리성을 전제로 하지 않는다. 인간은 제한된 합리성만 가지며, 조직에 참여함으로써 보다 높은 합리성을 추구하는 존재로 파악된다(박경효, 2013: 250). 만족모형의 특징은 다음과 같다. 첫째, 의사결정자는 모든 대안을 탐색하지 않고 몇 개의 제한되고 가능한 대안만을 고려한다. 둘째, 정보의 제약, 미래의 불확실성 등으로 인해 복잡한 상황을 단순화시키고 중요한 요소만을 고려하여 대안의 결과를 예측한다. 셋째, 의사결정자는 결과의 극대화 대신 만족할 만한 수준에서 대안을 선택한다(박경효, 2013: 355).

그러나 만족모형은 다음과 같은 한계를 지닌다. 첫째, 의사결정의 기준인 '만족할 만한' 수준이 지나치게 주관적이어서 그 정도를 구체적으로 파악하기 어렵다(박경효, 2013: 355). 둘째, 검토되지 않은 대안들 중에서 더 나은 것이 있을 수도 있다는 것이다. 더 훌륭한 정책대안이 있음에도 불구하고 고려할 기회조차 없어서 사장된다고 볼 때 만족모형에 따른 의사결정은 창의적, 쇄신적 문제해결보다는 보수적 성향을 띠게 된다(송근원, 2004).

(3) 점증모형(incremental model)

점증모형은 인간의 제한된 합리성을 전제로 정책결정에 내재된 상황의 복잡성, 가치판단의 어려움, 정치적 요인 등을 추가로 고려하여 만들어진 정책결정 모형이다(박경효, 2013). 이 모형은 다음과 같은 몇 가지 특징을 지닌다. 첫째, 목표는 미리 정해지는 것이 아니며, 가치와 대안의 선정은 밀접히 연계되어 있다. 즉, 정책결정과정은 합리모형에서 강조하는 것과 같이 목표와 수단이 명백히 분리되어 있지 않다(박경효, 2013). 둘째, 좋은 정책인

01 "satisficing"은 '만족스럽다'라는 의미의 'satisfying'과 '충분하다'는 의미의 'sufficing'이 합성된 단어로 '충분히 만족스럽다'라는 의미이다(송근원, 2004: 250).

지 여부는 합리적 수단이나 만족도가 아닌 정책 이해관계자들의 합의에 달려 있다. 셋째, 대안 분석은 고려되는 대안의 수, 과정상의 변수, 예상 결과 내용 등의 측면에서 제한적으로 이루어진다. 마지막으로 점증모형은 미래의 목표 달성보다는 현존 사회문제에 대한 개선을 중시하는 치료적(remedial) 성격을 지닌다. 따라서 획기적인 정책이 아닌 기존 정책의 수정 · 보완에 중점을 둔다(박경효, 2013: 355).

점증 모형은 기본적으로 다원주의적 사회를 바탕으로 한 다양한 이해관계들 사이의 상호 조정을 강조한다. 현대 사회와 같이 다원화된 사회에서 사회 전체의 합의된 목표나 가치가 존재하지 않으므로 정부가 기존 사업을 유지하면서 소폭의 변화를 추구하는 것이 현실에 더 적합하다. 새로운 대안을 검토할 시간, 정보, 비용이 한정되어 있는 상황에서 다양한 구성원들 간의 조정과 합의를 토대로 하기 때문에 정책의 정치적 실현 가능성이 높다(박경효, 2013: 355). 점증모형은 합리모형과 달리 매몰비용도 고려한다.

점증 모형은 다음과 같은 한계를 지닌다. 첫째, 기존 정책의 소폭 변화만을 고려하기 때문에 과거의 정책이 바람직하지 않을 경우 정책 결정의 결과 정책 개선을 이루기 어렵다. 둘째, 권력이 분산된 다원주의 체제에 입각한 점증모형은 실제 과정에서 사회적 약자의 목소리가 반영되지 않거나 다양한 집단 간의 갈등을 극복하기 어렵거나 기득권에 유리한 합의를 끌어낼 가능성이 높다(박경효, 2013).

(4) 혼합모형(mixed-scanning model)

혼합모형은 합리모형과 점증모형의 절충이라 할 수 있는 정책 결정 모형이다. 에치오니(Etzioni, 1967)는 합리적 모형은 지나치게 엄격하고 이상적인 반면, 점증주의는 근시안적이고 보수적이라서 양자의 단점을 제거하고 장점만을 택하여 통합적인 모형을 구성하고자 하였다(박경효, 2013: 356).

이 모형의 특징은 정책 결정 과정을 기본적 결정과 세부적 결정으로 나누어 기본적 거시적 결정은 정책결정자가 가능한 한 많은 대안들을 탐색하여 정책방향을 올바로 설정한 후, 세부적 미시적 결정은 기본적 결정의 범위 속에서 점증적으로 구체화한다는 것이다(박경효, 2013: 송근원, 2004). 기본적 거시적 결정은 예산편성과 같은 정기적 결정이나 환경변화로 인해 상황이 크게 바뀌었을 경우 적용된다. 이러한 모형은 두 모형의 장점을 살리려는 긍정적 시도이긴 하나 두 단계의 구분이 모호하고, 통합적이기보다는 순차적 접근이라는 문제점을 지닌다(박경효, 2013: 356).

(5) 최적모형(optimal model)

드로어(Dror, 1983)는 합리적 모형과 점증적 모형을 결합하면서 새로운 요소를 추가하였다. 최적모형은 금전화할 수 없는 질적 부분에 대해서 정책결정자의 직관이나 판단과 같은 초합리성(extra-rationality)을 강조한다(박경효, 2013: 356에서 재인용). 초합리성은 제한된 자원, 불확실한 상황 등으로 인해 합리적 결정이 어려운 경우나 대안개발에서 창조성이 필요한 경우에 유용하다고 지적한다. 최적모형은 초합리성을 강조했다는 긍정적 측면과 더불어 초합리성 달성을 위한 구체적 기준이 없어 비합리적 결정이 될 수 있다는 부정적 측면을 동시에 갖고 있다(박경효, 2013: 356).

(6) 쓰레기통 모형(garbage can model)

쓰레기통 모형은 합리성이나 협상 등을 통해서 정책 결정이 이루어지는 것이 아니라 '조직화된 무정부상태' 속에서 나타나는 몇 가지 흐름에 의하여 '우연히' 정책 결정이 이루어진다고 보는, 과정 지향적이고 참여 지향적인 모형이다. 이 모형은 합리성을 제약하는 전제 조건하에서 정책 결정에 필요한 4가지 요소가 우연히 결합되어 정책 결정이 이루어진다고 본다(송근원,

2004: 260).

코헨 등(Cohen, March, & Olsen, 1972)은 정책 결정에 필요한 4가지 요소로서 정책 결정이 이루어질 수 있는 기회를 뜻하는 선택 기회, 해결되어야 할 문제, 문제에 대한 해답으로서의 해결방안, 정책결정에의 참여자를 들고 있는데, 이들 네 요소는 서로 다른 흐름 속에서 독립적으로 움직이지만 우연히 쓰레기통 속에서 이들이 만나게 되면 그때 정책 결정이 이루어진다고 보는 것이다(송근원, 2004: 261에서 재인용).

정치인, 이익집단이 형성하는 정치의 흐름과 언론, 클라이언트가 형성하는 문제의 흐름이 아젠다를 형성하고, 관료, 연구자 집단이 형성하는 정책 흐름이 대안 형성 과정을 이루어 아젠다 짜임과 대안 구체화 과정이 만나 정책결정을 한다는 것이다.

2) 정책네트워크

정책결정 과정에 참여하는 자들은 크게 공식적 참여자와 비공식적 참여자로 구분된다. 공식적 참여자에는 의회, 대통령, 행정기관(중앙정부 및 지자체 관료들), 사법부 등이다. 비공식적 참여자는 정당, 이익집단 또는 시민사회단체, 언론, 전문가 집단, 일반 국민들이다. 공식적 참여자는 법 · 제도적으로 정책 과정에 참여할 수 있는 권한을 지닌 기관 또는 사람들이고, 비공식적 참여자는 공식적 참여자의 정책 결정에 영향력을 미칠 수 있는 집단 또는 사람들이다.

최근 거버넌스에 관한 논의가 활성화되면서 정책네트워크(policy network)가 재조명받고 있다. 정책네트워크란 특정 정책 분야에 참여하는 관련 행위자들로 이뤄진 집합체를 의미한다(박경효, 2013: 357). 이샤이(Yishai, 1992)는 정책네트워크가 신규참여자에 대한 배타성과 포용성, 지식과 자원에 대한 참여자의 상호의존성에 따라 다양하게 형성된다고 하면서 철의 삼각관계, 정책공동체, 이슈네트워크 등 여러 모형을 제시한다. 이러한 모형들 중 비교적 많이 알려진 철의 삼각관계와 하위정부모형, 정책공동체모형, 이슈네트워크모형에 대해 간략하게 설명한다.

철의 삼각관계(iron triangle)와 하위정부모형(subgovernment model)의 관계에 대해서는 학자들마다 다소 다른 견해를 보이는데, 국내 학자들은 양자를 동일한 현상으로 파악한다. 철의 삼각관계란 정책영역별로 이익집단, 의회의 관련 상임위원회, 해당 관료조직이 연계하여 상당히 독자적인 협력체계를 구축한 상태로서 그들 간의 관계가 견고하여 붙여진 명칭이다. 이들 삼자는 상호 간 협조를 통해 각자의 정치적 지지와 이익을 확보한다. 이처럼 그들만의 제한된 참여 속에서 안정적인 호혜의 고리를 형성하여 해당 정책 분야를 독점적으로 지배하는 철의 삼각관계(하위정부모형)는 소수의 정책 참여자들 간에 이루어지는 안정적인 정책 네트워크에 해당한다. 그러나 철의 삼각관계는 이익을 독점적으로 대표하고, 국민들의 다수 이익에 반할 수도 있다는 위험성도 내포한다(박경효, 2013: 358).

정책공동체에서는 소수의 특권적인 참여자들만이 네트워크에 참여하고, 이들 간에는 안정적이고 지속적인 관계가 유지된다. 일단 정책공동체가 형성되고 나면, 외부의 신규 참여는 엄격히 제한되고 비판적인 의견의 투입과 생산도 막히게 되어 정책 환경에서 나타나는 변화에 적절히 대응하기 어렵다. 따라서 정책공동체는 네트워크의 폐쇄성으로 인해 여러 문제점이 노출될 수 있다(박경효, 2013: 358).

이슈네트워크는 철의 삼각관계보다 더 개방적이고 다양한 집단이 복합적으로 작용하는 정책네트워크를 뜻한다. 다양하고 이질적인 집단이 특정 정책 분야에 진입할 수 있는 여지가 커졌고 과거에 우세했던 집단이나 세력 간의 연합이 점차 어려워지고 있는 상태를 의미한다. 이러한 구도를 제대로 이해하려면 다양한 집단들 간에 거미줄처럼 얽힌 수많은 유동적인 관계를 분석해야 한다(박경효, 2013: 359).

5. 정책 집행

정책 집행이란 기본적으로 정책을 시행하는 과정 내지는 일련의 활동을 의미한다. 일반적으로 정책효과가 나타나지 않는 경우 원인은 두 가지로 구분될 수 있다. 하나는 정책 내용의 문제로서 정책 목표와 정책 수단 사이의 인과관계 설정에 오류가 있는 경우이다. 이는 정책 과정 중 첫 번째 단계인 문제 확인부터 정책 집행 이전 단계인 정책 결정까지의 과정에서 나타날 수 있는 오류이다. 다른 하나는 바로 정책 집행 과정에서 나타나는 문제이다. 합리적이고 타당한 정책 내용에도 불구하고 그 집행이 비효과적인 경우 정책 실패가 나타날 수 있다(박경효, 2013: 361).

정책 집행 과정이 지니는 의의는 다음과 같다. 첫째, 아무리 잘 결정된 정책도 현실에서 실현되지 않으면 의미가 없으며 상징적 정책에 불과하다. 둘째, 정책 집행은 정책 결정 과정에서 일반적이고 추상적으로 정해진 내용이 구체화되는 과정이다. 정책 결정에서 관련된 모든 변수나 상황을 미리 정하기 어렵고, 결정 이후에 상황이 바뀔 수도 있고, 결정 과정에서 나타난 정치적 갈등이 집행으로 이어지기도 한다. 따라서 정책 집행은 정책 결정 못지않게 성공적 정책 수행에 중요한 것이다. 마지막으로 정책 집행은 클라이언트와 직접 접촉하는 단계이다(박경효, 2013: 361).

정책 집행의 성공 여부에 영향을 미치는 요인들은 다양하다. 정책 내용이 일관성 있고 명확한지, 집행기관의 능력이 전문적 · 헌신적이며 집행기관 간 협조가 잘 되고 집행기관장이 지지적인지 등도 정책의 성공적 집행에 영향을 미친다. 또한 정책 집행을 위한 자원(예산이나 인력)이 충분한지, 정책 대상 집단의 사회경제적 배경이나 외부로부터의 정치적 지지 등도 정책 집행에 영향을 미친다(박경효, 2013: 362).

정책 집행에서 특히 중요한 것은 일선 관료이다. 립스키(Lipsky, 1980)는 일반시민과 직접적으로 접촉하고 업무수행에서 상당한 재량권을 행사하는 관료인 일선관료가 일반 시민이나 클라이언트를 대상으로 상당한 재량권을 행사하기 때문에 국민생활에 지대한 영향을 미친다고 설명하였다. 사회복지전담공무원도 일선 관료에 해당한다. 일선관료가 정책 집행에서 높은 재량권을 가지는 이유는 첫째, 업무상황이 너무 다양하고 복잡하고, 둘째, 국민과 직접 접촉하기 때문에 기계적으로가 아니라 인간적으로 업무를 수행해야 하며, 셋째, 재량권을 가짐으로써 국민을 위해 봉사한다는 자부심을 갖기 때문이다(박경효, 2013: 365에서 재인용).

6. 정책 평가

정책 평가란 좁은 의미에서 보면 정책의 결과인 효과를 평가하는 것으로서 정책의 성공 여부와 직결된다. 그러나 정책 평가의 대상은 정책 결과에 국한되지 않고 정책 형성 및 정책 집행까지를 모두 포함한다(박경효, 2013). 정책 평가란 정책과 관련된 활동에 대한 정보를 수집하고 분석함으로써 그 가치를 판단하는 것을 뜻한다.

사회복지정책 평가는 문제해결을 위한 정책 결정에 필요한 정보를 얻기 위해, 기존 프로그램을 개선하기 위해, 사회복지정책의 시행 · 관리의 효용성을 위해, 정책 프로그램에 대한 감독 · 통제를 위한 정보를 제공하기 위해, 정책 이론의 형성을 위해 필요하다(박경일, 2016: 264).

사회복지정책 평가에 영향을 미치는 요인들을 살펴보면 가장 먼저 인적 요인을 들 수 있다. 정책평가자, 정책담당자, 클라이언트, 일반 시민이 각각의 입장에서 정책 평가 내용에 영향을 미칠 수 있다. 두 번째 요인은 시간적 요인으로 시간적 제약 등이 평가 내용의 부정확성을 초래할 수도 있다. 세 번째 요인은 기술적 요인으로 정책 평가를 위한 분석 기법이 적절한지, 평가를 위한 조사 설계가 적절한지 등에 따라 평가 결과가 달라질 수 있다. 넷째, 제도적 요인이다. 사회복지정책의 평가가 이루어지려면 평가에 필요한 정보나 자료가 확보되고 행정적인 뒷받침이 되어야 한다. 마지막으로 정책 자체 요인이다. 정책 평가가 잘 이루어지려면 평가 대상 정책 목표가 뚜렷하고 그 목표를 달성하는 연계 수단이 명확해야 한다(이진숙 외, 2014).

정책 평가 단계에서 평가 결과는 정책 과정의 다른 단계로 환류(feedback)되며, 많은 경우에 의제 설정(agenda setting) 단계로 되돌아간다. 따라서 정책 과정은 반복적으로 순환된다. 정책 평가의 결과는 정책 환류를 통해 정책 학습(policy learning)과 정책 변동(policy change)의 토대가 된다(김기원, 2017).

퀴 즈

01 "사회복지정책 형성과정은 문제확인→정책 아젠다 설정→대안 형성 비교→(1) →(2) →(3) 의 과정을 거친다."에서 ( )를 순서대로 나열한 것은?

① 정책평가–정책집행–정책결정
② 정책집행–정책평가–정책결정
③ 정책결정–정책평가–정책집행
④ 정책집행–정책결정–정책평가
⑤ 정책결정–정책집행–정책평가

02 ( )(이)란 문제나 요구가 이슈화되는 과정에 도움을 주는 예기치 못한 사건을 의미한다.

03 의제설정 모형 중 정부 밖에 있는 개인이나 집단이 주도하여 사회문제 해결을 요구한 결과 정부의제로 채택되는 모형은?

① 동원형 ② 외부주도형
③ 내부접근형 ④ 정부유인형
⑤ 정부주도형

04 인간의 제한된 합리성을 전제하고 쇄신적 문제해결보다는 보수적 성향을 띠는 정책결정모형은?

① 합리모형 ② 쓰레기통모형
③ 만족모형 ④ 혼합모형
⑤ 최적모형

05 다음 중 정책 결정 합리모형의 특징으로 잘못된 것은?

① 인간의 고도의 합리성을 전제로 한다.
② 최소한의 비용으로 최대의 효과를 달성하도록 한다.

③ 의사결정자는 모든 대안을 탐색하지 않는다.

④ 매몰비용의 관점에서 비판받기도 한다.

⑤ 편익과 비용을 기준으로 최선의 정책 대안을 선택한다.

06 (　　)(이)란 특정 정책 분야에 참여하는 관련행위자들로 이뤄진 집합체를 의미한다.

07 정책 평가 단계에서 평가결과는 정책 과정의 다른 단계로 (　　)된다.

학습활동

01 [개인][조별] 동영상 강의와 읽기 자료에서 이해가 안 되었던 것을 질문한다.

02 [조별] 보기의 내용들 중 하나를 선정하여 정책 결정 시나리오를 작성해 본다(문제 확인 → 아젠다 설정→ 대안 형성 비교→ 정책결정 과정).

〈주제〉

예시) 발달장애인 사회통합, 아동학대예방, 성폭행 피해자 보호, 독거 노인 고독사 예방, 조손가족 생계비 지원

- 1단계: 구체적 문제와 이슈 확인
  1) 선택한 주제에서 구체적으로 확인된 사회문제는 무엇인가? 1~2개의 문장으로 표현한다면 어떻게 표현할 수 있는가?
  2) 위에서 표현한 사회문제가 최근 1~2년간 구체적으로 발생한 예를 기사에서 검색해서 찾아본다.
  3) 기사 검색을 통해 이 사회문제를 제기한 이슈제기자와 이슈유발장치가 있었는지, 있었다면 무엇인지 제시한다.
- 2단계: 정책 의제 설정 모형 선택
  1) 1번에서 결정한 사회문제와 이슈를 정책 의제로 설정할 때 외부주도모형, 동원모형, 내부접근모형 중 어떤 것이 정책화, 제도화하는 데 효과적인지 토론한다.
  2) 정책 의제 설명 모형을 선택하고, 의제 설정 방법을 토론한다.
- 3단계: 정책 대안 형성
  1) 정책 대안을 위해 면담해야 할 대상 정책 관련자가 누구일지 설정해 본다.
  2) 정책 대안 설정에 도움이 될 만한 문헌을 검색하고, 필요한 설문조사 대상을 확인한다.

3) 정책 결과를 예측하고, 정책 목표를 설정한다. 이때 과거 유사 정책을 검색해 보고, 외국 정책 사례가 있는지 검토하여 정책 비교 기준을 설정한다.

- 4단계: 정책 결정 모형 선택

1) 합리모형, 만족모형, 혼합모형, 점증모형, 최적모형, 쓰레기통모형 중 어떤 방식이 정책 결정에 효과적일지 토론한다.

03 **[조별] 정해진 정책 결정 시나리오의 1단계, 2단계를 발표한다.**

과 제

01 학습활동 2번 시나리오 프리젠테이션 자료를 작성한다.

CHAPTER

05

사회복지정책 대상

1. 보편주의와 선별주의
2. 대상 선정의 기준

CHAPTER 05

사회복지정책 대상

학습목표

01 사회복지정책 대상 선정과 관련하여 보편주의와 선별주의의 차이점을 이해하고 설명할 수 있다.

02 사회복지정책 대상 선정 기준을 설명하고, 각 대상 선정 기준을 적용한 사회복지정책이 무엇인지 알 수 있다.

1. 보편주의와 선별주의

사회복지 자원을 누구에게 할당(allocation)할 것인가는 사회복지정책 분석에서 중요한 이슈이다. 사회복지정책에서 자원을 할당한다는 것은 사회복지정책의 대상을 누구로 할 것인가, 대상 선정 기준을 어떻게 설정해야 하는가의 문제이다. 크게 보편주의와 선별주의로 대별되는 사회복지정책 할당의 원칙은 복지정책이 시작된 시점부터 현재까지도 주요한 논쟁의 주제이다.

제도적 복지와 잔여적 복지의 주요한 구분 기준 중 하나가 대상의 보편성이라는 점에서도 알 수 있듯이 보편주의와 선별주의는 사회복지정책의 성격을 뚜렷이 드러내는 중요한 이슈이다. 가장 최근인 2017년 아동수당 지급 대상 결정시에도 아동수당의 대상을 전체 아동으로 할지 일부 상위 소득계층을 제외할지에 대한 여야의 의견 대립이 있었고, 2011년에는 서울시 무상급식 대상 아동을 저소득층에 한정하는지, 전체 아동을 대상으로 하는지에 대한 주민투표를 실시한 바 있다.

1) 보편주의

보편주의에 따르면 사회의 모든 구성원에게 사회복지정책 급여 수급의 자격을 부여한다. 정책에 따라 모든 국민에게 급여를 지급할 수도 있지만 대개는 아동, 노인, 장애인 등 특정 인구학적 · 진단적 기준(연령, 장애 여부 등)만을 대상 선정 기준으로 삼고 소득 · 자산조사와 같은 경제적 조건을 대상 선정 기준으로 고려하지 않는다. 사회복지정책의 제도주의 모델에서는 보편주의를 선호한다.

보편주의 원칙 하에서는 원칙적으로 경제적 계층에 따라 대상자를 구분하지 않기 때문에 급여 수급 대상자가 낙인(stigma)을 받지 않고 사회통합에 효과적이다. 보편주의 원칙하에 정책 급여를 할당하면 대상자 수가 많아지기 때문에 전체 비용이 증가하지만, 대상자 선별을 위한 행정절차가 까다롭지 않아 운영비용은 상대적으로 감소한다.

사회통합을 높일 수 있어 사회적 효과성은 크지만 전체 급여 지출 비용이 높기 때문에 비용 효과성은 작다. 또한 한정된 자원을 많은 수의 대상에게 할당하기 때문에 급여 수준을 높이기 어려워 급여 적절성을 감소시킬 수 있다.

노령수당, 아동수당, 장애수당 등의 사회수당 정책이나 NHS와 같은 보편적 의료서비스가 대표적인 보편주의 원리 사회복지정책이며, 우리나라에서는 아동수당, 보육료지원제도가 소득 · 자산조사 없이 보육서비스 욕구가 있는 영유아 연령에 해당하는 아동에게 제공되는 보편적 수당과 사회서비스이다.[01]

01 2019년부터는 '보편주의'원칙이 적용되는 정책으로 '보육료 지원제도(양육수당)'외에도 '아동수당'을 들 수 있게 되었다. 2018년 12월 국회 보건복지위원회 전체회의를 통과한 아동수당법 일

2) 선별주의

선별주의는 소득 · 자산 조사를 통해 경제적 욕구가 있는 일부 계층에게 한정되어 사회복지정책 급여가 할당되어야 한다는 원리이다. 자원의 희소성을 인정한다면 사회복지정책 급여를 꼭 필요로 하는 사람들에게만 제공해야 한다는 것이다. 잔여주의 모델에서는 선별주의를 선호한다.

선별주의 원리에 따라 대상을 선정하면 사회복지정책 급여가 경제적으로 꼭 필요한 일부 계층에게만 한정되어 지급되기 때문에 목표 효율성(targer efficiency)이 증가하고 총비용은 감소시킬 수 있으나, 대상자 선정 기준을 정하고, 선정 기준에 따라 엄격하게 수급 자격 요건을 적용하려면 행정 비용이 증가한다. 또한 소득 · 자산조사를 통해 빈곤한 사람들을 표적화하여(targeting) 급여를 할당하기 때문에 수급자들의 낙인감과 열등감이 증대되어 사회통합을 저해한다.

공공부조제도는 대표적인 선별주의 복지정책이고, 유럽 복지국가들에서 보편적 정책으로 시행하는 노령수당, 장애수당 등이 우리나라에서는 선별주의 정책으로 시행되고 있다.

표 5-1 | 보편주의와 선별주의의 특징 비교

구분	보편주의	선별주의
대상선정 기준	전체 대상(경우에 따라 인구학적, 진단적 기준)	소득 · 자산조사
장점	사회통합	목표 효율성 높음

부개정법률안에 의하면 만 6세 미만 90% 아동에게 지급하던 아동수당을 2019년 1월 1일부터 만 6세 미만 전체 아동에게 지급하기로 하고 2019년 9월부터는 만 7세 미만 아동까지 확대하기로 하였다. 이에 따라 소득자산조사 없이 인구학적 기준만으로 정책 대상이 되는 '보편적 아동수당'이 2019년부터 시행되고 있다.

단점	급여 적절성 낮음	운영 효율성 낮음 낙인감과 열등감
비용	전체 비용 증가	행정 비용(운영 비용) 증가
대표적 정책	보편적 수당(유럽의 아동수당, 노령수당, 장애수당), NHS(영국), 보육료지원제도, 아동수당(한국)	공공부조

2. 대상 선정의 기준

길버트와 터렐(Gilbert & terrell, 2014)은 보편주의–선별주의가 자원 할당(대상 선정)의 유용한 개념일지라도 대상 선정의 기준은 보다 정교해야 하며 추상적인 기준은 그 자체로 실용적이지 않다고 하였다. 이에 따라 그들이 제시한 기준은 귀속적 욕구(attributed need), 보상(compensation), 진단적 구분(diagnostic differentiation), 자산조사 욕구(means–tested need)이다. 김태성 · 송근원(1995)은 대상 선정 기준으로 거주여부 · 거주기간 · 시민권, 인구학적 조건, 기여, 근로능력, 소득 · 자산조사, 전문적 · 행정적 판단의 6가지로 세분화하였다. 길버트와 터렐(2014), 김태성 · 송근원(1995)의 대상선정 기준 중 유사하게 분류될 수 있는 귀속적 욕구와 인구학적 기준, 보상과 기여, 진단적 구분과 행정적 판단을 함께 설명하고, 소득 · 자산조사, 근로능력, 거주여부와 시민권의 총 6가지 대상 선정 기준을 설명하기로 한다.

1) 귀속적 욕구와 인구학적 기준

귀속적 욕구에 기반한 수급자격은 현존하는 사회 · 경제 체제에 의해 충족되지 않은 공통된 욕구를 지닌 집단에게 부여되는 것이다. 예를 들어 자본주의 경제체제에서는 시장에서 노동을 공급함으로써 생계를 영위할 수 있는데, 경제활동 가능 연령은 만 15세 이상이고 은퇴연령은 사정에 따라 다르지만 일반적으로 노인이 되면 경제활동에서 물러나게 된다. 이때 만 15세 미만이나 만 65세 이상 연령은 현재의 경제체제에서 경제적 욕구를 충족시킬 수 없는 연령 집단에 속하기 때문에 귀속적 욕구를 지닌 것으로 이해할 수 있다. '집단'에 수급자격이 부여된다는 것은 집단 내 구성원들의 욕구가 개별적으로 다르지 않다는 의미이다. 보편적 노령수당이나 아동수당이 귀속적 욕구에 기반하여 대상자 선정 기준을 적용한 예이다.

그밖에 피부양자(자녀, 노인 등)를 양육 · 부양해야 하는 노동자도 양육이나 부양의 의무 때문에 충분한 소득을 벌지 못한다면 이 또한 현 사회 · 경제 체제에 의해 충족되지 않는 욕구를 지녔다고 볼 수 있으므로 귀속적 욕구에 해당한다. 이러한 기준은 다분히 그 사회의 가치와 규칙을 반영하는 규범적 욕구에 근거한 것이다. 육아휴직급여나 육아기근로시간단축 대상 선정 기준은 바로 이러한 귀속적 욕구에 따른 것이다. 우리나라의 육아휴직급여는 고용보험 급여이기 때문에 귀속적 욕구 외에 보상 또는 기여 욕구도 충족해야 급여가 주어진다.

길버트와 터렐이 '귀속적 욕구'로 표현한 대상 선정 기준을 보다 객관적이고 경험적인 용어로 표현하자면 '인구학적 기준'이다. 연령, 결혼 여부, 자녀 수, 성별 등이 이 기준에 해당한다. 유럽 복지국가들에서 실시하는 보편적 노령수당, 아동수당은 인구학적 기준만 적용한 정책이라면, 우리나라의 한부모 가족에게 지급하는 아동양육비는 인구학적 기준과 소득 · 자산조사 기준이 모두 적용된 정책이다.

2) 보상과 기여

보상에 근거한 급여 수급 자격이란, 퇴직 군인, 의사상자, 독립유공자 등 국가 · 사회적으로 기여를 한 집단, 인종차별주의나 성차별주의 등의 이유로 사회적으로 부당하게 차별받거나 희생당한 집단에게 주어지는 것이다. 사회적 기여와 희생에 대한 보상으로서 사회복지정책 급여가 할당된다. 이러한 급여 자격은 귀속적 욕구와 마찬가지로 개별적 욕구가 아닌 집단적 욕구이고, 형평성 가치에 근거한 규범적 기준이다.

보상에 근거한 수급자격을 부여하는 대표적인 정책은 사회경제적 기여를 한 퇴직 군인에게 제공되는 보훈정책이나 군인연금, 사회경제적 희생에 대한 보상으로 주어지는 적극적 조치(Affirmative Action)이다. 오랫동안 사회경제적 차별을 받아 왔기 때문에 보다 평등한 기회 제공을 위해 진학이나 취업에서 가산점을 부여하거나 고용 할당제와 같은 제도를 실시하는 것이다. 미국은 인종차별을 시정하기 위해 흑인들에 대한 적극적 조치를 실시하는 것이 가장 대표적인 제도이고, 우리나라는 인종에 따른 적극적 조치보다는 여성, 장애인 등에 대한 적극적 조치가 대표적이다.

미국에서는 성차별주의나 인종차별주의 외에도 가정폭력이나 아동학대 희생자들에게 임대보조주택의 입주 우선순위를 부여하는 제도가 있는데 이 또한 보상에 의한 할당의 예라고 볼 수 있다(Baker, 2009: Gilbert & Terrell, 2014: 118에서 재인용). 인도는 카스트 제도의 하층 계급 출신(Tripathi, 2006: Gilbert & Terrell, 2014: 118에서 재인용)에게 공무원 임용 우선 선발 기회를 부여하거나 대학 입학 할당제를 실시하기도 한다.

김태성과 송근원(1995)은 급여 수급 자격으로 조금 다른 의미의 '기여'를 제시하였다. 일정 기간 노령, 실업, 산재, 질병 등의 사회적 위험에 대비하기 위해 보험료를 갹출하는 것을 '기여'라고도 한다. 소득활동을 하는 동안 소득의 일정 비율을 고용주 또는 국가와 함께 갹출하여 소득활동을 중단했을 때 생계를 보장하거나 사회서비스 비용을 지불할 수 있도록 하는 것이다. 사회보험제도의 할당 기준은 대부분 이러한 '기여'를 기반으로 한다.

3) 진단적 구분과 행정적 판단

진단적 구분에 의한 수급자격은 신체적 · 정신적 장애와 같이 특정 재화나 서비스를 필요로 하는 개별적 욕구에 대한 전문가의 판단에 근거하여 주어진다. 귀속적 욕구, 보상과 같은 집단적 할당과는 달리 개별적 할당이며 욕구에 대한 기술적 진단을 기준으로 한다. 진단적 구분에 의한 수급자격 부여는 진단을 할 수 있는 전문적 기술이 있는 전문가만이 할 수 있는 것이다. 장애에 대한 판단뿐만 아니라 기아나 질병을 앓고 있는 아동을 위한 구호단체에서는 아동의 영양상태에 대한 전문적 진단에 의해 대상자의 욕구를 정확히 파악하고 아동의 개별적 영양 욕구에 따라 필요한 식품 섭취 우선순위를 처방할 수 있다.

장애인연금, 장애수당, 장애아동부양수당과 같이 장애 여부를 근거로 지급되는 급여는 전문가로부터 (중증) 장애 판정을 받아야 수급자격이 부여되고, 노인장기요양보험의 급여 자격 조건은 기여 외에도 전문가로부터 노인성 질환에 따른 장기요양인정 등급 판정을 받아야 급여를 할당받을 수 있다.

행정적 판단은 급여 수급 자격에 대한 법령이 구체적이지 않아 행정적 재량에 따라 대상자를 선정해야 할 때 필요하다. 최대한 법령에 제시된 대상자 선정 기준을 따르되 대상자 선정의 기준이 되는 근거 자료가 부족하거나 근거자료만으로는 명확하게 선정 기준을 적용하기 어려운 경우 근로능력, 부양의무자 유무 등에 대해 행정적 판단을 할 필요가 있다.

4) 소득 · 자산조사

소득 · 자산조사는 대상자 선정 기준 중 경제력 즉 재화 · 서비스 구매력을 측정하기 위한 것이다. 소득 · 자산조사를 통해 사회복지정책 대상자가 기본적 욕구를 충족할 수 있는지, 다른 사회구성원에 비해 경제적 수준이 상대적으로 어떤 수준인지를 파악한다. 이는 욕구의 경제적 차원에 따른 개별적 할당이다.

사회복지정책 중에서는 공공부조제도가 소득 · 자산조사를 통한 급여 할당의 대표적인 예이다. 공공부조제도에서는 소득 · 자산조사를 통해 사회복지정책 대상을 선정할 때 기준을 절대적 빈곤선으로 정해 놓고 빈곤선 이하의 소득 · 자산을 가진 사람들에게만 급여를 할당할 수 있다. 또한 대상 선정 기준을 상대적 빈곤선(예를 들면 전체 대상 중 하위 몇 % 또는 중위소득의 몇 % 등)으로 정해 놓을 수도 있다. 소득 · 자산조사를 통해 빈곤층의 범위를 설정하고 빈곤층에게 급여를 제공하는 공공부조제도에서는 급여 수급자들이 스티그마를 받을 수 있고, 사회통합을 저해할 수 있다.

보편적 수당 형태로 시행되어야 할 일부 제도들 중에서 인구학적 기준만으로 전체 대상에게 급여를 제공하지 않고 소득 상위 10~30%를 제외한 집단으로 선정하는 경우에도 소득 · 자산조사를 실시하기도 한다. 소득 · 자산조사에 의해 급여 할당 기준을 정하는 것은 빈곤층을 대상으로 하는 정책에서만 활용되는 것은 아니다.

5) 근로능력

근로능력 역시 대상자 선정 기준에서 많이 활용되는 요소이다. 경우에 따라 근로능력이 없어야 급여를 받을 수 있는 정책이 있고, 근로능력이 있어야 급여를 받을 수 있는 정책이 있다. 사회복지정책의 기원이라고 할 수 있는 엘리자베스 빈민법에서는 근로능력 여부에 따라 빈민에 대한 조치가 달라졌고, 신빈민법에서는 근로능력이 없어야만 원외 구제를 받을 수 있었다.

국민기초생활보장제도의 전신인 생활보호제도에서는 근로능력이 없어야만 현금 급여에 해당하는 생계보호를 받을 수 있었고, 국민기초생활보장제도의 생계급여는 근로능력 여부에 관계없이 생계급여를 받을 수 있다. 반면 국민기초생활보장제도의 자활급여나 고용보험 실업급여, 직업훈련, 고용서비스 등은 근로능력이 있어야 급여를 받을 수 있다.

근로능력이 있다는 것은 근로 가능한 육체적 능력을 실제로 측정하기보다는 인구학적 기준(연령, 부양가족, 임신 · 출산여부 등)이나 건강 상태 및 장애 정도 등으로 판정하기 때문에 길버트와 터렐(Gilbert & Terrell, 2014)의 급여 할당 기준 중 귀속적 욕구 또는 진단적 구분에 해당된다고 볼 수도 있다.

6) 거주여부와 시민권

이민자 혹은 외국인 근로자가 많아지고 다문화 사회가 될수록 거주 여부와 시민권(영주권)은 사회복지정책 급여 자격조건에서 중요한 기준이 된다. 우리나라의 사회복지정책 중에서는 결혼이주민 여성(외국인)을 위한 특례 제도를 많이 마련하고 있다. 가령 국민기초생활보장제도는 "국내에 체류하고 있는 외국인 중 대한민국 국민과 혼인하여 본인 또는 배우자가 임신 중이거나 대한민국 국적의 미성년 자녀를 양육하고 있거나 배우자의 대한민국 국적인 직계존속과 생계나 주거를 같이하고 있는 사람"으로서 국민기초생활보장제도 급여를 받을 수 있는 자격을 가진 경우에는 기초생활보장제도 수급권자가 될 수 있도록 하였다. 본인이 외국인일지라도 배우자나 미성년 자녀가 우리나라 국적이 있으면 정책 대상이 될 수 있다. 지방정부의 복지정책 중에서도 해당 지자체 거주자에게만 수급 자격을 부여하는 정책도 있어서 복지정책이 분권화 · 지역화될수록 지역 거주 여부는 중요한 대상 선정 기준이 될 수 있다.

거주여부와 시민권은 급여 자격 조건의 필요조건이 되는 경우가 많고 거주여부와 시민권만으로 급여 수급 자격이 되는 정책은 거의 없다. 영국의 NHS(National Health Service)는 영국 거주 여부만으로 수급자격을 부여하였는데, 최근 NHS 현물 급여 수급을 위해 유학생 등 이주자에 대해 분담금 일정액을 지불하도록 하였다. 캐나다의 기초연금은 10년 이상 거주자에게 수급자격을 부여한다.

퀴 즈

01 다음 중 유사한 기준끼리 짝지어지지 않은 것은?

① 귀속적 욕구–인구학적 조건
② 기여의 정도–보상
③ 소득/자산조사–거주여부
④ 전문적 판단–진단적 구분
⑤ 보상–사회경제적 기여

02 다음 중 공공부조 프로그램의 특성이 아닌 것은?

① 목표효율성
② 저비용
③ 스티그마
④ 기회의 평등
⑤ 잔여주의

03 다음 중 보편적 수당 정책의 특성이 아닌 것은?

① 평등
② 운영효율성
③ 귀속적 욕구
④ 진단적 기준
⑤ 보편주의

04 다음 중 사회복지 대상자 선정기준과 사회복지 개념, 가치지향과의 관계 설명이 틀린 것은?

① 귀속적 욕구를 지향할수록 사회복지의 제도적 개념에 가까워진다.
② 자산조사 욕구를 지향할수록 잔여적 개념에 가까워진다.
③ 귀속적 욕구를 지향할수록 비용효과를 지향한다.
④ 자산조사욕구를 지향할수록 선별주의 이념에 가깝다.
⑤ 귀속적 욕구를 지향할수록 보편주의 이념에 가깝다.

05 **다음 중 보편주의의 특징으로 옳지 않은 것은?**

① 스티그마를 최소화한다. ② 경비가 많이 든다.
③ 낭비가 많다. ④ 목표효율성이 높다.
⑤ 운영효율성이 높다.

06 **다음 우리나라 정책 중 대상선정 기준과 정책의 연결이 틀린 것은?**

① 소득 · 자산 조사 – 국민기초생활보장제도
② 인구학적 기준 – 보육료지원제도
③ 근로능력 – 실업급여
④ 진단적 구분 – 노인장기요양보험제도
⑤ 귀속적 욕구 – 고용할당제

07 **보상에 근거한 할당은 사회적 · 경제적 (　　)을(를) 했거나 사회적 편견의 희생자 집단으로 간주되는 집단을 대상으로 선정하는 것이다.**

학습활동

01 [개인] 사회복지정책의 대상에 대한 마인드맵을 그려 본다.

02 [개인][조별] 동영상 강의와 읽기 자료에서 이해가 안 되었던 것을 질문한다.

03 [조별] 2017년 아동수당 지급 대상 선정과 최근 기본소득 찬반 논쟁시의 상황에 대한 자료(기사, 동영상, 논문 등)를 온라인에서 검색해서 찾아보고 아동수당 대상 아동을 전체 아동으로 확대하는 것과 기본소득 제도를 도입하는 것의 장단점을 발표해 본다.

<table>
<tr><th rowspan="2">주제</th><th rowspan="2">쟁점</th><th colspan="2">각 주장의 장단점</th><th rowspan="2">참고한 자료</th></tr>
<tr><th>장점</th><th>단점</th></tr>
<tr><td rowspan="2">아동수당</td><td></td><td></td><td></td><td></td></tr>
<tr><td></td><td></td><td></td><td></td></tr>
<tr><td rowspan="2">기본소득</td><td></td><td></td><td></td><td></td></tr>
<tr><td></td><td></td><td></td><td></td></tr>
</table>

04 [개인] 근로능력평가의 기준 등에 관한 고시를 찾아 읽어 본다.

05 [조별] 보상과 기여에 근거하여 정책 대상을 선정하는 사회복지정책을 최대한 많이 찾아 사회경제적 기여, 차별과 희생, 보험료 납부 등 구체적으로 어떤 것에 근거한 것인지 정리하여 조별로 발표한다.

06 [조별] 우리나라 사회복지정책 중 현재는 대상자가 한정되어 있지만 반드시 보편주의 원칙이 적용되어야 할 정책을 골라 왜 보편주의 대상자 원칙을 적용해야 하는지 발표한다.

과 제

01 우리나라에서 적극적 조치가 이루어져야 하는 대상이 어떤 집단인지 선정하여 어느 시점(진학 또는 취업)에서 적극적 조치가 이루어져야 하는 대상집단과 그 이유는 무엇인지 서술하여 제출한다.

CHAPTER 06

사회복지정책 급여

1. 현금
2. 현물
3. 바우처
4. 기회
5. 권력

CHAPTER 06

사회복지정책 급여

학습목표

01 사회복지정책의 급여 형태 5가지의 특징을 이해하고 설명할 수 있다.
02 사회복지정책의 급여 형태별 대표적인 정책의 예를 들 수 있다.

1930년대 스웨덴의 경제학자 미르달(Myrdal)이 아동에게 제공되는 급여 형태에 대한 논의에서 "현물 형태의 급여가 '규모의 경제(economy of scale)' 측면에서 아동수당과 같은 현금 급여보다 훨씬 낫다"라고 주장한 바 있다(Gilbert & Terrell, 2014에서 재인용). 재화와 서비스를 대량 생산·분배하면 옷이나 신발 등은 저비용으로 구매할 수 있으며, 똑같은 물품을 시장에서 개인이 구매하면 더 비싼 가격에 구매할 수도 있다는 것이다. 빈곤 가족에게 생필품을 구매할 현금 급여를 제공할 것인가, 아니면 생필품을 직접 제공할 것인가의 문제는 오래된 현금 급여 대 현물 급여 논쟁이다(Gilbert & Terrell, 2014).

그렇다면 1930년대 이후 100년이 채 안 된 현재 시점에서 현금 대 현물 논쟁은 여전히 유효한가? 급여 형태가 정책 내용에 따라 어떻게 달라져야 하는가? 현금과 현물 외에 새로운 형태의 사회복지정책 급여는 없는가? 이러한 이슈들에 대해 답할 수 있으려면 각 급여 형태에 대한 이해가 필요하다. 이에 현금(cash)과 현물(in-kind: 물질적 급여와 서비스 모두 포함)의 특징에 대한 설명뿐만 아니라 바우처, 기회, 권력 등의 급여 형태에 대해서도 설명할 것이다.

1. 현금

현금 급여는 생활을 영위하기 위해 필요한 재화와 서비스를 구매할 수 있는 구매력을 제공하는 것이다. 현금을 급여로 지급하는 것은 다음과 같은 측면에서 장점으로 인식된다.

첫째, 소비자 효용을 극대화할 수 있다(김태성, 2007). 사회복지 급여 수급권자들은 합리적이고 경제적인 의사결정을 할 수 있는 소비자라면 필요한 재화와 서비스 자체를 직접 받는 것보다 그 재화와 서비스를 살 수 있는 돈을 받아 자신이 원하는 상품이나 서비스를 직접 선택하여 구매하는 것에서 더 만족감을 느낀다는 것이다.

둘째, 낙인감을 최소화하고 소비자 주권[02]과 자기결정권을 극대화할 수 있다는 것이다(구인회 외, 2011). 특히 공공부조를 통해 빈곤 계층에게 현물의 형태로 급여를 지급한다면, 빈곤 계층은 시장에서 판매되는 다양한 재화들 중에서 자신이 원하는 품목을 스스로 선택할 수 있는 자유를 박탈당한다. 특히 빈곤층의 경우 지급되는 물품을 생계를 위해 선택권 없이 사용해야 한다는 점에서 낙인감을 느낄 수도 있다.

셋째, 행정비용을 낮출 수 있다(김태성, 2007). 물품 형태로 급여가 지급

02 미르달은 아동에게 지급되는 급여는 아동이 소비할 수 있는 주체가 아니므로 소비자주권 침해가 문제되지 않는다고 주장하였다. 그러나 이에 대해 프리드만은 소비자주권이나 소비자 선택 자유의 주체는 '책임 있는' 소비자이기 때문에 아동이나 금치산자에게는 적용되지 않는 개념이라고 주장했다. 가구가 소비의 기본 단위이고 아동에 대한 책임은 부모에게 있기 때문에 아동에 대한 급여가 현물로 지급되어도 소비자 주권을 침해하는 것이 아니라는 미르달의 주장을 반박했다(GIlbert & Terrell, 2014: 145에서 재인용).

된다면 물품의 보관, 운반, 전달에 필요한 인력과 장비에 드는 비용을 산정해야 한다.

넷째, 현금 급여는 직접적으로 소득을 증가시켜 빈곤 탈피율을 높일 수 있다. 빈곤 여부를 측정하는 기준은 가구 소득이다. 현물 급여는 수급자가 받았을 때 바로 현금화하여 소득에 가산하기 어렵지만, 현금 급여는 공적 이전소득(transfer income)의 형태로 개인 또는 가구의 소득을 증가시킬 수 있다. 이는 빈곤율을 감소시킬 수 있는 가장 직접적인 정책이다.

현대 사회의 복지국가에서는 소득보장정책에서 대부분 현금 급여를 지급한다. 노령연금(수당), 휴업급여, 상병수당, 실업급여(부조), 생계급여, 장애연금(수당) 등과 같이 은퇴, 산재, 질병, 실업, 빈곤, 장애 등의 사회적 위험으로 소득이 중단되었을 때 지급되는 소득보장정책의 현금 급여뿐만 아니라 아동수당, 장애아동부양수당, 양육수당, 주거급여, 출산보조금, 장제비 등 물품이나 서비스 형태로 지급될 수 있는 급여도 현금으로 지급되는 급여들이 많다.

2. 현물

현물 급여는 크게 재화와 서비스로 구분된다. 사회복지정책에서는 재화를 직접 급여로 제공하거나 서비스를 제공할 때 현물 급여를 지급한다고 본다. 현물 급여는 현금 급여와 대비되는 성격을 지닌다.

첫째, 현물 급여는 수급권자의 생활에 꼭 필요한 재화와 서비스를 공급할 수 있다. 질병 치료가 필요한 수급권자에게는 의료서비스를 제공하고, 생계를 영위하기 어려워 필수적인 영양 공급이 필요한 수급권자에게는 식품을 직접 공급하며, 난방에 필요한 연료를 직접 제공할 수도 있다. 이러한 현물 급여가 현금 급여로 제공된다면 현금 지급 이후 수급권자의 소비 시점까지 관리할 수 없기 때문에 수급권자에게 꼭 필요한 물품이나 재화가 현금 급여로 구매되는지 확인할 수 없다.

둘째, 현물 급여는 급여의 오남용을 예방할 수 있다. 생계비가 부족한 빈곤 가구나 아동이 있는 한부모가족에게는 기본적인 생활에 필요한 생필품, 아동의 영양 결핍과 보건 위생을 위한 재화 · 서비스가 지급되어야 한다. 만일 현물이 아닌 현금으로 지급되었을 때 현금 급여 수급자인 부모나 가구주가 가구원의 생계에 필요한 물품이나 서비스를 구매하기보다 마약, 술, 담배 등 건강에 안 좋은 물품을 구매하거나 생계에 꼭 필요하지 않은 물품을 소비할 수도 있어 사회복지정책 급여의 오남용이 우려된다.[03]

셋째, 현금 급여가 지급된다면 시장에서 마케팅, 광고 등에 의존하여 비합리적 소비를 할 수도 있는 가능성을 낮출 수 있다. 때로 소비자는 자신의 실제적인 욕구에 맞는 합리적 소비를 하지 못하고 생산자가 만들어내고 유도하는 수요에 반응하여 소비를 하는 경우가 많다. 합리적 소비나 구매의 경험이 드문 빈곤층이나 취약계층에게는 생산자가 광고를 통해 만들어 낸 허위 수요에 반응할 가능성이 높다(Galbraith, 1958: GIlbert & Terrell, 2014: 143에서 재인용).

넷째, 현물 급여는 현금 급여보다 "복지"의 개념에 더 충실한 급여이다. 영양이 부족한 사람에게 '식품'을 지급하고, 추운 집에 거주하는 사람에게 '연료'를 지급하고, 아픈 사람에게 '의료서비스'를 제공하고, 돌봄이 필요한 사람에게 '돌봄서비스'를 제공하는 것은 그 사람들의 결핍을 충족시켜 주는 진정한 복지라는 것이다. 합리적 선택이란 소비할 재화나 서비스에 대한 객관적인 정보를 필요로 하는데, 그러한 정보는 특히 빈곤층이나 학력이 낮은

03 미국의 한 연구자는, "현금 급여를 중독자에게 지급하게 되면, 현금 급여가 생계를 지원하는 것이 아니라 습관을 지원하는 격이다"라고 논평했다(GIlbert & Terrell, 2014: 145).

사람들에게는 쉽게 얻어질 수 있는 것이 아니다(GIlbert & Terrell, 2014: 144). 충분한 정보가 없는 상태에서 선택의 자유를 주는 것보다는 정보의 부족으로 실수할 위험을 감소시키는 것이 더 바람직하다는 것이다(GIlbert & Terrell, 2014: 145).

사회복지정책에서 재화와 서비스를 직접 제공하는 현물 급여는 매우 핵심적인 급여 형태이다. 현대 사회복지정책에서 재화를 직접 전달하는 현물 급여로는 경로식당이나 학교에서 급식을 제공하거나 밑반찬 등 도시락, 쌀, 연탄 등을 직접 제공하고, 장애인보장구를 무료로 제공하는 등 많이 찾아볼 수 있다. 사회복지정책에는 서비스 형태 급여도 매우 많다. 국민기초생활보장제도의 자활급여, 고용보험의 고용서비스, 노인장기요양보험의 재가급여, 국민연금의 노후설계서비스, 건강보험의 요양급여, 보육서비스, 장애인활동지원제도 등 많은 사회서비스정책뿐만 아니라 사회보험, 공공부조 정책 중에서도 서비스 형태의 급여를 쉽게 찾아볼 수 있다.

3. 바우처

사회복지정책에서 바우처란 정부가 사회복지 수혜자(이용자)를 대상으로 지원하는 재정보증서를 말한다. 즉 특정 사회서비스 및 재화를 구매할 수 있도록 사회서비스 수혜자격을 가진 대상자에게 제공하는 구매증서이다(정광호 · 김진, 2011: 111). 바우처 급여는 위에서 설명한 현금 급여와 현물 급여의 중간적 특성을 지닌다. 소비자 주권을 어느 정도 보장하면서도 소비를 관리할 수도 있는 두 가지 장점을 지닌다. 미국은 식품권(food stamp)이 가장 많이 알려진 바우처 급여이다. 쿠폰 형태로 지급되다가 2004년부터는 전자급부방식(Electronic Benefit Transfer: EBT)을 도입, 체크카드(debit card)

형태로 지급되어 쿠폰 사용으로 인한 스티그마를 줄이고 효율성을 높였다(Gilbert & Terrell, 2014). 그밖에도 교육바우처, 주택바우처 등이 있다.

우리나라는 2007년 보건복지부에서 노인돌봄종합, 장애인활동보조, 지역사회서비스투자 등 3개 사회서비스 분야에 바우처 제도를 도입하였다. 2021년 현재는 발달장애인 부모상담지원, 발달장애인 주간활동서비스, 청소년 발달장애학생 방과후활동서비스, 장애인활동지원 및 시도추가지원, 지역사회서비스투자, 산모신생아건강관리지원, 가사간병방문지원, 발달재활서비스, 언어발달지원, 발달장애인부모상담서비스, 임신출산진료비지원, 청소년산모임신출산진료비지원, 기저귀조제분유지원, 에너지바우처, 아이돌봄지원, 여성청소년생리대바우처지원사업 등 17개 사업을 실시하고 있다.

표 6-1 | 사회서비스 전자바우처사업 현황

사업명		바우처 시작 연도	대상	선정기준	지원수준	본인 부담금 (월/원)
발달 장애인 지원	발달장애인 부모상담 지원	2014년 2월	발달장애인 자녀의 부모	발달장애인으로(장애인복지법상 지적 · 자폐성 장애인) 등록된 자녀의 부모 및 보호자	월 16만 원 바우처 지원	4천 원~ 최대 4만 원
	발달장애인 주간활동 서비스	2019년 3월	만 18세 이상 65세 미만 발달장애인	만 18세 이상 65세 미만의 장애인복지법상 등록된 지적 및 자폐성 장애인	월 56, 100, 132시간	없음
	청소년 발달장애학생 방과후 활동 서비스	2019년 9월	만 6세 이상 18세 미만 발달장애학생	만 6세 이상 18세 미만 초중고등학교(일반학교 및 특수학교) 전공과에 재학 중인 장애인복지법상 등록된 지적 및 자폐성 장애인	월 44시간	없음

장애인 사업	장애인 활동지원	2011년 11월	등록 장애인 (만 6세 이상~ 만 65세 미만)	종합지수 42점 이상 등록 장애인	등급에 따라 60~480시간(특별지원급여 20~80시간)	면제 ~170,700원
	시 · 도 추가지원	2010년 10월	등록 장애인(시도별 상이)	시 · 도별 상이	시도 및 등급에 따라 지원	시도 및 등급별 상이
지역 자율형 사회 서비스 투자 사업	지역사회 서비스투자	2007년 8월	사업별로 상이	중위소득 120% 이하 (사업별로 상이)	사업별로 상이 (월 1회~월 20회)	사업별로 상이
	산모신생아 건강관리 지원	2008년 2월	출산 가정	기준중위소득 150% 이하 단, 소득기준을 초과하는 대상자에 대해 시 · 군 · 구별 예외 지원 가능	등급에 따라 5일~25일간 건강관리사 파견	기관별 상이
	가사간병방문지원	2008년 9월	기초수급자 및 차상위 계층(만 65세 미만)	생계 · 의료 · 주거 · 교육급여 수급자, 차상위계층 중 가사 · 간병서비스가 필요한 자	월 24, 27, 40시간	면제 ~23,980원
장애 아동 가족 지원	발달재활 서비스	2009년 2월	만 18세 미만 장애아동	기준중위소득 180% 이하 (소득별 차등지원)	월 14~22만 원 내에서 바우처 지원	면제 ~최대 8만 원
	언어발달 지원	2010년 8월	만 12세 미만 비장애 아동	기준중위소득 120% 이하 (소득별 차등지원)	월 16~22만 원 내에서 바우처 지원	면제 ~최대 6만 원
	발달장애인 부모상담 서비스	2014년 2월	발달장애인 자녀의 부모	발달장애인으로 등록된 자녀의 부모 및 보호자	월 16만 원 바우처 지원	4천 원~ 최대 4만 원
임신출산 진료비지원		2008년 12월	임신확인서로 임신이 확진된 임신 · 출산 진료비 지원 신청자	임신확인서로 임신이 확진된 건강보험 가입자	임신 1회당 100만 원(일한도 없음)(다태아의 경우 140만 원)	면제(월 지원금액 소진시 신용카드 대금으로 청구)
청소년산모 임신출산 진료비지원		2015년 5월	만 19세 이하 청소년산모	임신확인서 상의 임신 확인일 기준 만 19세 미만의 청소년 산모	임신 1회당 120만 원	면제(월 지원금액 소진시 신용카드 대금으로 청구)
기저귀 조제분유 지원		2015년 10월	저소득층 영아 (24개월 미만)	만 2세 미만 영아를 둔 저소득층 가구	기저귀: 월 64,000원 조제분유: 월 86,000원	면제(월 지원금액 소진시 신용카드 대금으로 청구)

에너지바우처	2015년 10월	생계급여 또는 의료급여 수급자(노인, 영유아, 장애인, 임산부, 중증/희귀/중증난치질환자, 한부모가족, 소년소녀가정)	생계급여 또는 의료급여 수급자 가구원 중 노인, 영유아, 장애인, 임산부, 중증/희귀/중증난치질환자, 한부모가족, 소년소녀가정을 포함하는 가구	• 1인 가구 : 96,500원 (하: 7,000/ 동: 89,500) • 2인 가구 : 136,500원 (하: 10,000/ 동: 126,500) • 3인 가구 : 170,500원 (하: 15,000/ 동: 155,500) • 4인가구: 191,000원 (하: 15,000/ 동: 17,6000)	면제(지원금액 소진시 신용카드 대금으로 청구)
아이돌봄지원	2017년 1월	• 시간제: 만 3개월~만 12세 이하 아동 • 종일제: 만 3개월~만 36개월 영아	기준 중위소득 150% 이하 가구	소득 유형별 상이	소득 유형별 상이
여성청소년 생리대바우처 지원사업	2019년 1월	출생연도 기준 만 11세~만 18세(만 18세에 도달하는 연도말까지 바우처 지급)	• 국민기초생활보장법 생계의료주거교육급여 수급자 • 국민기초생활보장법에 따른 법정차상위계층 • 한부모가족지원법 제5조 및 제5조의2에 따른 지원대상자	월 11,500원(연간 최대 138,000원, 6개월 단위로 지원)	없음

출처 : 사회서비스전자바우처 홈페이지 검색(검색일: 2021년 12월 20일)
https://www.socialservice.or.kr:444/user/htmlEditor/view.do?p_sn=2

보건복지부에서 운영하는 사회서비스 전자바우처 외에도 교육부, 산업통상자원부, 문화체육관광부, 지자체 등에서 바우처 형태로 서비스를 제공하여 바우처 급여는 이전보다 더욱 확대되었다.

국민행복카드

이상에서 살펴본 현금 급여, 현물 급여, 바우처 급여의 특징을 비교해 보

평생교육 바우처 지원 사업 홍보영상

에너지바우처 제도

문화누리카드

면 〈표 6-2〉와 같이 정리할 수 있다. 우선 경제적 효율성과 수혜자 효율성의 측면에서는 소비에 따른 효용(utility)이 높은 현금 급여가 가장 높고, 바우처, 현물 급여 순으로 효율성이 낮아진다. 현물 급여는 관리 비용이 많이 들기 때문에 관리적 효율성도 낮다.

급여가 정책 목표를 정확히 달성하는 정도는 해당 욕구를 직접적으로 충족시켜 주기 때문에 현물 급여의 효과성이 가장 높다. 반면 통장으로 지급되는 현금 급여에 비해 현물 급여의 가시성이 뚜렷하여 낙인효과는 현금이나 바우처에 비해 높을 수 있다. 현물 급여는 수급자의 소비 패턴을 통제할 수 있어 정책 고유의 실질 가치 보전 효과도 높고 정치적 실현가능성도 높은 반면 현금 급여는 소비 패턴 통제가 어렵고, 급여의 재원을 제공하는 납세자에게도 정치적 호응이 낮아질 수 있다. 모든 측면에서 바우처는 현금 급여와 현물 급여의 중간적 성격을 띤다.

표 6-2 | 현금 vs 현물 vs 바우처의 특징 비교

특징		현물 급여	현금 급여	바우처
효율성	경제적 효율성	낮음	높음	중간
	관리적 효율성	낮음	높음	중간
	수혜자 효율성	낮음	높음	중간
효과성		높음	낮음	중간
낙인		높음	낮음	중간
소비패턴 통제		높음	낮음	중간
실질가치 보전		높음	낮음	낮음
정치적 실현가능성		높음	낮음	중간

출처: 김기원(2017). p. 409.

4. 기회

사회복지정책 급여 형태 중에서 '기회'란 기대하는 목표를 성취하기 위해 사용되는 유인과 제재를 의미한다(Gilbert & Terrell, 2014). 현금, 현물, 바우처 같은 직접적인 급여보다는 모호한 형태이지만, 현대 사회복지정책에서 매우 중요하게 다뤄지고 있다. 사회복지정책은 기회의 창출, 기회의 분배와 밀접히 관련 있기 때문이다.

현대 사회에서 교육과 취업은 사회적으로 적절한 생활 수준을 영위하기 위해 필수적이라고 할 만하다. 그런데 가정 형편이 안 좋거나, 사회적 불평등 때문에 교육이나 취업의 기회조차 박탈당하면 교육이나 취업 이후의 혜택으로부터도 원천적으로 배제된다. 예를 들어 근로소득이 사회보험 가입의 전제 조건인데, 근로의 기회조차 갖지 못한다면, 사회보험을 통한 다양한 혜택으로부터도 배제된다.

양성불평등 개선

소수 인종 및 사회적 소수자에게 적극적 조치(Affirmative Action)[04]를 실시하는 것, 빈곤층이나 농어촌 자녀들이 고등교육을 받을 기회가 부족하다고 판단되어 대학 입시에서 사회배려자 전형 또는 국가유공자 자녀 전형을 실시하는 것 등이 모두 기회 급여에 해당한다.

5. 권력

사회복지정책 급여로서 권력이란 재화나 자원에 대한 통제력이나 영향력

04 적극적 조치는 역사적으로 사회적 차별을 받아 온 특정 집단에 대하여 차별로 인한 불이익을 보상해 주기 위하여 그 집단의 구성원에게 취업이나 교육 등 사회적 이익을 직간접적으로 부여하는 정부 정책을 말한다(성낙인, 2006: 이동영, 2017에서 재인용).

을 재분배하는 것을 의미한다(Gilbert & Terrell, 2014). 특정 집단에게 사회복지정책 결정 과정에 참여할 권리를 부여하고 실제로 그 정책의 의사 결정에 영향력을 행사하도록 하는 것이 대표적인 '권력' 급여 형태이다. 국민연금 사업에 대한 사항을 심의하는 국민연금심의위원회에 근로자를 대표하는 위원이나 지역가입자를 대표하는 위원을 위촉하고, 사회복지관 등 사회복지기관의 운영위원회에 클라이언트 대표가 참여하며, 지역사회보장에 관한 계획을 수립할 때 지역주민 등 이해관계인의 의견을 들어 지역사회보장계획을 수립하는 것 등이 권력 급여의 예라고 할 수 있다.

권력은 재화나 서비스와 같이 사용가치가 있는 것도 아니고 현금과 같은 직접적인 교환가치가 있는 재화도 아니지만, 폭넓은 사회경제적 선택을 제공한다(이진숙 외, 2014: 220). 그러나 정책결정에 참여하는 참여자들이 실질적으로 자신의 목소리를 내지 못하고 머릿수를 채우는 데 그치는 명목적 참여를 하거나, 참여자 대표가 실질적인 클라이언트나 가입자의 이익을 대변하지 않고 기득권의 이익을 대변하는 수준에 머무르면 유명무실한 급여가 되기 쉽다는 한계가 있다(이진숙 외, 2014: 220).

퀴즈

01 다음 중 사회복지정책 급여의 예시로 잘못 짝지어진 것은?

① 기회-대학입학 특례
② 서비스-직업훈련
③ 현물-푸드뱅크 식품
④ 바우처-방과후학교자유수강권
⑤ 현금-국민행복카드

02 다음 중 사회복지정책 급여 특징으로 잘못 서술된 것은?

① 현금 급여는 프로그램 운영비용이 적게 든다.
② 현물 급여는 인간의 존엄성 유지 면에서 우월하다.
③ 바우처는 목표효율성을 살릴 수 있다.
④ 현물 급여는 사용가치가 높다.
⑤ 현물 급여는 규모의 경제 효과를 꾀할 수 있다.

03 다음 중 사회복지정책 급여 특징으로 잘못 서술된 것은?

① 현금 급여는 소비자주권을 극대화시킬 수 있다.
② 현물 급여는 교환가치가 높다.
③ 바우처는 중간적 성격이 있다.
④ 현금 급여는 수급자 효용을 극대화한다.
⑤ 현물 급여는 목표 효율성을 높일 수 있다.

04 다음 중 틀린 것은?

① 현물 급여는 낙인의 가능성이 높다.
② 현물 급여는 사생활 간섭이 될 수 있다.
③ 현금 급여는 니드 충족에 효과적인지 확인하기 쉽다.
④ 증서는 시행 과정에서 소비자 선택의 왜곡이 나타날 수 있다.
⑤ 증서는 현물 급여보다 수급자 효용을 증가시킬 수 있다.

05 소수 인종 및 사회적 소수자에게 적극적 조치를 실시하는 것은 어떤 형태의 급여인가?

① 기회 ② 권력
③ 바우처 ④ 현금
⑤ 현물

06 급여의 종류 중 (　　　　　)(이)란 사회복지 재화나 서비스의 분배를 결정할 수 있는 영향력을 의미한다.

07 급여의 종류 중 (　　　　　)은(는) 사회복지정책의 특수성이 가장 잘 드러나는 급여 형태이다.

학습활동

01 [개인] 사회복지정책 급여에 대한 마인드맵을 그려 본다.

02 [개인][조별] 동영상 강의와 읽기 자료에서 이해가 안 되었던 것을 질문한다.

03 [조별] 다음 학기 등록금이 필요한 상황에서

1) 등록금을 면제해 주는 것
2) 등록금에 해당하는 현금을 주는 것
3) 등록금을 벌 수 있도록 아르바이트를 주선해 주는 것

중 어떤 형태의 지원이 가장 좋은지 토론해 본다. 각각의 방법이 수업 시간에 배운 급여의 종류 중 어디에 해당하는지 연결시켜 본다.

구분	선택 이유	급여 종류	정책 예시	단점
등록금 면제				
해당 현금 지급				
아르바이트 주선				

04 [조별] 서비스 형태의 급여를 주로 제공하는 사회복지정책에 어떤 정책들이 있는지 조사해 보고 그 정책에서 제공하는 서비스가 구체적으로 어떤 형태인지 조사하여 발표한다.

05 [조별] 사회복지정책 급여 중 권력을 제공하는 것의 필요성과 중요성에 대해 토론해 본다.

CHAPTER

07

사회복지정책 전달체계

1. 사회복지 재화와 서비스의 특성과 전달체계
2. 전달체계의 형태
3. 바람직한 전달체계의 특성

Social Welfare Policy

CHAPTER 07

사회복지정책 전달체계

학습목표

01 사회복지 재화와 서비스 전달에서 정부 개입이 필요한 이유를 이해하고 설명할 수 있다.
02 사회복지 공급주체의 형태를 구분해서 이해하고 각 부문(중앙정부, 지방정부, 민간비영리부문, 영리부문)의 특징을 비교해서 설명할 수 있다.
03 바람직한 전달체계의 특성을 파악하고 공급주체별로 두드러지는 개별적 특성을 찾아낼 수 있다.

1. 사회복지 재화와 서비스의 특성과 전달체계

전달체계란 다양한 급여 또는 서비스를 효과적으로 전달하기 위해 선택하는 조직적 장치라고 할 수 있다(Gilbert & Terrell, 2014). 경우에 따라 전달체계를 조직 전략과 공급 주체로 구분하는 경우도 있으나, 이 책에서는 공급 주체에 초점을 맞추어 설명하려고 한다. 조직 전략은 사회복지행정론에서 충분히 다루어지리라 생각한다.

자본주의 경제체제에서 재화와 서비스는 민간부문의 시장을 통해 공급되는 것이 가장 효율적인 자원배분이라고 알려져 있다. 사회복지정책에서 제공하는 급여와 서비스는 특성에 따라 공공부문에서 제공할 수도 있고 민간부문에서 제공할 수도 있다. 사회복지정책의 재화와 서비스가 공공부문을 통해 제공되는 이유는 시장 실패(market failure) 때문이다. 시장에서 가격에 의한 자원 배분이 효율적이지 못한 현상을 시장 실패라고 한다. 보통 시장 실패의 원인은 불완전경쟁, 공공재, 외부효과, 정보의 비대칭 때문이라고 알려져 있다(김기원, 2017).

그렇다면 사회복지 재화와 서비스의 어떤 특성이 시장 실패를 일으키고 정부의 개입을 필요로 하는가? 여기에서는 사회복지 재화와 서비스의 공급에서 정부의 개입을 필요로 하는 이유로서 '공공재'적 특성, '외부성', '불완전 정보', '역선택', '가입자 선별', '위험분산' 등의 특징에 대해 설명한다.

공공재(public goods, 公共財)란 비경합성과 비배제성이 있는 재화로 사적(私的) 재화(private goods)와 대비된다. 사적 재화는 돈을 지불한 사람만 소비할 수 있다(배제성)는 것과 나의 소비는 다른 사람의 소비를 줄인다(경합성)는 것을 특징으로 한다. 그에 비해 공공재는 구매자와 비구매자를 구별할 수 없고 구매자가 소비 혜택을 독점할 수 없다. 그런 상황에서 공공재는 시장에서 사회적으로 적절한 만큼의 충분한 양이 제공되지 않는다. 돈을 지불하지 않아도 사용할 수 있고, 돈을 지불한다고 해도 혜택이 다른 사람들과 동일하다면 누가 시장에서 돈을 주고 공공재를 사겠는가? 시장에서 돈을 주고 살 구매자가 없다면 공급자 역시 충분한 양을 공급할 유인이 없다.

사회복지의 재화와 서비스는 공공재적 특성을 지닌다는 의견도 있고(박경일, 2016), 사적 재화의 특징이 있다는 의견도 존재한다(김기원, 2017). 사회복지가 공공재라는 이유는 사회복지의 제공이 다른 사람에게 아무런 영향을 주지 않으면서 모든 사람에게 혜택을 줄 수 있기 때문이라는 것이다(박경일, 2016: 137). 사회복지 재화와 서비스의 생산을 시장에 맡겨 두면 공공재적 특성을 지닌 사회복지 재화와 서비스는 충분히 공급되지 않는다. 정부가 생산 비용을 보조하는 방식으로 공급자의 생산을 지원하지 않으면 안 된다는 것이다. 반면 사회복지가 공공재가 아니라 할지라도 정부가 공적 재원을 사용하여 개입하는 것은 공공의 유익이 있기 때문이라고 한다. 머스그레이브

(Musgrave)는 이러한 재화를 가치재(merit goods)라고 부르며 때로는 준공공재(quasi-public goods)라고도 한다(김기원, 2017: 284).

외부성이란 어떤 시장 참여자의 경제적 행위가 사람들에게 의도하지 않은 편익이나 손해를 가져다주는데도, 아무런 대가를 받지도 지불하지도 않는 현상을 말한다. 아무런 대가를 받지도 지불하지도 않는다는 것은 가격 기능이 완벽히 작동하지 않는 것이다. 이때 손해를 가져다주는 경우 부정적 외부성(부정적 외부효과, 외부불경제, 음의 외부성)이 발생했다고 하며, 편익을 가져다주는 경우 긍정적 외부성(긍정적 외부효과, 외부경제, 양의 외부성)이 발생했다고 한다.[01]

부정적 외부성이 있는 재화가 끼친 외부자의 손해(피해)에 대해 생산자가 비용을 지불하지 않아 실제 사회적 비용보다 적다고 인식한다면 그 재화는 사회적 적정량보다 많이 생산된다. 긍정적 외부성이 있는 재화가 끼친 외부자의 편익에 대해 생산자가 대가를 충분히 보상받지 못하여 실제 발생하는 사회적 편익보다 적다고 인식한다면 그 재화는 사회적 적정량보다 적게 생산된다. 사회복지 재화와 서비스는 가치재로서 긍정적 외부성을 지닌다. 사회복지 재화와 서비스의 생산은 생산자가 가격을 지불받고 얻는 편익보다 사회적 편익이 크기 때문에 더 많이 생산되어야 하는 것이다. 따라서 정부가 개입하여 사회적 편익에 대한 가격을 지불하고 적정량이 생산되도록 하여야 한다.

시장에서 효율적으로 자원이 배분되려면 생산자와 소비자가 판매하거나 구매하려는 재화와 서비스에 대해 완전한 정보를 가지고 합리적인 선택을 해야 한다. 그런데 생산자와 소비자가 상품에 대해 비대칭적인 정보를 가지고 있거나 불완전한 정보를 가지고 있는 상태에서 거래되면 비효율적인 자

01 KDI경제정보센터 교육컨텐츠 경제개념(https://eiec.kdi.re.kr/material/archive/concept/list.jsp에서 2018년 1월 24일 검색).

원 배분이 되어 시장실패가 발생한다. 가장 대표적인 상품이 의료서비스이다. 의료서비스는 일반적으로 생산자가 판매하고자 하는 재화 · 서비스에 대해 소비자보다 더 많은 정보를 가지고 있다.

한편, 보험시장에서는 불완전한 정보로 인해 역선택이 발생할 수 있다. 보험회사는 사고발생 위험이 낮은 사람이 보험에 많이 가입해 주기를 희망하지만 보험 회사가 보험가입자의 사고발생률을 완전히 파악하지 못하기 때문에 실제로는 사고발생 가능성이 높은 사람들이 보험에 많이 가입하게 되는 역선택(逆選擇, reverse selection)의 문제가 나타난다. 또한 보험가입자는 일단 보험에 가입하면 위험에 대한 안전망이 있다는 생각에 이전에 비해 사고 예방을 게을리 할 수 있다. 이를 도덕적 해이(moral hazard)라고 한다. 이로 인하여 보험회사의 수익이 줄어들거나 심지어는 적자를 보게 되는 경우도 있다.

보험회사는 이러한 손해나 적자의 위험을 줄이기 위해 보험료를 높게 책정하거나 보험가입자를 선별(cream−skimming)하여 가입시키게 된다. 사회적 위험에 대한 보험까지도 민간 보험회사에서 판매한다면 질병, 실업, 은퇴 등 사회적 위험 발생 가능성이 더 높아 이런 종류의 상품이 더욱 필요한 저소득층, 노인 등은 오히려 사회적 위험에 대한 적절한 사회안전망 없이 살게 될 수도 있다.

사회보험은 사회적 위험에 대해 적절한 사회안전망을 제공하기 위하여 민간 보험 상품의 기술(risk pooling)을 이용하여 사회적 위험에 대응하는 기제이다. 사회보험은 정부가 개입하여 전국민 또는 전체 노동자들을 대상으로 강제적으로 가입하게 함으로써 보험가입자를 늘려 위험분산기능을 극대화시키기 때문에 시장에서 보험 상품으로 제공되는 것보다는 훨씬 효과적이다.

이러한 공공재(가치재)적 특성, 긍정적 외부효과, 비대칭 정보, 역선택과

가입자 선별, 위험분산의 극대화 등의 성격 때문에 사회복지 재화와 서비스는 완전히 민간부문(시장)에서 공급되기보다는 공공부문(정부)의 개입이 일정 정도 필요하다. 다음 절에서는 사회복지 공급주체로서 공공부문의 특성과 민간부문의 특성에 대해 살펴보기로 한다.

2. 전달체계의 형태[02]

1) 공공부문

(1) 중앙정부

사회복지 재화와 서비스는 위에서 설명한 시장 실패로 인해 정부가 공급주체가 되는 경우가 많았다. 제2차 세계대전 이후 복지국가가 확대되는 시기 많은 국가들에서 정부가 복지의 주된 공급주체가 되었다. 특히 수급자 수나 지출액이 큰 사회복지 재화나 서비스들은 대개 중앙정부에서 재원의 부담, 조정, 급여방법 등을 결정하여 제공한다. 대표적인 예가 사회보험으로 공적연금, 의료보험, 실업보험, 산재보험 등은 중앙정부가 주도적으로

02 사회복지 전달체계는 전달체계의 행정체계를 중앙집권화할 것인가 분권화할 것인가? 다양한 사회복지 재화나 서비스를 통합적으로 제공할 것인가 개별적으로 제공할 것인가? 사회복지 기관들을 한 공간에 둘 것인가 각기 다른 공간에 둘 것인가? 서비스 제공자들을 전문화할 것인가 자원봉사자들을 활용할 것인가? 사회복지 수급자들에게 권한을 부여할 것인가 등의 특징에 따라 다양하게 분류할 수 있다(김태성, 2007: 389). 길버트와 터렐(2014)은 이를 전달체계의 미시적 차원이라고 하였다. 전달체계의 미시적 차원은 사회복지행정론에서 다루는 주제이기 때문에 이 책에서는 사회복지 전달체계 형태의 거시적 분류–공공부문과 민간부문–만을 다룰 것이다. 공급주체 중에서는 공식적인 공급주체만 다루고 비공식부문(가족, 친족, 이웃 등)은 다루지 않는다. 비공식부문은 인류의 복지(welfare)에 중요한 돌봄, 사회화, 재생산 등의 중요한 기능을 해 왔으나 공식적인 사회복지정책의 급여와 서비스의 공급주체로 보기는 어렵다.

급여와 서비스를 전달한다(김태성, 2007: 389-390). 가입자가 전국민 또는 전체 노동자가 되어야 위험 분산이 효과적으로 이루어지기 때문에 중앙정부가 운영하는 것이 더 효율적이다.

전국적으로 통일성이 있는 정책, 집행보다는 기획이 강조되는 정책, 서비스 접근성이 중요하지 않은 정책(예: 보편적 수당)도 중앙정부가 주요한 전달체계가 되는 경우가 많다. 중앙정부가 주요한 전달체계라고 해서 각 지역에 정책을 집행하는 기구가 없는 것은 아니다. 우리나라 사회보험 제도들은 보건복지부나 고용노동부가 사회보험의 집행을 공공 기관에 위탁 운영하고 있다. 국민연금, 건강보험, 고용보험, 산재보험, 노인장기요양보험 등은 국민연금공단, 근로복지공단, 국민건강보험공단 등 공단을 집행 기구로 두고 국민들의 사회보험 정책 수급이나 기여에 불편함이 없도록 지역마다 지역사무소를 두고 있다.

타 지역으로의 파급효과가 큰 정책, 규모의 경제가 발생하는 정책, 기획관리 기능이 강한 정책, 전국적 통일이 필요한 정책은 중앙정부가 지방정부나 민간부문에 비해 전달체계로서 유리하다(박경일, 2016).

(2) 지방정부

사회복지정책 전달체계에서 지방정부가 차지하는 역할은 매우 크다. 지방자치제가 도입되고 지방분권화가 강화되면서 주요한 공공부조정책의 전달체계는 지방정부이다. 대표적인 공공부조제도인 국민기초생활보장제도는 재원을 중앙정부가 일부 부담하고 정책 내용도 중앙정부에서 결정하지만, 정책 집행은 지방정부가 책임지고 재원의 일부도 부담한다.

사회서비스정책에서도 공공부조 소득보장정책과 마찬가지로 지방정부의 역할이 크다. 사회서비스정책은 수급자에게 직접적으로 서비스를 제공하여야 하기 때문에 지리적 근접성이 매우 중요하다. 우리나라에서 사회복지서비스를 정부가 직접 제공하는 경우는 많지 않다. 지방정부는 사회서비스 공급에서 민간 서비스 제공자에게 위탁 공급 계약(contracting out)을 하는 방식으로 개입한다. 이때 지방정부는 민간 기관에 정부 재정으로부터 나오는 보조금을 지급하고, 위탁 계약을 맺은 사회복지기관은 정부와의 계약 조건에 맞게 서비스를 공급한다. 지방정부는 서비스 공급기관이 사회서비스를 계약 조건에 맞게 공급하는지 관리하고 규제하는 역할을 하게 된다.

지방정부는 지역 특수적인 욕구에 대한 대응이라는 측면에서 효율적으로 정책을 집행할 수 있다. 예를 들어 노인이 많은 농어촌 지역에는 노인에게 필요한 복지정책이 더 많이 필요하고(김태성, 2007), 아동에 대한 정책은 다른 지역보다 욕구가 작을 수 있다. 대규모 공단이 들어선 지역은 근로자를 대상으로 하는 정책이 더 정교하게 집행되어야 한다.

지방정부 단위로 자체적으로 복지정책을 제공할 때 지방정부들 사이의 경쟁을 유발시켜 경쟁원리에 의해 재화와 서비스의 질이 좋아질 수 있다(김태성, 2007). 일부 지자체에서 도입한 '청년 수당'과 같은 정책은 논란의 여지도 있지만, 해당 지자체의 복지정책에 대한 인식이 좋아지는 계기가 될 수 있다.

반면 지방정부에서 주도적으로 복지정책을 실시할 때에는 지역 간의 불평등이 커질 수 있어 사회통합이 저해될 수 있다(김태성, 2007). 또한 일부 지자체는 재정 자립도가 낮아 지속적이고 안정적인 급여 제공이 어렵기도 하다. 이에 중앙정부는 지방재정조정제도를 통해 수평적, 수직적 불균형을 해소하려고 하는 것이다. 지방재정조정제도에 대해서는 8장에서 더 자세히 설명할 것이다.

2) 민간부문

(1) 비영리조직

비영리조직은 민간 부문 공급주체로 분류된다는 점에서 공공 부문과 다르고 이윤을 추구하지 않는다는 점에서 영리부문(기업)과 다르다. 복지국가 체제 이전, 즉 국가가 재화와 서비스의 공급에 개입하기 이전에 민간비영리부문은 사회서비스 공급의 핵심적인 공급주체였다(박경일, 2016: 135). 서구에서는 복지국가 확대 이후 공공부문의 역할 증대로 민간 비영리조직의 상대적 중요성이 감소되는 듯했으나, 공공부문의 사회서비스 공급 기관이 거의 없는 우리나라에서 비영리 사회복지기관은 예나 지금이나 중요한 사회서비스 공급 주체이다.

민간 비영리조직은 공공부문에 비해 지역 주민의 욕구에 더 신속히 대응할 수 있고, 공공정책으로 대응하지 못하는 서비스를 제공할 수 있다. 민간 비영리기관은 정부와 대립되는 입장에서 수급자들의 입장을 대변할 수도 있다.

민간 비영리조직은 이윤 창출을 목적으로 하는 기관이 아니기 때문에 자원봉사활동이나 자발적 기부에 의존하는 경향이 있다. 우리나라의 민간 비영리조직은 사회복지서비스 공급에서 주도적인 역할을 담당해 왔으며, 정부는 이들 민간 비영리기관의 사회복지서비스 공급 비용의 일부에 대해 공급자 보조금을 지급하는 방식으로 개입하였다(양난주, 2010). 2007년부터는 사회서비스 바우처 제도를 통해 공급자가 아닌 수요자에게 비용을 지원함으로써 서비스 공급자들 간의 경쟁을 유발하고 시장 원리를 도입하기도 하였다.

민간 비영리조직이 정부에 비해 전달체계로서 갖는 장점은 관료제 조직인 정부보다는 신속하고 융통성 있는 서비스를 제공하고, 효율적인 운영에 대한 동기부여를 높일 수 있다는 것이다. 또한 필요한 서비스를 민간부문에서 제공함으로써 불필요한 공공부문의 확대를 막을 수 있다. 다양한 욕구에 대응하여 창의적이고 선구적인 서비스를 개발할 수 있는 것도 정부보다는 민간 비영리조직이 더 유리하다(박경일, 2016).

(2) 영리조직

대표적인 영리조직은 기업이다. 우리나라 기업들이 사회복지 재화나 서비스 공급에 참여하는 방식은 크게 2가지로, 기업복지와 사회공헌활동이다.

먼저, 기업복지란 기업이 근로자를 대상으로 근로자와 그 가족의 복지 향상을 위해 실시하는 각종 정책, 보상, 복지서비스의 종합적 체계를 말한다(박길태, 2015: 102). 송호근(1995)에 따르면 기업복지는 실시의 주체가 기업이라는 점에서 기업의 생존과 밀접한 관계를 가져 자본주의 논리에 더 종속적이며 국가 복지와 비교할 때 상대적으로 기업의 사적 이익의 증대에 더 비중을 두게 된다. 급여혜택의 근거가 '기본적 욕구'보다는 '특정 기업의 고용' 자격이라는 점에서 보편주의보다는 선별주의 원리에 기반한다고 볼 수 있으며 국가복지에 비해 사회적 불평등을 확대시키는 효과가 있다고 지적하였다(조상미 · 박은주, 2011에서 재인용). 근로자에게 제공되는 기업복지는 임금으로 지급되는 급여 이외의 비용에 속하며 보다 명확하게 구분하고자 할 때는 법정 외 복리비를 가리킨다. 이를 세부적으로 다시 구분하면 주거, 의료보건, 식사, 문화 · 체육 · 오락, 보험료지원, 경조비용, 금융 · 재형저축, 학비보조, 사내근로복지기금 출연금, 보육비지원금, 근로자 휴양에 관한 비용, 종업원지주제도 지원금, 기타 법정외 복리비로 구분하고 있다(조상미 · 박은주, 2011: 200).

이에 비해 사회공헌활동은 기업이 자기 회사 근로자가 아닌 전체 시민을 대상으로 사회복지 공급자 역할을 하는 것이다. 오늘날 기업은 이윤추구 활동을 하는 것 외에 기업의 사회적 책임(Corporate Social Responsibility:

CSR)[03]을 다해야 한다는 의식이 확산되었다. 사회공헌활동은 접근방식에 따라서 기업자선(corporate philanthropy), 공익관련 마케팅(cause-related marketing), 소외계층 지원 활동, 직원의 자원봉사 등 다양한 이름으로 통용되고 있다(Lantos, 2002: 이철한 · 권선희, 2011: 248에서 재인용). 전국경제인연합회(2020)의 조사에 따르면, 주요 기업 220개사의 사회공헌 지출 비용이 2019년 2조 9,927억여 원에 이르며, 분야별로는 취약계층 지원이 33.5%, 교육 · 학교 · 학술 지원이 10.6%, 문화예술 · 체육 지원이 9.2%, 지역경제 활성화 5.7%, 창업지원 1.6%, 해외 지원 1.2%, 환경보전 1.2%, 의료보건 0.3%, 기타 36.7%인 것으로 나타났다. 사업 대상별로는 아동청소년 분야가 36.0%로 가장 높았고 지역사회가 12.9%로 다음을 차지했다.

3) 공급주체 민영화

서구 복지국가에서는 사회보험이나 공공부조의 현금 급여와 달리 사회서비스 급여의 공급주체가 공공부문에서 민간부문으로 민영화, 다원화되는 추세에 있다고 한다. 우리나라는 위에서 언급한 바와 같이 공공부문의 사회서비스 공급자 역할이 거의 없는 상태에서 공급주체의 '민영화'보다는 민간 비영리법인만이 아니라 개인, 민간영리법인까지 '다양화'[04]되는 추세라고 볼

03 최근 기업의 사회적 가치 실현과 관련해서는 ESG(Environmental, Social and Governance)가 많이 언급된다. CSR은 기업이 사회적 가치를 실현하고 기업의 이미지 제고에 도움이 되는 활동이라고 한다면 ESG는 기업활동 전반에 친환경, 사회적 책임, 지배구조 개선 등을 도입하고 기업 경영, 재무활동에 ESG 요소를 연동시켜 기업의 재무 안정성을 높이기 위한 전략을 의미한다.

04 서비스 공급주체 논의에서는 공급주체의 다양화보다는 다원화라는 용어가 더 많이 사용된다. '다원화'라는 용어는 공급주체가 공공부문뿐만 아니라 민간부문까지 확대되는 다원화를 의미하지만, 민간부문이 주요한 공급주체였던 우리나라에서는 외원기관, 종교법인 중심의 사회서비스 공급에서 법인이 아닌 개인, 민간영리법인까지 공급주체가 확대되었다는 '다양화'라는 용어가 더 적합한 것으로 보인다.

수 있다. 공급주체가 개인이든 법인이든 영리 부문이 확대되는 것은 '상업화'라고도 할 수 있다.

스웨덴, 영국 등과 같은 복지국가는 사회서비스의 주요한 공급주체가 (지방)정부였는데, 1970년대 경제 위기와 불황에 따라 정부 복지 공급에 대한 비판이 제기되면서 민간부문 서비스 공급자가 증가하였다. 이렇게 서비스 공급주체가 정부 중심 공급에서 민간 공급으로 변화되는 과정을 민영화라고 한다. 스웨덴은 여전히 주된 서비스 공급주체가 지방정부임에 반해 영국은 민간부문(비영리민간, 영리민간)의 공급 비중이 증가하였다(김은정, 2014).

우리나라의 경우 1980년대 이후 재정은 정부가, 운영은 민간법인이 담당하는 구조 하에, 사회서비스가 확대되면서 새로운 서비스 기관들을 법인 산하에 증설해 왔으며, 서비스에 소요되는 재정의 대부분을 정부로부터 공급자 지원방식으로 보조받아 왔다(이봉주 · 김문근 · 김용득, 2008).

우리나라의 사회서비스 공급에서 공공부문과 민간부문의 위탁계약은 시설의 관리운영 위탁계약과 사회서비스 위탁계약의 두 유형이 발전되어 왔다. 사회복지시설의 관리운영 위탁은 지자체가 설치한 시설의 관리 · 운영을 민간 비영리부문에 계약을 통해 위탁하고 이에 필요한 재원을 지원하는 형태로 이루어진다(김은정, 2014: 184). 사회서비스 위탁계약(contracting-out) 은 정부가 생산하여 공급하던 공공서비스를 정부 대신 민간기관이 소비주체인 주민에게 공급하는 형태를 의미한다(박경일, 2016).

공공과 민간 공급주체 역할 분담에서 서비스의 실제 전달자가 누구이며 비용을 누가 부담하는가는 중요한 요소이다. 최근의 사회복지 공급주체 다원화 추세에서는 공공 또는 민간 어느 한쪽이 전적으로 비용 부담과 서비스 전달을 모두 맡지는 않는다. 국가나 지자체가 서비스를 직접 제공하는 경우는 많지 않고, 민간기관들이 서비스를 제공하지만 이에 필요한 비용은 정부가 전적으로 부담하거나 정부와 민간부문(이용료 포함)이 분담하는 경우가 많다.

3. 바람직한 전달체계의 특성[05]

사회복지정책의 특성에 따라 적절한 전달체계를 통해 사회복지 급여가 전달되어야 하지만, 사회복지정책이 어떤 형태이든 사회복지정책의 전달체계는 공통적으로 다음과 같은 특성을 지녀야 한다.

첫째, 전달체계는 통합적이어야 한다. 사회복지정책의 급여는 다양한 전달체계들을 통해 다양한 욕구를 지닌 사람들에게 전달된다. 이때 전달체계들 사이의 조정이 이루어지지 않아 단편적으로 운영되면, 수급자들에게 필요한 서비스가 중복되거나 누락될 수 있다(김태성, 2007).

둘째, 전달체계는 지속적이어야 한다. 사회복지 수급자들의 욕구는 다양할 뿐만 아니라 시간에 따라 변화한다. 그래서 전달체계도 변화하는 수급자들의 욕구에 따라 지속적으로 대응할 수 있어야 한다(김태성, 2007). 지속적으로 변화하는 욕구를 파악하는 것과 재원의 확보가 그만큼 중요하다.

셋째, 전달체계는 효율적이어야 한다. 효율적인 전달체계는 적은 비용으로 가능한 한 최대한의 효과를 달성하는 전달체계이다. 비용뿐만 아니라 시간적인 효율성도 중요하기 때문에 불필요한 절차, 물적 · 인적 자원의 낭비를 줄이고 꼭 필요한 수급자에게 적절한 재화와 서비스가 제공되도록 해야 한다(김태성, 2007).

넷째, 전달체계는 접근성이 좋아야 한다. 욕구가 있음에도 불구하고, 지리적, 시간적 접근성뿐만 아니라 정보의 접근성이 낮아서 서비스를 이용하지 못하는 수급자가 없도록 해야 한다. 정책에 대한 안내를 충분히 할 수 있도록 하고, 교통편, 인력, 운영시간 면에서 접근성을 높일 수 있는 방법을 마련해야 한다(최성재 · 남기민, 2006).

05 김태성(2007: 414-415)과 최성재 · 남기민(2006: 104-108)의 바람직한 전달체계의 특성 중 중요하다고 생각하는 내용을 선택하여 요약, 발췌하였다.

다섯째, 전달체계는 책임성(accountability)이 보장되어야 한다. 사회복지 전달체계는 국가가 시민의 권리로 인정한 사회복지 급여 및 서비스를 전달하도록 위임받은 조직이므로(최성재 · 남기민, 2006: 108에서 재인용), 사회복지 급여 및 서비스 전달에 책임을 져야 한다. 이는 정책 집행 결과에 대한 책임감과 함께 과정에 있어서도 정당성을 갖추어야 함을 의미한다. 수급자의 욕구에 적절히 대응하는가, 절차가 정당한가, 급여 및 서비스의 내용이 효과적이고 효율적인가, 전달 과정에서 생기는 불편이나 불만에 대한 수렴 장치는 적합한가 등의 내용을 확인해야 한다(최성재 · 남기민, 2006).

마지막으로 전달체계는 전문성이 높아야 한다. 사회복지정책의 급여를 적절하게 적합한 대상자에게 전달하는 것은 고도의 전문성이 필요한 업무이다. 사회복지 조직의 종사자는 "전문성의 자격이 객관적으로 인정된 사람"으로 "자신의 전문적 업무에 대한 권위와 자율적 결정권 및 책임성을 지닌 사람"이어야 한다. 또한 사회복지 전달체계를 통해 제공되는 서비스의 질은 전문성이 담보되어야 한다(최성재 · 남기민, 2006).

퀴 즈

01 지방정부가 중앙정부에 비해 사회복지 제공에 적합한 특성이 아닌 것은?

① 지역특수성 ② 근접성
③ 규모의 경제 ④ 집행성
⑤ 단순성

02 다음 중 비영리부문의 특징이 아닌 것은?

① 비공식적 조직 ② 자발적 조직
③ 자원봉사에 의존 ④ 사회서비스 공급주체
⑤ 기부금과 모금

03 사회복지재화를 시장에서 공급하지 못하는 이유 중 하나는 사회복지재화의 ( )적 성격 때문인데, 재화 소비에 있어 비용을 지불하지 않은 사람도 사용을 금지할 수 없는 ( )(와)과 소비가 다른 사람의 소비를 방해하지 않는 ( )의 특성을 띠는 재화를 말한다.

04 보험가입자가 보험에 가입한 후 위험 예방에 적극적이지 않은 것을 ( )(이)라고 한다.

05 의료서비스의 경우 수요자의 ( )로 인해 공급자의 유인 수요가 생길 수 있어 국가의 개입이 필요하다.

06 국가에서 사회보험을 운영해야 하는 이유에 해당하는 시장실패에는 ( ), ( ), ( ) 등이 있다.

07 시장에서 적절한 양의 재화와 서비스 공급을 위해서는 외부효과에 대응해야 하는데, ( ) 외부효과에 대해서는 국가가 직접 공급하거나 보조금을 지급해야 한다.

학습활동

01 [개인] 사회복지정책 전달체계에 대한 마인드맵을 그려 본다.

02 [개인][조별] 동영상 강의와 읽기 자료에서 이해가 안 되었던 것을 질문한다.

03 [조별] 건강보험제도가 없을 때 벌어질 상황에 대해 상상해보고 역할극을 만들어 본다.

04 [조별] 졸업 후 사회복지분야에서 취업하고 싶은 곳이 어디인지 이야기를 나누어 보고, 그곳이 공공부문인지, 민간부문인지, 비영리부문인지, 영리부문인지 확인해 보자. 왜 공공기관/민간비영리기관/영리기관에 취업하고 싶은지, 취업했을 때 어떤 장단점이 있을지 이야기하고 발표해 본다.

취업하고 싶은 분야		구체적인 기관 종류	장점	단점
공공부문	정부			
	공공기관			
민간부문	비영리부문			
	영리부문			

과 제

01 우리 동네 복지지도를 만들어 제출한다. 복지지도에는 기관의 이름, 분야와 함께 (지방)정부, 공공기관, 민간비영리기관, 영리기관인지 여부를 표시한다.

CHAPTER

08

사회복지정책 재원

1. 공공부문 재원
2. 민간부문 재원

Social Welfare Policy

CHAPTER 08

사회복지정책 재원

학습목표

01 사회복지정책의 재원 중 공공부문 재정 수입 원천인 조세와 사회보험료의 특징을 이해하고 양자 간 차이점을 설명할 수 있다.
02 지방재정조정제도의 필요성을 이해하고 지방교부세와 국고보조금의 차이를 설명할 수 있다.
03 민간부문 재원에서 자발적 기여와 이용료의 특징, 필요성에 대해 이해하고 설명할 수 있다.

시장에서는 재화와 서비스에 대해 구매자가 비용을 지불하는데, 사회복지정책은 많은 영역에서 재화와 서비스의 이용자가 비용을 부담하지 않거나 실질 가치보다 적은 비용을 지불하는 경우가 많다. 그래서 사회복지정책은 '대상'과 '급여'를 설명하면 사회복지정책의 내용을 다 분석한 것처럼 여겨지기도 한다. 그러나 사회복지정책은 그 이면에 '공급자'와 '비용(재원)'이 분명히 존재한다. 수급권자(이용자)가 사회복지 재화나 서비스에 대해 비용을 지불하지 않는다고 해도 누군가는 비용을 지불해야 하고 그 비용의 원천이 무엇인지 아는 것은 매우 중요하다. 재원이 지속적, 안정적으로 공급되지 않으면 사회복지정책의 보편성, 포괄성, 적절성은 위협받을 것이기 때문이다. 사회복지정책 재원은 크게 공공부문과 민간부문으로 구분되고, 공공부문은 조세와 사회보험료, 민간부문은 자발적 기여(voluntary contribution)와 이용

료(사용자 부담, user fee)로 구분된다.[01]

1. 공공부문 재원

오늘날 사회복지정책의 공급주체는 다양할지라도 사회복지정책의 책임이 가장 큰 공급주체는 정부이다. 정부가 운영하는 사회복지정책의 재원뿐만 아니라 민간에서 운영할지라도 정책의 재원은 정부로부터 공급되는 경우가 많다.

우리나라 중앙정부의 사회복지정책 공공부문 재원은 크게 예산[02]과 기금[03]으로 구분되고 예산은 주로 국세 수입을 통해 충당된다. 기금 중에서도 사회보험 관련 기금은 사회보험료 수입을 통해 충당된다.

지방분권화로 사회복지정책에서 지방정부가 차지하는 역할이 커짐에 따라 지방정부는 국고보조금을 통해 국가 사무를 시행하는 역할을 함과 동시에 지방세 수입인 자체 재원으로 지방정부의 자체적인 복지 사무를 시행하기도 한다.

---

01 사회복지정책의 공급주체에서도 비공식부문(가족, 이웃 등)을 다루지 않은 바와 같이 사회복지정책 재원에서 비공식 부문의 재원은 다루지 않기로 한다. 가족간 이전은 공식적으로 집계되지 않고 사회복지정책 급여 또는 운영비용에 직접적으로 지출되지 않기 때문이다.

02 예산수입은 국세수입와 세외수입으로 구분되고, 국세수입은 일반회계와 특별회계로 구분된다. 일반회계의 국세수입에는 내국세, 관세, 교통 · 에너지 · 환경세, 교육세, 종합부동산세 수입이 있고, 특별회계에는 주세, 농어촌특별세가 있다. 내국세는 다시 소득세, 법인세, 상속 · 증여세, 부가가치세, 개별소비세, 증권거래세, 인지세 등으로 구분된다.

03 국가재정에서 운용되는 기금은 총 67개가 있는데 이중 사회복지정책과 관련된 기금은 고용노동부 소관 고용보험기금, 근로복지진흥기금, 산업재해보상보험 및 예방기금, 장애인고용촉진 및 직업재활기금, 교육부 소관 사립학교교직원연금기금, 국가보훈처 소관 보훈기금, 국방부소관 군인연금기금, 보건복지부소관 국민건강증진기금, 국민연금기금, 여성가족부소관 양성평등기금, 청소년육성기금, 행정자치부 소관 공무원연금기금 등이 있다.

이 책에서는 정부 재정 수입의 원천으로 조세, 지방재정조정제도, 사회보험료의 특징에 대해 살펴보고, 사회복지 재정이 정부 재정에서 차지하는 비중에 대해서도 별도로 설명할 것이다.

1) 조세

조세를 통해 사회복지정책 재원을 충당하는 이유는 크게 3가지로 구분할 수 있다. 첫째, 복지국가는 국가가 국민의 생존권을 보장하도록 되어 있어 저소득층의 생존권 보장을 위해 국가는 국민들이 납부한 세금을 통하여 사회복지정책을 수행할 필요가 있다(이진숙 외, 2014). 둘째, 사회복지정책의 주요한 기능 중 하나는 소득재분배 기능으로, 일반조세의 소득세, 상속 · 증여세 등은 조세를 거두어들이는 것만으로 소득재분배 효과를 꾀할 수 있다. 특히 소득세율은 누진율을 적용하여 소득재분배 효과를 더욱 증가시킨다. 셋째, 사회복지 재화 · 서비스는 (준)공공재적 성격이 강한데, 공공재의 생산은 시장을 통해서보다는 공공부문이 개입해야 사회적으로 적정한 양이 생산될 수 있다. 공공부문이 개입하려면 정부의 재정보조 등이 뒷받침되어야 하며, 정부 재정은 조세 수입을 통해 충당된다.

조세제도는 국가 또는 지방자치단체가 재정수입을 조달할 목적으로 법률에 규정된 과세 요건을 충족한 모든 자에게 직접적인 반대 급부 없이 국민에게 부과 · 징수하는 금전급부인 조세를 규율하는 규범의 총체이다.[04]

우리나라의 조세체계는 과세 주체에 따라 국세와 지방세[05]로 분류되고, 세수의 용도에 따라 보통세와 목적세로 분류된다. 국세는 국가가 부과하는 조세이고, 지방세는 지방자치단체가 부과하는 조세이다. 보통세는 세수의 용

04 한국조세재정연구원 홈페이지.

05 과세 주체에 따른 조세 구분

도를 특정하지 않고 일반 경비에 충당하는 조세이고, 목적세는 세수의 용도를 특정하여 특정 경비에만 지출하는 조세이다. 대표적인 목적세로는 교육세, 농어촌특별세, 교통세가 있다. OECD 조세 분류체계에 따라 우리나라 국세를 분류하면 소득과세, 재산과세, 소비과세로 구분된다.[06]

이렇게 우리나라 조세제도의 세목을 자세히 소개하는 이유는 복지증세 방법에 대한 다양한 논의 때문이다. 복지지출이 증가하면서 복지 재원을 어떻게 확대할 수 있는가에 대해 다양한 주장이 제기된다. 복지 재원 확대를 위해서는 증세가 불가피하다는 입장과 증세 없이 복지를 확대할 수 있다는 입장이 대립하고, 복지 증세가 필요하다는 측에서도 어떤 방식의 증세가 적절한지에 대한 일치된 의견이 없다.

'증세'는 정치적으로 불리한 주장이다. 선거 때마다 복지정책 확대가 공약

	과세 주체 구분	종류
조세 (25개)	국세 (14개)	소득세, 법인세, 상속세, 증여세, 종합부동산세, 부가가치세, 개별소비세, 교통 · 에너지 · 환경세, 주세, 인지세, 증권거래세, 교육세, 농어촌특별세, 관세
	지방세 (11개)	취득세, 등록면허세, 레저세, 담배소비세, 지방소비세, 주민세, 재산세, 자동차세, 지역자원시설세, 지방교육세

출처: 기획재정부(2018). 2017 조세개요.

06 OECD 조세 분류체계에 따른 우리나라 국세분류

구분	종류
소득과세(income and profits)	소득세, 법인세, 농어촌특별세(소득세 · 법인세 감면분)
재산과세(property)	상속 · 증여세, 증권거래세, 인지세, 종합부동산세, 농어촌특별세(증권거래세 · 종합부동산세분)
소비과세(consumption)	부가가치세, 주세, 교통 · 에너지 · 환경세, 개별소비세, 관세, 교육세(주세 · 교통세 · 개별소비세 · 금융보험업자수입분), 농어촌특별세(개별소비세 · 관세감면분)
기타(other taxes)	과년도 수입

출처: 기획재정부(2018). 2017 조세개요.

으로 제안되지만 지출 증가에 대응하는 재원 확대에 대해서는 쉽게 '증세' 방안을 내지 않는다. 2013년 박근혜 정부는 '공약 가계부'를 발표하였다. 공약 가계부에서 복지 분야 90조 원을 포함한 공약 정책 시행을 위해 의무지출을 제외한 재량 지출 감소, 경제개발 예산 등 축소와 같은 '세출 절감'과 지하경제 양성화, 비과세감면 정비, 금융소득 과세강화, 세외수입 확대 등 '세입 확충'을 통해 재원을 확대하겠다고 발표했다(오건호, 2014). 박근혜 정부의 공약가계부는 '증세 없는 복지 확대' 정책의 대표적인 예이다.

증세론

국민들이 증세에 대한 거부반응을 보이는 이유는 우리나라 과세체계가 공평하지 않고, 세수가 적절하게 사용되지 않는다고 생각하기 때문이다(오건호, 2015). 탈세와 부정, 기득권층 이득을 위한 정책 시행 등으로 조세제도와 재정 지출에 대한 국민의 불신이 확대되었고, 다른 한편으로는 이미 세금을 너무 많이 내고 있다고 생각하는 국민들도 많다.[07]

그러나 증세를 통한 재정의 확충 없이는 기하급수적으로 증가하는 복지 지출의 재원을 충당할 수 없다. 증세가 불가피한 상황에서 '어떤 방식으로의 증세가 필요한가'는 또 다른 쟁점이다. 일부에서는 이른바 '부자 증세(누진구조 강화)'를 주장하고 일부에서는 '보편 증세(세원 확대)'를 주장한다. 또 다른 한편에서는 사회복지 목적세 신설을 주장하기도 한다.

07 우리나라의 조세부담률(GDP에서 조세가 차지하는 비중) 및 국민부담률(GDP에서 조세와 사회보장기여금이 차지하는 비중)은 OECD 주요국에 비해 높은 편은 아니다. OECD 주요국의 조세 및 국민부담률(2019년 기준, %)은 다음과 같다.

구분	한국	미국	스웨덴	프랑스	독일	이탈리아	영국	OECD 평균
조세 부담률	20.1	18.4	33.7	30.5	24.1	29.2	26.6	24.1
국민 부담률	27.3	24.5	42.9	45.4	38.8	42.4	33.0	33.8

출처: OECD Revenre Statistice('20년판), e-나라지표에서 재인용(2021.12.24 인출)

문재인 정부는 2017년 8월 소득세 및 법인세 최고세율 구간을 신설하고, 대주주 주식 양도소득세율을 인상하는 등 부자 증세를 단행했다. 이에 대해 우리나라 근로소득자의 46.5%[08]가 근로소득세 면제자일 정도로 면세계층 비중이 높은 상황에서 부자 증세를 하는 것은 증세 효과가 낮을 것이라는 비판도 만만치 않다. 즉 면세자 비율을 낮춰 세원을 확대시키는 것(보편증세)이 재정 확충에 더 효과적이라는 것이다. 보편증세 방안의 하나로 부가가치세 인상을 주장하기도 한다.[09] 보편증세를 위해서는 비효율적인 세액공제 등 조세지출을 줄이고 과세 대상을 넓혀야 한다. 보편증세 원칙은 보편적인 복지혜택을 위해서는 조세부담도 보편적이어야 한다는 원칙이다.

목적세 신설과 확대를 통해 증세하자는 입장은 사회보험을 제외한 공공부조, 기초연금, 아동수당, 사회서비스 정책들을 위한 사회복지세를 신설하고 사회보험료를 인상하자는 것이다(오건호, 2015). 사회보험료는 사회보험 급여로만 지출이 되기 때문에 일종의 목적세로 볼 수 있다. 목적세는 세수의 용도를 특정하여 특정 경비에만 충당하기 때문에 재원의 안정적 확보가 용이하다는 장점이 있는 반면, 탄력적인 재정정책을 수행하기 어렵고, 급여 자체가 목적세 재원 변동에 의해 좌우될 위험이 있다는 단점이 있다(박경일, 2016).

2) 지방재정조정제도

사회복지정책의 지역화, 분권화 성격이 강해지면서 지방자치단체는 복지

08 이에 비해 다른 국가들의 근로소득세 면제자 비율은 미국 35.8%, 캐나다 33.5%, 호주 25.1%, 영국 5.9%로 면세계층 비율이 낮다(한국일보, 2017. 7. 25).

09 우석진(2021)은 증세 방안으로 부가가치세 인상을 주장하기도 했다. 부가가치세는 조세부과로 인해 생산과정에서 발생할 수 있는 왜곡을 최소화하면서 세수를 걷을 수 있는 세제로 알려져 있고, 많은 선진국들이 부가가치세율을 20% 정도로 과세하고 있는데 현재 부가가치세 10% 세율을 13%까지라도 인상할 필요성을 언급했다(우석진, 2021: 118-119).

정책의 중요한 주체로 자리 잡았다. 이에 따라 지방자치단체의 재정 역시 공공부문 사회복지 재정에서 중요하게 다뤄져야 한다.

위의 조세제도에서 설명한 바와 같이 지방자치단체도 지역 주민에게 세금을 부과한다. 그런데 우리나라의 국세와 지방세 수입 비율은 3 : 1 수준으로 지방세 비중이 낮은 편이다. 다른 국가들과 비교했을 때 지방세 비중이 연방제 국가인 미국(5.5 : 4.5), 독일(5 : 5)에 비해서는 매우 낮은 편이고, 비연방제 국가들 중에서도 일본(6 : 4)에 비해서 지방세 비중이 낮다(OECD Revenue Statistics, 2021).

이와 같이 지방정부가 중앙정부에 비해 재정력이 취약하고(수직적 불균형), 지방정부간 재정력의 불균형(수평적 불균형)이 존재하기 때문에(박경일, 2016: 207) 지방재정조정제도를 시행하고 있다. 지방재정조정제도는 지방정부가 최소한의 행정 수준을 유지하는 데 필요한 재원을 보장함과 동시에 지방정부 간의 재정력 격차를 완화시키기 위해 국세 수입의 일부를 일정 기준에 따라 지방정부에 배분해 주는 제도이다(박경일, 2016: 208).

우리나라에서는 지방교부세와 국고보조금 제도를 통해 중앙정부가 지방정부에 재정을 지원하고 있다. 먼저, 지방교부세는 지방교부세법에 의해 중앙정부가 광역 및 기초자치단체(자치구 제외)에 교부하는 재원으로서 내국세의 일정 비율(현행 19.24%)을 이전한다. 교부세 종류로는 보통교부세, 특별교부세, 부동산교부세, 소방안전교부세가 있다. 보통교부세는 지방정부의 재정부족액(기준재정수요액−기준재정수입액)을 자치단체별로 산출하고, 이를 토대로 교부액을 확정하며 이 과정에서 재정여건이 불리한 자치단체에 더 교부되도록 여러 가지 장치를 운용하고 있다. 특별교부세는 재해복구, 현안사업의 적기 추진 등을 목적으로 운용한다(지방재정 365 지방재정용어사전 참조). 2000년대 후반부터 보통교부세의 기준재정수요에서 사회복지지출 요소들이 강화되어 2016년도에는 사회복지비 비중이 30.0% 수준이다(이재원, 2017).

지방재정조정제도의 두 번째 요소는 국고보조금이다. 국고보조금이란 국가적으로 중요한 사업을 장려하거나 국가가 지방자치단체에 위임한 사무의 경비를 보전하기 위하여 사업비의 일부, 혹은 전부를 지원하는 보조금을 말한다(지방재정 365 재정용어사전 참조). 지방교부세와 달리 지방자치단체는 국가에서 지정한 용도에만 국고보조금을 집행할 수 있으며 최근에는 지방비 부담을 조건으로 보조(matching grant)하는 경향이 높아지고 있다. 보조금의 비율은 정책별로 조금씩 다른데, 사회복지정책과 관련해서는 대부분 정률 보조사업으로 운용되고 있다(박경일, 2016: 211). 예를 들면, 기초생활보장제도는 서울특별시는 국고 50%, 서울시비 50%이고, 서울시 외 광역자치단체는 국고 80%, 지방비 20%(도비 10%, 시비 10%)로 정해져 있다. 영유아보육료 지원사업과 양육수당은 국고 35% 서울시비 65%, 광역자치단체는 국고 65% 지방비 35%로 되어 있다. 기초연금제도는 국고보조율이 정해져 있지 않고 지방자치단체의 재정자주도와 노인인구비율에 따라 40~90%로 달라진다.

표 8-1 | 지방재정조정제도의 종류

<table>
<tr><th>종류</th><th>지방교부세</th><th colspan="3">국고보조금</th></tr>
<tr><td>근거 법률</td><td>지방교부세법</td><td colspan="3">보조금 관리에 관한 법률</td></tr>
<tr><td rowspan="6">교부액</td><td rowspan="6">내국세의 일정 비율(19.24%)
지방정부 재정부족액(수요액-수입액)을 지역별로 산출하여 이를 토대로 확정</td><td colspan="3">국고보조율 정책에 따라 다름(시행령에 명시함), 지방비 부담 조건(matching grant)</td></tr>
<tr><td>예시</td><td>국고(서울시)</td><td>지방(서울시)</td></tr>
<tr><td>생계급여</td><td>80%(50%)</td><td>20%(50%)</td></tr>
<tr><td>보육료 지원</td><td>65%(35%)</td><td>35%(65%)</td></tr>
<tr><td rowspan="2">기초연금제도</td><td>40~90%</td><td>60~10%</td></tr>
<tr><td colspan="2">지자체 노인인구비율, 재정자주도에 따라 다름</td></tr>
<tr><td>비고</td><td>보통교부세, 특별교부세, 부동산교부세, 소방안전교부세</td><td colspan="3">보조금 지급 대상사업 / 제외사업(시행령 법률) 참조.</td></tr>
</table>

지방재정에서는 중앙정부의 복지지출을 뒷받침할 정도의 세입 구조가 구축되지 못하고 최근에는 취약성이 더욱 악화되었다. 최근 5년 동안 복지 분야 국고보조금 증가추세는 지방세입 일반재원(지방세, 세외수입, 지방교부세) 증가율보다 높은 연평균 14.5% 수준이었다(김우림, 2021: 27).

표 8-2 | 최근 5년간 복지 분야 보조금 규모와 증가 추세(단위: 억 원, %)

	2017	2018	2019	2020	2021	2020–21 증감율	연평균 증가율
정부총지출(A)	4,005,459	4,288,339	4,695,752	5,122,504	5,579,872	8.9	8.6
지방이전재원(B)	871,632	961,568	1,113,062	1,178,023	1,265,563	7.4	9.8
지방교부세	407,314	459,805	524,618	522,068	517,547	–0.9	6.2
국고보조금(C)	464,318	501,763	588,444	655,956	748,016	14	12.7
사회복지분야 국고보조금(D)	281,118	318,585	391,117	438,487	483,949	10.4	14.5
C/A	11.6	11.7	12.5	12.8	13.4	–	–
C/B	55.3	52.2	52.9	55.7	59.1	–	–
D/C	60.5	63.5	66.5	66.8	64.7	–	–

출처: 김우림(2021). 사회복지 분야 지방자치단체 국고보조사업 분석. 국회예산정책처, p. 27, 29.

3) 사회보험료

대부분의 선진 복지국가들에서 운영하고 있는 사회보험 제도는 사회 구성원 모두가 경험할 수 있는 사회적 위험(노령, 실업, 질병, 산재 등)에 대해 '보험'이라는 금융 시장의 기술을 적용하여 대비하기 위하여 모든 국민 또는 근로자가 강제적으로 가입하게 되는 제도이다.

사회보험제도의 주요 재원은 보험가입자가 일정 기간 정기적으로 기금에 적립하는 법정 기여금인 사회보험료이다. 사회보험료는 일종의 목적세 기능을 하여 일반예산에 편성되지 않고 기금 예산으로 편성되어 사회보험이 보장하고자 하는 사회적 위험의 예방 및 대응에만 지출된다.

사회보험제도 유형에 따라 소득의 일정 비율로 보험료를 정한다. 사회보험제도는 가입자의 일정 기간 보험료 기여를 조건으로 하기 때문에 급여 지급시 공공부조처럼 낙인을 느끼지 않을 수 있다.

사회보험제도는 피용자 보험의 경우 사용자와 함께 보험료를 부담하기 때문에 가입자에게 유리한 제도가 될 수 있다. 피용자와 사용자의 부담 비율은 국가에 따라 조금씩 다른데, 우리나라의 피용자 보험은 50 : 50을 부담하기도 하고(국민연금의 사업장 가입자, 국민건강보험의 직장가입자, 고용보험 실업급여), 산업재해보상보험과 고용보험의 직업능력개발사업, 고용안정사업은 사업자가 보험료를 100% 부담하기도 한다. 보험제도별로 지역가입자는 사용자 없이 보험료를 부담해야 하기 때문에 피용자 보험료율의 2배를 부담해야 한다.

우리나라 사회보험료는 2019년 기준 GDP 대비 7.2%로 OECD 평균치인 8.9%에 비해 80% 정도로 낮은 수준이다. 특히 근로자와 사용자의 부담 비중을 살펴보면 근로자 부담분은 GDP 대비 2.7%, 사용자 부담분은 2.9%인데 OECD 평균치를 보면 근로자 부담분 3.5%, 사용자 부담분 5.6%로 사용자 부담분이 더 높다(정해식 외, 2015). 다시 말하면 우리나라 사회보험료 수준은 다른 국가에 비하여 낮은 수준이지만, 사회보험료에서 근로자가 사용자에 비해 많이 부담하는 편이다.

사회보험료의 소득재분배효과를 살펴보면, 사회보험료는 정률로 부과하기 때문에, 소득에 따라 세율이 높아지고 조세감면제도가 있는 소득세에 비하면 소득재분배효과가 낮다. 또한 일부 사회보험료는 소득세와 달리 기준소득의 상한선을 설정하고 있기 때문에 초고소득층의 보험료 부담이 상대적으로 작을 수 있다. 그러나 사회보험 급여에서는 급여공식을 통해 소득재분배효과를 꾀할 수 있고, 사회보험제도에서 보장하는 사회적 위험(질병, 실업, 산재 등)이 저소득층에게 더 많이 발생하는 경우가 많아 급여를 통해 재원의 낮은 소득재분배효과를 상쇄할 수 있다.

일반적으로 사회보험료는 소득세에 비해 조세 저항이 작은데, 재원의 사용처가 분명하고 사회보험료 납부가 본인의 급여와 직접적으로 연결되기 때문이다. 반대로 급여 수급자가 다른 유형의 제도(예를 들어 공공부조제도)에 비해 사회보험 급여 확대를 요구하기 어려운 이유도 사회보험 급여 확대는 바로 사회보험료 인상으로 연결되어 피보험자의 부담이 늘어나기 때문이다.

4) 사회복지정책 재정 현황

지금까지 공공부문 재원 중에서 사회복지정책에 사용될 주요한 재원에 대해 살펴보았다. 조세, 사회보험료 등을 통해 거둔 예산 수입이 정부 정책의 각 분야에서 지출되는데, 재정 지출에서 사회복지정책이 차지하는 비중이 점점 높아지고 있다. 2021년 총 재정 지출은 558조 원이며, 이 중 복지지출이 185조 원이었다(국회예산정책처, 2021). 2016년부터 2021년까지 연도별 정부 분야별 재원배분 현황을 살펴보면 〈표 8-3〉과 같다.

표 8-3 | 분야별 정부 예산안 재원 배분 현황(2017~2021) (단위: 조 원, %)

분야	2016	2017	2018	2019	2020	2021	연평균 증가율
1. 일반 지방행정	59.5	63.3	69	76.6	79	84.7	7.3
2. 공공질서 및 안전	17.5	18.1	19.1	20.1	20.8	22.3	5
3. 통일 외교	4.7	4.6	4.7	5.1	5.5	5.7	3.9
4. 국방	37.8	39	41.85	45.3	48.7	51.4	6.3
5. 교육	53.2	57.4	64.2	70.6	72.6	71.2	6

6. 문화 및 관광	6.6	6.9	6.5	7.2	8	8.5	5.2
7. 환경	6.9	6.9	6.9	7.4	9	10.6	9
8. 사회복지	112.9	119.1	133.8	148.9	167	185	10.4
9. 보건	10.5	10.4	10.9	12.1	13.5	14.7	7
10. 농림수산	19.4	19.6	19.7	20	21.5	22.7	3.2
11. 산업 중소기업 및 에너지	16.3	16	16.3	18.8	23.7	28.6	11.9
12. 교통 및 물류	19.8	18.6	15.3	15.7	19.2	21.4	1.6
13. 통신	7.5	7	7	7.3	7.9	8.4	2.3
14. 국토 및 지역개발	3.9	3.5	3.7	4.1	4	5.1	5.5
15. 과학기술	6.8	7	7.1	7.3	8.2	9	5.8
16. 예비비	3.2	3	3	3	3.4	8.6	21.9
총지출	386.4	400.5	428.8	469.6	512.3	558	7.6

출처: 국회예산정책처(2021). 대한민국 재정. p. 72.

〈표 8-3〉에 의하면 정부 예산안에서 사회복지 분야의 예산은 꾸준히 증가해 왔다. 이미 2016년부터 전체 정부 예산에서 사회복지 분야 예산의 비중이 가장 컸고, 2018년 예산에서는 30%를 넘어섰다. 2021년 보건복지부 소관 분야별 지출 예산을 살펴보면, 사회복지 분야 예산은 185조 원 정도로 전체 예산 대비 33.2% 정도이다. 사회복지 예산 중 세부 항목별 예산을 살펴보면(〈표 8-4〉 참조), 공적연금 예산 비중이 가장 크고, 노인복지 예산, 기초생활보장 예산 순으로 큰 비중을 차지하고 있다.

표 8-4 | 2021년도 보건복지부 소관 분야별 지출 예산(단위: 억 원)

	2020년		2021년
	본 예산	추경	
⊙ 총지출	825,269	890,316	895,766
■ 사회복지	695,619	736,359	757,778
– 기초생활보장	122,338	138,856	132,334
– 취약계층지원	33,837	33,700	37,800
– 공적연금	274,111	274,129	300,026
– 아동 · 보육	85,094	108,994	85,568
– 노인 등	166,323	167,257	188,723
– 사회복지 일반	13,915	13,423	13,423
■ 보건	129,650	153,957	137,988
– 보건의료	27,694	49,345	30,300
– 건강보험	101,956	104,612	107,688

출처: 보건복지부(2020). 2021년도 보건복지부 소관 예산 및 기금운용계획 개요. p. 4.

2. 민간부문 재원

사회복지정책에서 민간부문 재원이 차지하는 비중은 공공부문 재원보다는 낮지만, 민간 사회복지기관에서는 정부 보조금 외에 민간부문의 재원을 많이 활용한다. 최근 종합사회복지관 사업비에서 민간부문 재원이 차지하는 비중은 점차 증가하고 있다. 노인장기요양보험사업과 같이 사회보험료를 주요 재원으로 하는 사회보험도 이용자 부담이 있기 때문에 사회복지정책을 운영할 때 수익자 부담의 형태로 재원이 충당되는 비중도 점차 커지고 있다. 이 절에서는 사회복지정책에서 큰 비중을 차지하는 민간재원 유형 중 자발적 기여(후원금, 기부금, 회비), 이용료(사용자 부담, 수익자 부담)의 특성에 대해 설명한다.

1) 자발적 기여

자발적 기여(voluntary contribution)란, 민간부문의 자발적인 기부금, 후원금, 회비 등을 의미한다. 기부금이란, 타인을 원조할 목적으로 대가 없이 재산을 무상으로 주는 것을 의미하며 후원금은 기관, 단체의 활동을 원조하기 위해 제공하는 금품을 의미하고, 회비는 모임 회원의 자격으로 모임의 활동을 위해 제공하는 비용을 의미한다(박경일, 2016). 민간 사회복지기관에서는 이 세가지 형태의 자발적 기여가 민간부문의 재원으로 활용되고 있다.

자발적 기여의 주체는 개인, 기업, 단체 등 다양하다. 자발적 기여는 역사적으로 사회복지정책의 공공부문 재원보다도 오랫동안 사회복지활동에 사용되어 왔으며, 주요한 자발적 기여의 동기는 자선과 박애로 알려져 있다. 그러나 다른 한편에서는 기여 주체에 따라 자발적 기여의 동기가 조세감면 정책 혜택을 받기 위한 것일 수도 있다. 김진욱 외(2017)의 연구에 따르면 개인 기부가 2014년까지 꾸준히 증가하다가 2014년 소폭 감소하였는데, 2014년 기부금 세액공제 전환으로 기부에 대한 세제지원이 축소되었기 때문에 기부금 감소에 영향을 미쳤을 것이라 추론한다(김진욱 외, 2017: 61).

사회복지공동모금회에서 발표한 한 조사연구(한창근 외, 2016)에 따르면 2015년 민간나눔자원 총량을 추계해 봤을 때, 자원봉사의 금전 가치를 포함하여 약 8조 5,935억 원이라고 집계하였다. 자원봉사 금전가치를 제외하면 약 7조 2,700여억 원에 달한다.

자발적 기여에는 자선과 박애라는 선한 의도가 있고, 민간 부문 사회복지 활동의 중요한 재원으로 활용되고 있다는 점에서 장점이 있다. 또한 정부 재정 압박으로 민간 부문에 대한 정부 보조금이 충분하지 않은 상황에서 자발적 기여는 민간 부문 사회복지서비스 공급에 큰 도움이 된다. 이렇게 자발적 기여금은 장점이 많은 자원이지만, 다른 한편으로는 후원자나 기부자의 경제적 여건에 따라 재원이 안정적이고 지속적으로 확보되지 못할 수도 있다는 점에서 한계가 있다.

기부금 공제 자료를 통하여 우리나라 개인과 기업의 기부 실태 추이를 살펴보면, 개인 기부는 2006년 5조 3,452억 원에서 2015년 7조 9,328억 원으로 최근 10년간 약 1.5배 가까이 증가했다(김진욱 외, 2017). 기업의 사회공헌 지출 현황을 살펴보면, 주요 기업의 사회공헌 지출 규모가 약 2조 9,927억 원 정도를 차지한다(전국경제인연합회, 2020).

2) 이용료(사용자 부담)

사회복지정책의 서비스가 모두 무료로 제공되지는 않는다. 저소득계층에게는 무료로 제공될 수도 있으나 일정 소득 수준 이상의 소비자들에게는 이용료를 받을 수 있다. 우리나라 사회보장기본법 제27조 4항에는 “부담 능력이 있는 국민에 대한 사회복지서비스에 드는 비용은 그 수익자가 부담함을 원칙으로 하되, 관계 법령에서 정하는 바에 따라 국가와 지방자치단체가 그 비용의 일부를 부담할 수 있다”고 규정하고 있다.

노인장기요양보험의 경우 이용자가 재가급여 비용의 15%, 시설급여 비용의 20%를 본인이 부담하여야 하며, 건강보험 급여에서도 본인 일부 부담금이 존재한다. 저소득층을 대상으로 하는 의료급여에서도 2종 수급자들에게는 입원비 등에 대해서 본인일부부담금을 받는다. 그밖에 사회복지서비스를 이용할 때에도 일정 소득 계층 이상의 부담 능력이 있는 이용자들은 이용료를 내고 서비스를 이용한다. 이렇게 사회복지정책 서비스에서 이용자가 부담하는 비용이 분명히 존재한다.

그렇다면 시장에서 제공하는 재화 · 서비스가 아님에도 수익자가 이용료를 부담하는 이유는 무엇인가? 우선, 건강보험 등에서 의료서비스에 대해 본인 부담금을 마련하는 이유는 일종의 도덕적 해이(moral hazard) 문제를 해결하고자 하는 데 있다(김태성, 2007). 의료급여제도는 저소득층에게 보험료 등의 부담 없이 일반 조세로 의료서비스를 제공하는 제도이다. 의료서비스를 무료로 이용할 수 있다고 해서 꼭 필요하지 않은 의료서비스를 받으려는 불필요한 수요가 생길 수도 있고, 적정량보다 많이 소비할 수도 있다. 사회복지정책의 재원은 가입자의 보험료, 국민의 세금 부담으로 이루어진 재원인데 불필요한 서비스 이용에까지 재정을 충당할 수는 없다.

둘째, 사회보험 가입자들 간의 형평성 문제를 들 수 있다. 예를 들어, 우리나라 국민건강보험제도는 소득 능력에 따라 보험료를 부담하고 욕구에 따라 의료서비스를 이용하는 제도이다. 소득 능력에 비례하여 매달 건강보험료를 납부함에도 불구하고, 의료서비스를 이용할 일이 없이 건강한 가입자들은 의료서비스를 거의 이용하지 않아 건강보험의 혜택을 전혀 받을 수 없다. 물론 최근에는 정기적인 건강검진 등 건강한 사람들도 이용할 수 있는 의료서비스의 종류가 많아졌지만, 상대적으로 건강하지 않아 의료서비스를 자주 이용하는 가입자와 의료서비스를 자주 이용하지 않는 가입자들 간의 형평성 문제가 생긴다.

세 번째, 이용료를 지불함으로써 '공짜' 이용자가 아니라는 점에서 스티그마를 없앨 수 있다. 흔히 사회복지정책 급여의 수급자들은 빈곤층이고, 지불 능력이 없어서 사회복지 급여를 무료로 이용한다는 낙인감을 느낄 수 있다. 또한 이용료를 지불함으로써 보다 양질의 서비스를 이용할 수도 있다.

네 번째, 효율적인 자원 배분을 할 수 있다. 무료로 제공되는 서비스 중에서는 불필요함에도 불구하고 비용 부담이 없기 때문에 이용할 수도 있다. 그런데 무료서비스가 유료로 전환되면, 무료로 이용할 수 있던 사회복지서비스를 비용을 부담하면서까지 이용한다는 것은 그 서비스가 꼭 필요한 서비스라는 것을 나타내는 것이므로, 공급자 입장에서는 서비스 제공의 우선 순위를 파악할 수 있다.

마지막으로 사회복지서비스의 수익자 부담은 정부 재정 지출을 감소시킬 수 있는 방법의 하나이다. 경제성장률이 둔화되고 조세 수입이 감소하는 현실에서 부담 능력이 있는 이용자에게까지 무료로 사회복지정책을 제공하는 것은 국가의 재정 부담으로 작용할 수 있다.

이러한 장점에도 불구하고 사회복지서비스 이용료에 대한 비판도 만만치 않다. 이용료를 부담하게 되면 고소득층에 비해 저소득층이 상대적으로 부담을 느끼게 되어 서비스 이용이 제한될 수 있다. 일부 사회복지 서비스는 이용 시간이 길어짐에 따라 이용료를 부담하는 경우가 생기는데, 실질적으로 서비스 이용을 꼭 해야 함에도 불구하고 어쩔 수 없이 이용료 부담 때문에 짧은 시간만 이용함으로써 꼭 필요한 서비스 수요자가 사회복지서비스를 받지 못할 수도 있다.

퀴즈

01 민간재원 조달의 특징이 아닌 것은?

① 재정이 구체적으로 어떻게 사용되는 지 알 수 있다.
② 재원이 불안정하다.
③ 급여의 남용이나 오용의 문제가 발생할 수 있다.
④ 공공재원과는 달리 책임성이 큰 문제가 되지 않는다.
⑤ 변화하는 욕구에 민감하게 적응할 수 있다.

02 다음 중 1자 부담이 아닌 것은?

① 사립학교교직원연금
② 산재보험
③ 국민건강보험 지역가입
④ 고용안정사업
⑤ 직업능력개발사업

03 다음 중 조세방식의 장점이 아닌 것은?

① 사회적 평등화 목표에 조세방식이 상대적으로 더 가깝다.
② 누진세를 채택할 경우 일방적인 소득이전이라는 사회복지정책의 기능과 연계된다.
③ 수급자에게 낙인을 제공하지 않고 권리성을 부여한다.
④ 재정운용에 있어 각종 서비스 프로그램 간 상호조정이 가능하다.
⑤ 소득상한선이 높아 사회보험료에 비해 누진적이다.

04 다음 중 사회복지 재원으로서 성격이 다른 하나는?

① 후원금
② 장기요양보험료
③ 회비
④ 모금
⑤ 수익사업

05 다음 중 사회보험료의 성격으로 틀린 것은?

① 부담능력에 따라 징수된다.
② 위험분산효과가 있다.
③ 특별한 목적을 위해 징수한다.
④ 부담과 수익의 개별적 대응관계가 없다.
⑤ 누진적이다.

06 수익자 부담이 필요한 이유로 옳지 않은 것은?

① 무료로 이용하는 사람들의 수치심이 완화된다.
② 불필요한 서비스 이용을 막고 서비스 우선순위를 설정한다.
③ 새로운 사회복지욕구에 대응할 수 있다.
④ 수익자와 비수익자 사이에 공평을 유도한다.
⑤ 수익자 책임을 촉구할 수 있다.

07 중앙정부가 지방정부에 재정을 지원하는 것에 대한 설명으로 틀린 것은?

① 중앙정부가 지방정부에 비해 재정력이 취약하기 때문이다.
② 지방정부 간 재정력의 불균형이 존재하기 때문이다.
③ 국가 전체 재정운영의 효율성과 형평성을 제고하기 위해 존재한다.
④ 정부지원금제도의 논거로서 가부장주의 등을 들 수 있다.
⑤ 재정불균형을 시정함으로써 형평성을 증진시킨다.

08 우리나라 국고보조금에 대한 설명으로 틀린 것은?

① 제도적으로 지방정부의 재정적 부담을 수반한다.
② 국고보조금 사업의 사업 대상은 지방정부가 자율적으로 결정할 수 있다.
③ 중앙정부가 부담하는 사업비 비중을 기준보조율이라 한다.
④ 최근 무상보육은 국가사업이지만 정부와 지방자치단체가 매칭부담하여 지방자치단체의 재정적 어려움 증가 원인이 되었다.
⑤ 기초연금 국고보조율은 노인인구비율과 재정자주도에 따라 달라진다.

09 중앙정부에서 지방정부로 재원을 이전하는 제도를 ( )라 하고, 이 중 기초적인 행정 운영에 필요한 부족한 재원을 보장하는 조건이 붙지 않는 국고지원금을 ( )(이)라고 한다.

10 수직적 불균형이란 지방정부가 ( )에 비해 재정력이 취약한 것을 의미하고, ( ) 불균형이란 지방정부 간 재정력의 불균형을 의미하는데, ( )가 지방정부에 대해 재원을 이전하고 지방정부 간 재정력의 불균형을 조정해 주는 제도적 장치를 ( )라고 한다.

11 국세 수입의 일부를 지방자치단체 행정운영에 필요한 재원으로 교부하여 재정을 조정하기 위해 실시하는 제도가 ( ) 제도이다. 당해 연도 국세 총액의 19.24%에 해당하는 금액을 조건 없이 제공한다.

12 우리나라의 ( ) 제도는 중앙정부가 일정 정도를 주면 지방정부도 일정 정도를 부담하는 matching grant 형태로 운영되며 중앙정부가 부담하는 사업비 비중을 ( )이라 한다.

학습활동

01 [개인] 사회복지정책 재원에 대한 마인드맵을 그려 본다.

02 [개인][조별] 동영상 강의와 읽기 자료에서 이해가 안 되었던 것을 질문한다.

03 [조별] 복지 재원을 확대하기 위한 다양한 방법에 대해 토론해 본다. 공공부문의 재원을 확대하는 것이 필요한가, 민간부문의 재원을 확대하는 것이 필요한가에 대해 토론해 본다.

입장	주장의 근거	방법	주요 사용처
민간부문 재원 확대			
공공부문 재원 확대			

04 [조별] 공공부문의 재원을 확대해야 한다면 증세의 방안을 논의해 본다.
예) 보편적 증세, 부자 증세, 목적세 신설, 사회보험료 인상 등

입장	주장의 근거	방법	주요 사용처
보편적 증세			
부자증세			

목적세 신설			
사회보험료 인상			

05 [조별] 민간부문의 재원을 확대해야 한다면 모금, 기부금, 회비 등을 증대시킬 것인지 이용료 부담을 증가시킬 것인지 논의하고, 어떤 방식으로 증가시킬 수 있는지 구체적인 방법을 모색해서 민간부문 재원 확대 방법을 발표한다.

입장	주장의 근거	모금 전략	주요 사용처
모금			
기부금			
회비			
이용료			

CHAPTER

09

사회복지정책 성과

1. 소득재분배
2. 노동시장
3. 인구현상
4. 삶의 질 지수

Social Welfare Policy

CHAPTER 09

사회복지정책 성과

학습목표

01 소득재분배 상황을 나타내는 지표들인 빈곤율, 지니계수, 소득분배율의 정의와 특징, 이 지표가 쓰이는 상황에 대해 이해한다.

02 노동시장 상황을 나타내는 지표들인 경제활동참가율, 실업률, 고용률의 정의와 차이점을 설명할 수 있다.

03 인구 상황을 나타내는 지표들인 출산율, 이혼율, 부양비, 자살률의 정의와 우리나라의 최근 10년간 지표들의 변화를 파악한다.

04 삶의 질 지수를 구성하는 요소들에 어떤 것이 있는지 파악한다.

사회복지정책의 유형이 다양한 만큼 사회복지정책의 성과(performance)도 다양하다. 사회복지정책의 대상, 급여 내용, 전달체계, 재원 등에 따라 정책 목표도 다양하고, 정책 성과도 미시적 · 거시적 성과, 양적 · 질적 성과 등 다양하다. 개별 정책의 성과는 정책 대상 집단의 변화 혹은 개선으로 측정할 수 있지만, 사회복지정책의 전반적 성과 중에는 그 사회의 빈곤율 완화, 불평등 완화, 출산율 증가, 여성경제활동율 증가, 실업률 감소, 자살률 감소 등 사회 거시 지표의 변화도 포함된다.[01] 사회 거시지표는 사회복지정

01 이 책에서 다루는 '성과'는 정책의 거시적 성과 지표라고 할 수 있다. 사회서비스 프로그램 단위의 성과는 프로그램의 목표 달성을 위해 전체 과정에서 시행된 활동의 결과로 창출되는 산출물과 그에 따른 영향 및 파급효과를 의미한다. 투입–활동–산출–결과로 이어지는 프로그램 논리모형의 전반전 과정을 수행해 가는 능력을 나타내는 개념이기도 하다(윤영진 외, 2011: 95). 이러한 프로그램 논리모형과 미시적 프로그램 성과 역시 사회복지행정론에서 많이 다루는 '성과

책뿐만 아니라 사회의 전반적인 사회문화적 상황, 인구 변화, 경기 변동 등에 의해 영향을 받기도 하므로 사회복지정책만의 성과로 파악할 수는 없다. 그렇다 해도 사회 지표의 개념과 산출 방식을 알아 두는 것은 사회과학도로서 다양한 사회적 현상을 탐구하거나 전반적인 사회복지정책의 성과를 파악할 때 유용하다.

1. 소득재분배

1) 빈곤율(poverty rate)

빈곤율은 빈곤 규모를 측정하는 가장 대표적인 지수로서 전체 인구 중 빈곤한 인구의 비율을 의미한다. '빈곤'하다고 하는 기준은 사회마다 조금씩 다르다. 빈곤한 인구를 정하는 기준은 '빈곤선'이라는 빈곤 여부를 판단하는 소득을 정하는 기준에 따라 다르다.

$$\text{빈곤율}(\%) = (\text{빈곤선 이하의 인구}/\text{전체 인구}) \times 100$$

빈곤선을 정하는 기준은 크게 절대적 빈곤선과 상대적 빈곤선으로 구분할 수 있다. 절대적 빈곤선은 사람이 생계를 유지하는 데 필요한 최소한의 기준인 최저생계비로 정한다. 최저생계비를 정하는 방식에는 전물량 방식과 반물량 방식이 있다. 전물량 방식은 생활에 필요한 생필품의 목록을 정하고 그 목록에 해당하는 전체 생필품의 시장 가격을 합하여 최소한의 생계비를

관리' 부분에 해당하여 이 책에서는 정책의 거시적인 성과지표로서 소득재분배, 노동시장, 인구, 삶의 질 지표에 대해서만 학습하기로 한다.

산출하는 방식이다. 반물량 방식은 오샨스키(Orshansky) 방식이라고도 하는데 생계에 필요한 최소한의 영양 기준을 정하고 정해진 영양을 섭취하는 데 필요한 최저식품비를 산출하여 최저식품비에 엥겔계수의 역수를 곱하는 방식이다(여유전 외, 2007).

상대적 빈곤선은 그 사회의 전반적인 생활수준과 불평등이 내포된 개념이다. 절대적으로 소득 수준이 높아지더라도 상대적인 소득수준이 높아지지 않았다면 소득 지위에는 변함이 없는 것이다. 상대적 빈곤은 상대적 박탈감을 측정하는 방식이나 소득분배 분포상의 가장 낮은 하위 10%나 20%를 기준으로 하는 방식을 사용하기도 하지만 대체로는 중위소득 또는 평균소득의 30~60%를 상대적 빈곤선으로 사용한다.

국민기초생활보장제도는 전물량 방식으로 정한 최저생계비를 빈곤선으로 정하는 절대적 빈곤 개념의 빈곤선을 15년간 유지하다가 2015년부터 개별급여로 전환하면서 중위소득 기준 상대적 개념을 빈곤선에 적용하였다. 2022년 기준 생계급여는 중위소득의 30%, 의료급여는 중위소득의 40%, 주거급여는 중위소득의 46%, 교육급여는 중위소득의 50%를 국민기초생활보장제도 수급자 선정 기준으로 하고 있다.

빈곤갭(poverty gap)

빈곤갭은 빈곤선 이하의 인구 또는 가구의 소득수준을 빈곤선까지 올리는 데 필요한 빈곤가구 소득의 합을 의미한다. 빈곤율이 빈곤선 이하의 인구 수만을 기준으로 하여 빈곤의 정도를 파악하는 데 비하여 빈곤갭은 빈곤 탈피를 위해 투입해야 하는 예산의 크기를 파악할 수 있어 유용하다.

2) 소득분배율

불평등 지표 중에서 소득 하위 20%, 상위 10%라고 하는 것은 소득의 크기대로 사람들의 서열을 매긴다고 가정했을 때 최저소득으로부터 20% 비율을 끊는다든가 최고소득층으로부터 10%를 끊어서 그 집단이 가지는 소득 비중이 전체 소득의 몇 퍼센트인가를 보는 것이다.

10분위 분배율이란 상위 소득 20% 사람들의 소득 총합에 대한 하위 소득 40% 사람들의 소득 비율이다(이정우, 2011). 10분위 분배율이 높다는 것은 그 사회의 소득 분포가 상대적으로 평등하다는 것이고 10분위 분배율이 낮다는 것은 반대로 소득분포가 불평등하다는 것이다.

10분위 분배율=(하위 40% 소득분배분/상위 20% 소득분배분)

이에 비해 5분위 분배율은 계층별 소득분포를 5개 구간으로 구분하고 상위 20%의 소득이 하위 20%의 소득에 비해 몇 배나 높은가를 가리키는 값이다(이정우, 2011). 5분위 분배율이 높을수록 소득분포가 불평등하고 낮을수록 평등하다는 것을 의미한다.

5분위 분배율=(상위 20% 소득분배분/하위 20% 소득분배분)

3) 지니계수(Gini coefficient)

소득불평등을 나타내는 지표로서 가장 대표적인 불평등 지표는 지니계수이다(이정우, 2011). 지니계수를 수학 산식으로 표현하면 복잡하지만 로렌츠 곡선을 통해 이해하면 보다 직관적으로 이해할 수 있다. 로렌츠 곡선은 사람들을 소득 크기대로 순서를 매긴 뒤 낮은 소득을 가진 사람부터 시작해서 가로축에서 인구를 누적해 가고, 세로축에서는 그들의 소득을 누적해 감으로써 그려진 곡선이다. 로렌츠 곡선이 대각선에 가까울수록 소득분배는 평등하고 대각선에서 멀리 떨어져 있을수록 불평등하다(이정우, 2011). 로렌츠 곡선이 대각선일 경우 소득분배가 완전히 평등하다는 것을 나타내고, 직각선일 경우 한 사람만 모든 소득을 독식하는 완전히 불평등한 것으로 이해할 수 있다. 현실에서는 로렌츠곡선이 대각선과 직각선 사이의 곡선의 모양을 나타내는데, [그림 9-1]에서 초승달 모형 면적이 작을수록 소득분포가 평등하고 초승달 모형 면적이 클수록 소득분포가 불평등한 것을 나타낸다. 지니계수는 대각선부터 곡선 사이의 초승달 모형의 면적을 직각 삼각형 면적으로 나눈 값으로, 지니계수 값이 클수록 소득분포는 불평등하고 지니계수 값이 작을수록 소득분포가 평등하다.

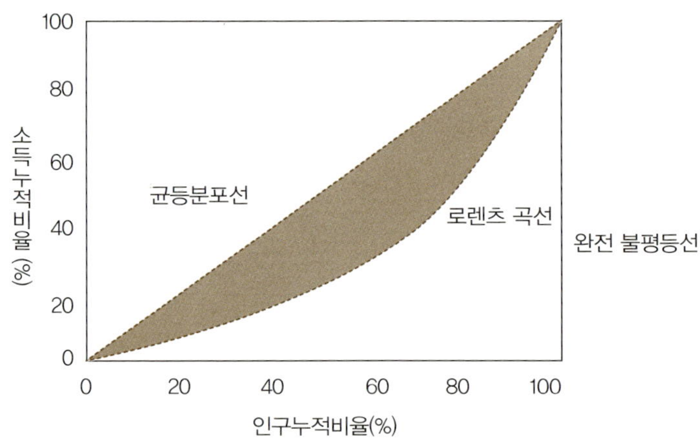

[그림 9-1] 로렌츠 곡선

2. 노동시장

1) 경제활동참가율(labor force participation rate)

경제활동참가율은 만 15세 이상 인구 중 경제활동인구(취업자+실업자)가 차지하는 비율을 말한다. 경제활동인구란 만 15세 이상 인구 중 조사대상 기간에 상품이나 서비스를 생산하기 위하여 실제로 수입이 있는 일을 한 취업자와 일을 하지 않았으나 그 일을 즉시 하려고 구직활동을 하는 실업자를 합한 인구를 말한다(통계청, 2015). 여성경제활동참가율은 만 15세 이상 전체 여성인구 중 여성경제활동인구가 차지하는 비율을 의미한다.

경제활동참가율(%) = (경제활동인구/15세 이상 인구) × 100

여성경제활동참가율(%) = (여성경제활동인구/15세 이상 여성 인구) × 100

2) 실업률(unemployment rate)

실업률은 경제활동인구 중 실업자가 차지하는 비율을 말한다. 실업자는 개인적으로도 큰 고통이지만 국가 전체로도 큰 경제적 손실이므로, 실업률은 국가 정책적으로 매우 중요한 고용지표에 해당한다(통계청, 2015). 우리나라의 2020년 기준 실업률은 4.0%로 다른 국가들에 비해 상대적으로 낮다. 우리나라는 실업발생 가능성이 낮은 농림어업부문 취업자 비중이 상대적으로 높고, 자영업주 및 무급가족종사자가 상대적으로 많으며, 취업준비자 등 비경제활동인구의 비중이 상대적으로 높다는 점 등 취업구조나 고용 관행이 다른 국가와 다른 데에서 주로 기인하는 것으로 볼 수 있다(통계청, 2015).

청년체감실업률

실업률(%)=(실업자 수/경제활동인구(실업자 수+취업자 수))×100

비경제활동인구 중 취업준비자나 구직단념자의 경우 실업자로 인식하는 경우가 많지만 조사 대상 기간 중에 구직활동을 하지 않아 통계상으로는 비경제활동인구로 분류된다. 따라서 취업준비자나 구직 단념자가 증가하는 경우 오히려 실업률이 낮아지기도 한다(통계청, 2015).

최근 실업률만큼 사회적 관심이 큰 지표가 바로 청년실업률이다. 청년실업률이란 15세부터 29세에 해당하는 청년층의 실업률을 의미한다(통계청, 2015). 2020년 기준 우리나라 청년 실업률은 9.0%로 최근 10년간 가장 높은 수치를 기록하였다.

청년실업률 상승

청년실업률(%)=(15~29세 실업자/15~29세 경제활동인구)×100

3) 고용률

고용률이란 15세 이상 인구 중 취업자의 비율을 말한다. 실업률만으로는 노동시장 동향을 파악하는 데 한계가 있을 수 있다. 실업자가 장기간 구직활동을 하다가 구직 단념자가 되어 비경제활동인구로 분류되면 실업률은 오히려 낮아질 수 있기 때문이다. 따라서 고용 동향을 파악할 때는 실업률뿐만 아니라 고용률을 함께 살펴볼 필요가 있다(통계청, 2015). 경기가 계속 안 좋은데 실업률은 변화가 없거나 오히려 줄어도 고용률이 감소한 것으로 나타나면 고용률이 노동시장 상황을 더 잘 드러내는 지표가 된다.

고용률(%)=(취업자/15세 이상 인구)×100

3. 인구현상

1) 합계출산율

저출산 해법

합계출산율(total fertility rate)은 가임 여성(15~49세) 1명이 평생 동안 낳을 것으로 예상되는 평균 출생아 수를 나타낸 지표이다. 연령별 출산율의 합계가 합계출산율이라고 보면 된다. 우리나라의 2020년 합계출산율은 0.84명으로 2019년보다 0.08명 감소하였다. 통계청은 1970년 출생통계 작성 이래 최저치라고 발표하였다(통계청, 2018)[02]. 합계출산율과 유사하다고 인식하는 개념으로 조(粗)출생률과 일반출산율이 있는데 조출생률은 인구 1,000명당 출생아 수를 의미하고, 일반출산율은 가임여성 1,000명당 출생아 수를 의미한다.

2) 혼인율과 이혼율

혼인율은 조(粗)혼인율(crude marriage rate)로 표시하는 것이 가장 일반적이다. 조혼인율은 혼인에 관한 가장 기본적인 지표이다. 조혼인율은 1년간에 발생한 총 혼인건수를 당해 연도의 주민등록 연앙(7월 1일)인구로 나눈 수치를 1,000분비로 나타낸 것으로 인구 1천명당 혼인건 수를 의미한다(통계청, 2015). 이에 비해 일반혼인율(general marriage rate)은 특정 1년간 신고한 총 혼인건수를 당해 연도 15세 이상 남성(여성) 수치로 나눈 수치를 1,000분율로 나타낸 것이다(통계청, 2015).

02 통계청 보도자료 〈2020년 출생〉(2021년 8월 25일).

조혼인율(CMR) = (특정1년간의 총 혼인건수/당해 연도의 연앙 인구) × 1,000
일반혼인율(GMR) = (특정1년간의 총 혼인건수/당해 연도의 15세 이상 남성(여성) 인구) × 1,000

황혼이혼

이혼율을 나타내는 지표에는 조(粗)이혼율(crude divorce rate)과 유배우 이혼율이 있다. 조이혼율은 이혼에 관한 가장 기본적인 지표로서, 1년간에 발생한 총 이혼 건수를 당해 연도의 총 인구로 나눈 수치를 1,000분비로 나타낸 것으로 인구 1,000명당 이혼건수를 의미한다. 조이혼율은 산출방법이 간편하여 국제비교에 널리 이용되고 있다. 이에 비해 유배우 이혼율은 혼인상태에 있는 유배우 인구 1,000명당 이혼 건수를 의미한다. 유배우 이혼율은 이혼이 가능한 유배우 인구를 분모로 한정하여 설명력이 높은 지표이다. 특정 1년간의 총 이혼건수를 당해 연도의 유배우 인구로 나눈 수치를 1,000분비로 나타낸 것이다.

조이혼율(CDR) = (특정 1년간의 총 이혼건수/당해 연도의 연앙 인구) × 1,000
유배우 이혼율 = (특정 1년간의 총 이혼건수/당해 연도의 유배우 인구) × 1,000

3) 부양비

인구 고령화에 따라 노인인구비율이 높아지는 것도 노후소득보장정책, 장기요양정책, 의료정책 등 정책 개입의 요인이 되지만 사회복지정책 측면에서 또한 문제가 되는 것은 노년부양비의 증가이다. 노인인구만큼 생산가능인구가 증가하면 인구 고령화의 부담이 낮아질 수 있지만, 우리나라는 저출산이 심화되면서 노년부양비도 증가하고 있다. 노년부양비란 생산가능인구(15~64세) 100명에 대한 고령(65세 이상)인구의 비를 말한다. 즉, 생산가능인구

(15~64세) 100명이 부양해야 할 65세 이상의 인구의 수를 의미하는 것이다.

노년부양비＝(65세 이상 인구/15~64세 인구)×100

노년부양비는 고령인구에 대한 생산가능인구의 경제적 부담을 나타내는 지표로서 사회의 고령화 추세를 파악하고 이에 대한 정책기초 및 노후생활 안정대책과 젊은 세대의 부담 완화 방안 마련을 위한 자료로 활용된다(통계청, 2015). 노년부양비는 전국 단위로 작성된 추계인구자료를 기초로 시도별 향후 인구변동요인(출생, 사망, 이동)을 가정하여 인구추계방법인 코호트 요인법에 의해 작성되는 가공통계로서, 5년 주기로 통계청 장래인구추계에서 발표한다(통계청, 2015). 우리나라 노년부양비는 선진국에 비해 아직은 낮은 수준이나 급격히 높아질 것으로 예상된다.

표 9-1 | 노년부양비 국제비교

	2010	2020	2030	2040	2050
〈세계〉	11.6	14.3	18.0	22.2	25.7
선진국	23.6	29.6	36.5	41.1	44.6
개도국	8.9	11.3	14.8	19.2	22.9
아프리카	6.3	6.8	7.6	8.5	10.5
아시아	9.9	12.9	17.2	23.1	27.8
유럽	23.7	29.0	36.0	41.7	47.1
라틴아메리카	10.6	13.3	18.2	23.6	30.0
북아메리카	19.6	25.6	33.2	35.3	36.1
오세아니아	16.4	20.3	24.7	27.9	30.0
남한	15.4	22.4	37.3	52.0	60.7
북한	14.1	13.2	17.4	25.6	26.4

출처: e-나라지표 노년부양비에서 재인용.

노년부양비와 유사해 보이지만 확실히 다른 개념으로 노령화지수가 있다. 노령화지수는 유소년(0~14세)인구 100명에 대한 고령(65세 이상)인구의 비로서 인구의 고령화가 진행되면 노령화지수도 증가한다.

노령화지수=(65세 이상 인구/0~14세 인구)×100

4) 자살률

자살률

자살률은 인구 10만 명당 자살 건수를 의미한다. WHO가 2017년에 발표한 세계 각국의 인구 10만 명당 자살자 수 통계에 따르면 우리나라의 자살률은 25.6명으로 OECD 국가들 중 가장 높다.

4. 삶의 질 지수

사회복지정책의 주요한 목표 중 하나는 삶의 질을 높이는 것이다. 그런데 삶의 질이 얼만큼 나아졌는지, 이전에 비해 삶의 질이 하락했다면 무엇을 근거로 그런 평가를 하는지를 평가하려면 계량화된 지표가 필요하다. 사회복지정책을 통해 그 사회가 얼마나 나아졌는가는 소득 측면에서나 노동시장 측면에서 일면적 평가를 할 수도 있지만, 사회의 전반적인 발전 수준, 삶의 질의 종합적인 측면을 평가하는 지표는 보다 다양한 요소를 포함하는 복합적인 지수로 표현될 수 있다. 여기에서는 사회복지정책의 성과로서 그 사회의 전반적인 발전 수준을 측정할 수 있는 지표들을 소개하고자 한다. 대표적으로 인간개발지수(Human Development Index: HDI), 남녀평등지수

(Gender-related Development Index), 보다 나은 삶 지수(Better Life Index: BLI)와 각 지수를 이루는 요소들을 설명할 것이다.

1) HDI

인간개발지수는 인간이 자기 실현을 가능하게 하는, 세계인권선언의 '자유 인간의 이상'을 실현하기 위한 세 가지 핵심요소로 건강, 교육, 소득의 세 가지 요소로 구성되어 있다(정해식 · 김성아, 2015: 76). 건강은 기대수명으로, 교육은 평균 교육년수로, 소득은 1인당 국민총소득으로 측정하여 세 가지 요소를 지수화한 것이다.

2) GDI

GDI는 3가지 기본적인 인간 발달(건강, 지식, 생활수준)에서 HDI와 같은 요소를 사용하여 남성과 여성의 간극을 설명하는 젠더 차이를 측정하는 지수이다[03]. GDI는 여성과 남성의 HDI를 따로 측정하여 여성이 남성에 비해 어느 정도 수준의 HDI를 나타내는지를 표시하는 것이다. GDI는 인간 발달 조건의 측면에서 여성이 남성에 비해 얼마나 뒤쳐져 있는지, 얼마만큼을 따라잡아야 하는지를 설명해 준다.

03 http://hdr.undp.org/en/contents/gender-developments-index-gdi

표 9-2 | 2019년 HDI 상위 25개 국가의 GDI 지수와 요소값

HDI 순위	국가명	GDI		HDI		기대수명 (년)		기대교육년수 (년)		평균교육년수 (년)		1인당 총소득 (2017 PPP $)	
		값	그룹	여성	남성	여성	남성	여성	남성	여성	남성	여성	남성
1	노르웨이	0.990	1	0.949	0.959	84.4	80.4	18.8	17.4	13	12.8	58,548	74,280
2	아일랜드	0.981	1	0.943	0.961	83.9	80.7	18.8	18.6	12.9	12.4	55,540	81,401
2	스위스	0.968	2	0.934	0.965	85.6	81.9	16.2	16.4	12.7	13.6	57,840	81,137
4	홍콩	0.972	2	0.933	0.959	87.7	82.0	17.1	16.8	11.9	12.7	45,961	82,993
4	아이슬랜드	0.969	2	0.933	0.963	84.5	81.5	20.2	18.0	12.6	13.0	46,613	62,883
6	독일	0.972	2	0.933	0.960	83.7	78.9	16.9	17.0	13.9	14.4	45,277	65,599
7	스웨덴	0.983	1	0.936	0.953	84.6	81.0	20.4	18.6	12.7	12.4	47,709	61,287
8	호주	0.976	1	0.932	0.955	85.4	81.5	22.4	21.5	12.8	12.7	39,287	56,954
8	네덜란드	0.966	2	0.926	0.960	84.0	80.6	18.8	18.2	12.2	12.7	46,815	68,685
10	덴마크	0.983	1	0.931	0.948	82.9	78.9	19.6	18.3	12.8	12.4	49,926	68,134
11	핀란드	0.990	1	0.932	0.942	84.7	79.1	20.2	18.6	13.0	12.6	40,759	56,485
11	싱가폴	0.985	1	0.931	0.945	85.7	81.5	16.7	16.3	11.2	12.1	71,387	103,421
13	영국	0.970	2	0.916	0.944	83.0	79.6	18.0	17.0	13.2	13.2	33,323	59,135
14	벨기에	0.974	2	0.918	0.943	83.9	79.3	20.7	18.8	11.9	12.2	41,948	62,427
14	뉴질랜드	0.964	2	0.912	0.946	84.0	80.6	19.7	17.9	12.7	12.9	31,233	50,693
16	캐나다	0.986	1	0.922	0.935	84.4	80.4	16.7	15.7	13.4	13.3	39,459	57,734
17	미국	0.994	1	0.922	0.928	81.4	76.3	16.9	15.7	13.5	13.4	50,590	77,338
18	오스트리아	0.964	2	0.903	0.937	83.9	79.2	16.4	15.8	12.2	12.9	39,386	73,528
19	이스라엘	0.973	2	0.904	0.929	84.5	81.3	16.8	15.6	13.1	13.0	29,665	50,819
19	일본	0.978	1	0.906	0.927	87.7	81.5	15.2	15.3	13.1	12.6	30,584	55,869
22	슬로베니아	1.001	1	0.916	0.914	84.0	78.6	18.3	16.8	12.6	12.7	33,885	42,312
23	대한민국	0.936	3	0.881	0.941	86.0	79.9	15.9	17.0	11.4	12.9	27,734	58,309
23	룩셈부르크	0.976	1	0.901	0.923	84.3	80.2	14.3	14.2	12.0	12.6	58,642	86,488
25	스페인	0.986	1	0.896	0.909	86.2	80.8	18.0	17.2	10.2	10.3	32,881	49,356
26	프랑스	0.987	1	0.895	0.907	85.5	79.7	15.9	15.3	11.3	11.7	39,478	55,375

출처: 2020 HDI 보고서(http://hdr.undp.org/en/2020-report) 참고하여 정리(리히텐슈타인은 19위이나 데이터 결측치가 많아 제외).

3) BLI

OECD는 국가별 삶의 질 수준을 측정하는 '보다 나은 삶 지수'를 발표하였다. 이 지수는 인간 개인의 복지 · 안녕에 직접적 영향을 미치는 것을 고려한다. 주거, 소득, 직업, 공동체, 교육, 환경, 시민참여, 건강, 삶의 만족, 안전, 일과 삶의 균형 등 11개 영역의 24개 지표를 이용하여 지수화하였다(정해식 · 김성아, 2015). OECD BLI 지표는 크게 두 차원으로 구분되는데 하나는 물질적 삶의 조건 차원이며, 다른 하나는 삶의 질 차원이다. 물질적 삶의 조건 측정 영역은 소득과 자산, 직업과 소득, 주거이고, 삶의 질 측정 영역은 건강상태, 일과 삶의 조화, 교육과 기술, 사회적 관계, 공공참여와 거버넌스, 환경, 개인적 안전, 주관적 안녕이다. 우리나라의 BLI 지수값은 〈표 9-3〉과 같다.

표 9-3 | 2016년 Better Life Index 지표별 한국 순위

영역[점수/순위]	지표명	자료값*	지표별 순위	성별격차 순위	계층별 격차순위
주거(Housing) [6.1/17위] (5.7/20위)	주거관련지출(Housing expenditure)	15.9% (15.9%)	2/38 (2/36)		
	기본시설이 있는 가구(Dwellings with basic facilities)	95.8% (95.8%)	27/38 (28/36)		
	개인당 방수(Rooms per person)	1.4개 (1.4개)	24/38 (25/36)		
소득(Income) [2.5/24위] (2.2/24위)	가계 금융자산(Household financial wealth)	30,852USD (29,091USD)	20/38 (20/36)		
	가계 순가처분소득(Household net adjusted disposable income)	19,372USD (19,510USD)	24/38 (24/36)		23/38 (23/36)

직업(Jobs) [7.7/17위] (7.3/16위)	직업안정성(Job security)	2.1% (3.21%)	5/38 (5/36)	18/38 (28/36)	23/38 (23/36)
	개인소득(Personal earnings)	36,653USD (36,354USD)	19/38 (18/36)	38/38 (36/36)	34/38 (33/36)
	고용률(Employment rate)	65%(64%)	23/38 (22/36)	32/38 (30/36)	34/38 (33/36)
	장기 실업률(Long-term unemployment rate)	0.01% (0.01%)	1/38 (1/36)	38/38 (36/36)	2/38 (2/36)
공동체(Community) [0.2/37위] (0.0/36위)	지원관계망의 질 (Quality of support network)	75.8% (72%)	37/38 (36/36)	37/38 (29/36)	14/24 (21/21)
교육(Education) [8.0/6위] (7.9/4위)	기대교육기간(Years in education)	17.5년 (17.5년)	18/38 (19/36)	37/38 (34/36)	
	학생들의 역량(Student skills)	542점 (542점)	1/38 (1/36)	2/38 (2/36)	2/38 (2/36)
	교육 성취(Educational Attainment)	85%(82%)	15/38 (16/36)	33/38 (32/36)	
환경(Environment) [2.9/37위] (4.8/30위)	수질(Water quality)	78%(78%)	26/38 (26/36)	2/38 (19/36)	(21/36)
	대기오염(Air pollution)	29.1micro-g (30.3micro-g)	38/38 (33/36)		
시민참여(Civic Engagement)	규칙 제정에의 참여(Stakeholder engagement for developing regulations)	2.4 index	14/38		
	투표참여율(Voter turn-out)	75.8% (75.8%)	12/38 (12/36)	30/38 (25/36)	33/38 (32/36)
건강(Health) [4.7/35위]	자기보고 건강상태(Self-reported health)	35.1% (35.1%)	38/38 (35/36)	35/38 (33/36)	26/38 (25/36)
	기대수명(Life expectancy)	81.8년 (81.3년)	12/38 (14/36)	31/38 (30/36)	
삶의 만족도(Life satisfaction)[3.3/31위] (3.8/29위)	삶에 대한 만족도(Life satisfaction)	5.8점 (5.8점)	31/38 (29/36)	38/38 (36/36)	14/23 (25/29)

안전(Security) [7.6/21위] (9.5/6위)	살인율(Homicide rate)	1.1명 (1.1명)	21/38 (20/36)	37/37 (6/34)	
	야간보행 안전도(Feeling safe walking alone at night)	67.7%	22/38	12/38	
일과 삶의 균형 (Work-Life Balance) [5.0/36위] (5.0/33위)	여가와 개인적 돌봄에 쓴 시간(Time devoted to leisure and personal care)	14.7시간 (14.6시간)	27/38 (25/36)	37/38 (34/36)	
	장시간 근로자(Employees working very long hours)	23.1% (18.7%)	36/38 (33/36)	9/38 (11/36)	

* ( )안은 2015년 순위. 조사대상 국가수: 2015년 36개국 → 2016년 38개국.
출처: 외교부 홈페이지(www.mofa.go.kr에서 2018년 2월 13일 인출).

퀴즈

01 다음 지표 중 소득불평등을 고려한 지표가 아닌 것은?

① 빈곤갭
② 10분위 분배율
③ 지니계수
④ 5분위 분배율
⑤ 상대적 빈곤율

02 다음 중 값이 작을수록 좋은 지표가 아닌 것은?

① 10분위 분배율
② 지니계수
③ 5분위 분배율
④ 빈곤율
⑤ 빈곤갭

03 다음 인구 지표에 대한 설명 중 틀린 것은?

① 부양비가 높을수록 젊은 세대의 부양 부담이 작아진다.
② 합계출산율은 가임 여성 1명이 평생 낳을 것으로 예상되는 평균 출생아 수이다.
③ 노령화지수가 높을수록 유소년 인구 비율이 낮다.
④ 연앙인구란 매년 7월 1일의 인구이다.
⑤ 생산가능인구는 15~64세 인구를 의미한다.

04 노동시장 지표에 대한 설명으로 틀린 것은?

① 경제활동참가율의 분모는 15세 이상 인구이다.
② 실업률의 분모는 경제활동인구이다.
③ 청년실업률에서 청년의 연령은 20~34세이다.
④ 고용률은 15세 이상 인구 중 취업자 비율이다.
⑤ 경제활동인구에는 실업자 수와 취업자 수가 모두 포함된다.

05 HDI는 건강, (　　), 소득 세 가지 요소로 구성되어 있다.

학습활동

01 [개인][조별] 동영상 강의와 읽기 자료에서 이해가 안 되었던 것을 질문한다.

02 [조별] 최근 우리나라의 소득분포, 인구, 노동시장 상황 지표를 검색해 보고, 어떤 지표가 가장 큰 문제라고 생각하는지 토론해 본다.

03 [조별] 최근 10년간 우리나라의 소득분포, 인구, 노동시장 상황 변화를 검색해 보고, 아래의 표를 채우고, 스프레드시트 프로그램을 이용하여 그래프를 그려 본다. 나아진 지표와 악화된 지표로 구분하여 그 이유에 대해 토론해 본다.

	2012	2013	2014	2015	2016	2017	2018	2019	2020	2021
(상대)빈곤율										
지니계수										
경제활동 참여율										
여성경제 활동 참여율										
실업률										
청년 실업률										
고용률										
합계출산율										
이혼율										
부양비										
자살률										

04 [조별] 삶의 질을 나타내는 지수에 꼭 포함되어야 할 요소가 무엇인지 토론해 보고 우리나라의 삶의 질을 가장 잘 나타낼 수 있는 지표를 만들어 본다.

과 제

01 [개인] 수업시간에 배운 지표들 중 우리나라에서 가장 심각하다고 생각하는 지표를 선택하여 그 이유를 설명하고, 지표의 값을 개선시킬 수 있는 정책들이 무엇이 있는지, 왜 그렇다고 생각하는지에 대해 에세이를 써서 제출한다.

03

PART

사회복지정책 실제

제10장 | 사회보험정책

제11장 | 공공부조정책

제12장 | 사회서비스정책

CHAPTER

10

사회보험정책

1. 국민연금
2. 국민건강보험
3. 고용보험
4. 산업재해보상보험
5. 노인장기요양보험

CHAPTER 10

사회보험정책

학습목표

01 국민연금제도의 발달단계, 대상 구분, 급여의 종류, 급여 산출 방법, 전달체계, 재정운영 방식, 보험료 산정 방식을 이해한다.
02 국민건강보험제도의 특징, 역사, 대상 구분, 급여의 종류, 전달체계, 보험료 산정 방식을 이해한다.
03 고용보험제도의 특징, 역사, 대상, 급여의 종류, 전달체계, 재원을 이해한다.
04 산업재해보상보험제도의 대상자 확대 연혁, 대상(업무상 재해와 보험가입자), 급여의 종류, 전달체계, 보험료 산정 방식을 이해한다.
05 노인장기요양보험의 대상, 급여, 전달체계, 재원을 이해한다.

1. 국민연금

현대 사회의 자본주의 경제체제 노동시장에서 근로소득을 통해 생계를 영위하다가 일정한 연령이 되면 퇴직을 하고 노후에는 근로소득 없이 생계를 영위해야 한다. 이를 위해 복지국가에서는 사회보험제도를 통해 노후 소득보장 기능을 하는데 이것이 공적연금제도이다. 우리나라의 공적연금제도에는 국민연금, 공무원연금, 군인연금, 사학연금 등이 있다. 공적연금제도는 사적연금제도인 개인연금, 기업연금과는 달리 국가에서 연금제도를 관리 · 운영한다. 국민연금제도는 우리나라의 대표적인 공적연금제도이다.

1) 연혁

공적연금제도 중에서 가장 늦게 도입된 국민연금은 1988년 1월부터 시행되었다. 국민연금법 도입 이전에 1973년 국민복지연금법이 제정 · 공포되었으나, 1973년 발생한 석유파동과 이에 따른 경제 불황으로 제도 도입을 무제한 연기하였다. 1988년 국민연금제도를 시행할 때에는 우선적으로 10인 이상 사업장에 근무하는 18세 이상 60세 미만 근로자 및 사업주를 대상으로 실시하였고, 1992년 상시근로자 5~9명 사업장 근로자와 사용자를 가입대상으로 포괄하고, 1995년 7월 1일 농어촌 지역으로 제도가 확대되었다. 1999년 4월 1일부터 도시 지역으로 확대 적용됨으로써 전국민 연금 가입이 이루어졌다. 2003년 7월 1일부터는 5인 미만 영세사업장, 근로자 1인 이상 법인, 전문직종 사업장을 포괄하였고, 임시 · 일용직과 시간제 근로자의 가입자격을 완화하였다.

표 10-1 | 국민연금제도의 주요 변천 내용

시기	내용
1973. 12. 24.	국민복지연금법 공포(석유파동으로 시행 연기)
1986. 12. 31.	국민연금법 공포(구법 폐지)
1987. 9. 18.	국민연금관리공단 설립
1988. 1. 1.	국민연금제도 실시(상시근로자 10인 이상 사업장)
1992. 1. 1.	사업장 적용범위 확대(상시근로자 5인 이상 사업장)
1993. 1. 1.	특례노령연금 지급 개시
1995. 7. 1.	농어촌지역 연금 확대 적용
1999. 4. 1.	도시지역 연금 확대 적용(전국민 연금 실현)
2000. 7. 1.	농어촌지역 특례노령연금 지급
2003. 7. 1.	사업장 적용범위 1단계 확대(근로자 1인 이상 법인 · 전문직종 사업장)
2006. 1. 1.	사업장 적용범위 확대 완료(근로자 1인 이상 사업장 전체)

2008. 1. 1.	완전노령연금(가입기간 20년 이상) 지급 개시
2009. 8. 7.	국민연금과 4개 직역연금 가입기간 연계사업 시행
2012. 7. 1.	10인 미만 사업장 저소득근로자에 대한 국민연금보험료 지원사업 시행(두루누리 사업)
2016. 8. 1.	구직급여 수급자를 대상으로 실업크레딧 시행
2016. 11. 30.	경력단절 여성 대상으로 추후납부 확대

출처: 국민연금관리공단 홈페이지(www.nps.or.kr에서 2018년 2월 21일 검색).

2) 대상

국민연금법 제6조에 의하면 국내에 거주하는 18세 이상 60세 미만 대한민국 국민이면 누구나 국민연금 가입대상자가 된다. 다만 공무원연금, 군인연금, 사학연금 가입자와 별정우체국 직원, 국민기초생활보장수급자, 일용근로자나 1개월 미만의 기한을 정하여 사용되는 근로자 등은 가입 대상에서 제외된다.

국민연금 가입자는 사업장가입자, 지역가입자, 임의가입자, 임의계속가입자로 분류된다.[01] 사업장가입자는 국민연금에 가입된 사업장의 18세 이상 60세 미만의 사용자 및 근로자로서 국민연금에 가입된 자이다. 1인 이상의 근로자를 사용하는 사업장 또는 주한외국기관으로서 1인 이상의 대한민국 국민인 근로자를 사용하는 사업장에서 근무하는 18세 이상 60세 미만의 근로자이다.

지역가입자는 국내에 거주하는 18세 이상 60세 미만의 국민으로서 사업장가입자가 아닌 사람은 지역가입자가 된다. 다만, 다른 공적연금에서 퇴직연금(일시금), 장애연금을 받는 퇴직연금 등 수급권자, 국민기초생활보장수

01 국민연금 가입자 종류별 설명은 국민연금공단 홈페이지 〈알기쉬운 국민연금〉 가입 유형 설명을 발췌하였음을 밝혀 둔다(www.nps.or.kr에서 2018년 6월 10일 검색).

급자 중 생계급여 또는 의료급여 수급자, 소득활동에 종사하지 않는 사업장 가입자의 배우자 및 보험료를 납부한 사실이 없고 소득활동에 종사하지 않는 27세 미만인 자는 지역가입자가 될 수 없다.

임의가입자는 사업장 가입자와 지역가입자가 아닌 사람들 중 60세 이전에 본인 희망에 의해 가입신청을 하면 될 수 있다. 임의계속가입자는 1개월 이상 가입기간이 있는 가입자 또는 가입자였던 사람 중 60세가 되어 가입기간이 부족하여 연금을 받지 못하거나 가입기간을 연장하여 더 많은 연금을 받기 원할 경우 65세까지 신청에 의하여 임의계속가입자가 될 수 있다.

사업장가입자나 지역가입자 중에서 연금보험료를 납부할 수 없는 사유(병역의무 수행, 재학, 교도소 수용, 행방불명, 재해 · 사고 등)로 소득이 감소되거나 소득이 있는 업무에 종사하지 않을 경우 납부예외를 신청할 수 있다. 〈표 10-2〉는 연도별 종별 가입자 수 현황이다. 1988년 4,432,695명이었던 가입자 수는 2020년 22,107,028명으로 5배 가까이 증가했다. 종별로는 사업장 가입자 수가 가장 많고, 사업장가입자와 지역가입자(납부예외자 포함)는 여성보다 남성 가입자의 수가 많은 반면 임의가입자와 임의계속가입자는 남성보다 여성 가입자 수가 더 많다(국민연금공단, 2021).

표 10-2 | 연도별 종별 가입자 현황(단위: 명)

구분		총가입자수	사업장가입자		지역가입자		임의가입자	임의계속 가입자
			사업장(개)	가입자	소득신고자	납부예외자		
1988	계	4,432,695	58,583	4,431,039	–	–	1,370	286
	남	3,076,928		3,075,813			854	261
	여	1,355,767		1,355,226			516	25
1995	계	7,496,623	152,463	5,541,966	1,650,958	239,229	48,710	15,760
	남	5,538,987		4,027,112	1,290,719	173,281	34,554	13,321
	여	1,957,636		1,514,854	360,239	65,948	14,156	2,439

1999	계	26,261,889	186,106	5,238,149	5,309,735	5,512,567	32,868	168,570
	남	11,539,149		3,829,591	4,035,692	3,561,274	4,977	107,615
	여	4,772,740		1,408,558	1,274,043	1,951,293	27,891	60,955
2015	계	21,568,354	1,537,250	12,805,852	3,791,244	4,511,565	240,582	219,111
	남	12,158,087		7,648,482	1,987,269	2,417,150	37,813	67,373
	여	9,410,267		5,157,370	1,803,975	2,094,415	202,769	151,738
2020	계	22,107,028	2,037,009	14,320,025	3,800,104	3,098,014	362,328	526,557
	남	12,099,463		8,306,903	1,858,173	1,710,251	53,938	170,198
	여	10,007,565		6,013,122	1,941,931	1,387,763	308,390	356,359

출처: 국민연금공단(2021). 2020년 국민연금통계연보 제33호.

국민연금
가입 필요성

국민연금제도의 연금 및 일시금 급여 수급자 수는 2020년 기준 5,616,205명이고 급여종류별 급여지급 현황을 살펴보면 〈표 10-3〉과 같다. 노령연금 수급자 수는 4,468,126명으로 가장 많고, 장애연금 수급자 수는 78,079명, 장애일시보상금 수급자 수는 2,904명, 유족연금 수급자 수는 857,698명, 반환일시금 수급자 수는 186,422명, 사망일시금 수급자 수는 22,976명이다(국민연금공단, 2021).

표 10-3 | 급여종류별 수급자 수(단위: 명)

	전체	노령연금	장애연금	장애일시 보상금	유족연금	반환 일시금	사망 일시금
수급자 수	5,616,205	4,468,126	78,079	2,904	857,698	186,422	22,976

출처: 국민연금공단(2021). 2020년 국민연금통계연보 제33호.

3) 급여

국민연금제도에서 제공되는 급여는 노령연금(분할연금), 장애연금(장애일시보상금), 유족연금, 반환일시금, 사망일시금이다. 연금 형태의 급여는 연금을 받는 동안 소비자물가변동률을 반영하여 연금액을 조정함으로써 물가가 인상되더라도 연금액의 실질가치가 보장된다.

국민연금제도의 급여 방식은 확정급여(defined benefit) 방식이다. 연금급여 산정 방식에는 확정급여와 확정기여(defined contribution) 방식이 있는데, 확정급여 방식은 미래의 연금급여를 확정된 급여 산정 방식(계산식)에 의해 결정하고 그것을 위한 비용을 산정하여 보험료를 결정하는 방식이고, 확정기여 방식은 연금급여 수준을 결정하기 전에 일정한 방식에 의하여 보험료를 정하고 이를 기초로 가입자의 급여액을 결정하는 방식이다.

확정급여 방식은 수급자격이 있는 연금 가입자의 급여 수준을 미리 결정하지만, 확정기여 방식은 가입자 개인의 연금계좌를 만들어서 기금운용수익률에 근거하여 급여액을 결정하여 급여액이 얼마가 될지 알 수 없다. 확정급여 방식은 퇴직 후에 안정된 급여를 보장한다는 장점이 있다. 확정기여 방식은 연금재정 면에서는 기여-급여 불균형 문제를 갖지 않는다는 장점이 있지만 안정적 노후소득 보장 면에서는 단점을 갖는다.

노령연금은 노후소득보장을 위한 급여로서 국민연금의 기초가 되는 급여이고, 장애연금은 장애로 인한 소득감소에 대비한 급여이다. 유족연금은 가입자(였던 자) 또는 수급권자의 사망으로 인한 유족의 생계 보호를 위한 급여이다. 반환일시금은 연금을 받지 못하거나 더 이상 가입할 수 없는 경우 청산적 성격으로 지급하는 급여이다. 사망일시금은 유족연금 또는 반환일시금을 받지 못할 경우 장제부조적 · 보상적 성격으로 지급하는 급여이다.[02]

연금급여는 기본연금액과 부양가족연금액을 합산한 금액을 받는다. 기본연금액은 연금액 산정의 기초가 되며 가입자 전체의 소득, 가입자 본인의 소득, 가입기간에 따라서 산정된다. 부양가족연금액은 수급권자의 배우자,

02 급여의 종류는 국민연금공단 홈페이지 〈알기쉬운 국민연금〉 가입 유형 설명을 발췌하였다.

자녀 또는 부모로서 수급권자에 의해 생계를 유지하고 있는 자에 대하여 지급하는 일종의 가족수당 성격의 부가급여이다.

연금액 = 기본연금액 × 지급률[03] +부양가족연금액[04]

기본연금액 계산식

[2.4(A+0.75B)×P1/P+1.8(A+B)×P2/P+1.5(A+B)×P3/P + 1.485(A+B)×P4/P+1.47(A+B)×P5/P+1.455(A+B)×P6/P + ………… + 1.2(A+B)×P23/P+Y(A+A)×C/P(출산크레딧) + X(A+0.5A)× 6/P(군복무크레딧)]×(1+0.05n/12)

A: 연금수급 전 3년간 전체 가입자의 평균소득월액 평균액
B: 가입자 개인의 가입기간 중 기준소득월액의 평균액
P[05]: 가입자의 전체 가입월수
n: 20년 초과 월수
X: 1.5−1.2까지의 비례상수 중 노령연금 수급권 취득 시점의 상수
C: 추가가입기간 12, 30, 48, 50

출처: 국민연금공단 홈페이지.

03 노령연금의 지급률은 가입기간, 수급연령, 소득, 혼인여부에 따라 달라지고, 장애연금의 지급률은 장애등급에 따라 달라지며, 유족연금의 지급률은 가입기간에 따라 달라진다.

04 매년 보건복지부장관이 고시하는 금액으로 2018년 4월~2019년 3월에는 배우자 연 256,870원, 19세 미만 또는 장애등급 이급 이상 자녀 연 171,210원(1인당), 60세 이상 또는 장애등급 2급 이상에 해당하는 부모는 연 171,210원이다(국민연금공단 홈페이지).

05 가입 시기별 상수, 소득대체율, 가입월수

구분	1988~1998년	1999~2007년	2008~2027년	2028년 이후
상수	2.4	1.8	1.5(2008년) 2008년 이후 매년 0.015씩 감소	1.2
소득대체율	70%	60%	50%(2008년) 2008년 이후 매년 0.5%p씩 감소	40%
가입월수	P1	P2	P3~P22	P23

출처: 국민연금공단 홈페이지.

기본연금액 계산식에서 A는 연금급여를 통해 소득재분배가 가능하게 하는 균등부분이다. B는 기본연금액의 소득비례부분으로 가입자의 소득수준이나 연금보험료 부담액에 비례하여 형평을 기하는 부분이다. 2.4, 1.8, 1.5, 1.485, 1.2 등의 비례상수는 연금급여의 소득대체율을 결정하는 것이다. 2028년의 비례상수는 1.2인데 이는 가입기간 40년 가입자 소득이 전체 가입자 평균소득과 같다고 가정할 때 소득대체율 40%라는 것을 의미한다. 가입기간이 20년이라면 소득대체율 20%라고 할 수 있다.

(1) 노령연금

노령연금은 국민연금 가입자가 나이가 들어 소득활동에 종사하지 못할 경우 생활안정과 복지증진을 위하여 지급되는 급여로서 가입기간(연금보험료 납부기간)이 10년 이상이면 60세(소득이 있는 업무에 종사하지 않는 경우 55세)[06] 이후부터 평생 매월 지급받는 급여이다. 노령연금은 가입기간, 연령, 소득활동 유무, 혼인 여부에 따라 급여액이 달라진다(국민연금공단 홈페이지).

가입기간이 20년 이상인 경우 지급률은 100%이고 10년~19년인 경우 지급률은 50~95%로 감소한다. 수급연령이 60세(수급연령 상향 조정 시 61~65

06 노령연금의 수급개시 연령은 출생연도에 따라 조금씩 다르다. 인구 고령화와 연금 기금의 안정을 위해 2028년까지 단계적으로 당초 60세였던 연금 수급개시 연령을 65세로 상향 조정하였다.

출생연도	수급개시연령		
	노령연금	조기노령연금	분할연금
1952년생 이전	60	55	60
1953~1956년생	61	56	61
1957~1960년생	62	57	62
1961~1964년생	63	58	63
1965~1968년생	64	59	64
1969년생 이후	65	60	65

출처: 국민연금공단 홈페이지.

세) 미만인 경우에라도 노령연금 지급을 신청할 수 있는데 이를 조기노령연금이라고 한다.

표 10-4 | 노령연금 급여의 종류별 급여수준

구분	급여수준
노령연금	가입기간이 20년 이상인 경우: 기본연금액 100% + 부양가족연금액 가입기간이 10년 이상 20년 미만인 경우: 기본연금액 50~95% + 부양가족연금액 (가입기간 1년당 지급률 5% 증가)
조기노령연금	55세(~60세)인 경우: 기본연금액 70% + 부양가족연금액 56세(~61세)인 경우: 기본연금액 76% + 부양가족연금액 57세(~62세)인 경우: 기본연금액 82% + 부양가족연금액 58세(~63세)인 경우: 기본연금액 88% + 부양가족연금액 59세(~64세)인 경우: 기본연금액 94% + 부양가족연금액
소득활동에 따른 노령연금	전체 가입자 평균소득월액(A값) 초과 소득월액에 따른 감액[07]
분할연금	배우자였던 자의 노령연금액(부양가족연금액 제외) 중 가입기간 혼인기간(5년 이상)에 해당하는 연금액의 50%

출처: 국민연금공단 홈페이지.

연금수급자가 사업소득 또는 근로소득이 있는 경우 월평균소득이 연금수급 전 3년간 전체 가입자 평균소득월액(기본급여액 급여산식의 A값)보다 많으면 A값 초과 소득월액에 따라 노령연금이 감액된다.

07 소득구간별 감액(감액한도: 노령연금액의 1/2)

A값 초과 소득월액	노령연금지급 감액분	월 감액 금액
100만원 미만	초과소득월액분의 5%	0~5만원
100만원 이상 200만원 미만	5만원+(100만원을 초과한 초과소득월액분의 10%)	5~15만원
200만원 이상 300만원 미만	15만+(200만원을 초과한 초과소득월액분의 15%)	15~30만원
300만원 이상 400만원 미만	30만원+(300만원을 초과한 초과소득월액분의 15%)	30~50만원
400만원 이상	50만원+(400만원을 초과한 초과소득월액분의 15%)	50만원 이상

출처: 국민연금공단 홈페이지.

분할연금은 이혼한 자가 배우자였던 자의 노령연금액 중 혼인기간에 해당하는 연금액을 나누어 지급받는 연금으로 혼인기간 중 국민연금 보험료 납부기간이 5년 이상이어야 한다. 분할연금은 이혼, 배우자였던 자의 노령연금수급권 취득, 본인의 60세 도달(수급연령 상향 규정 적용)이라는 세 가지 자격 요건이 갖춰졌을 때 본인의 신청에 의해 지급된다(국민연금공단 홈페이지).

크레딧 제도

노령연금 수급시 가입기간을 계산할 때 출산, 군복무, 실업 등으로 인해 보험료를 납부하지 못했을 때 그 기간에 대해 추가산입을 해 주는 제도가 일명 크레딧 제도이다.

① 출산크레딧

크레딧 3종

출산크레딧은 출산율 제고와 여성 가입자의 수급권 획득 기회를 확대하여 연금 사각지대를 해소할 목적으로 2007년 도입되었다. 국민연금의 출산 크레딧은 2008년 1월 이후 둘째 자녀 이상 출산 시 국민연금의 추가가입기간을 인정해 주는 형태로 운영하고 있다. 즉, 출산크레딧의 가입 인정기간은 자녀가 두 명인 경우 12개월, 자녀가 3명 이상인 경우 자녀 1인마다 18개월을 추가로 인정해 주어 최대 50개월까지 가입기간을 인정하고 있다. 크레딧 인정소득 기준은 A값의 100%로 상대적으로 높게 이루어지고 있다(유호선, 2016: 71). 재원은 국민연금기금 70% 국고부담 30%이다.

② 군복무크레딧

군복무크레딧은 현역병 또는 사회복무요원으로 6개월 이상 복무한 자가 노령연금 수급권을 취득한 경우 제공하고 있다. 크레딧 기간의 추가로 노령연금 수급권을 취득하는 경우도 크레딧의 혜택을 볼 수 있다. 군복무크레딧의 경우 크레딧 인정기간은 6개월이며, 크레딧 인정소득은 A값의 50%이다(유호선, 2016: 72). 재원은 모두 국고부담이다.

③ 실업크레딧

실업크레딧은 국민연금 보험료 납부가 어려운 실업기간에 대하여 구직급여 수급자가 희망하는 경우, 보험료의 일부를 지원하고 그 기간을 가입기간으로 추가 산입하여 국민연금 수급기회를 확대하고 노후소득보장을 강화하기 위한 목적으로 도입되었다. 지원대상은 국민연금 가입자 또는 가입자이었던 자 중 18세 이상 60세 미만의 구직급여 수급자이다. 지원기간은 구직급여 수급기간으로 하되, 1인당 생애최대 12개월까지 지원받을 수 있다. 재원은 고용부 일반회계 25%, 국민연금 기금 25%, 고용보험 기금 25%, 본인부담 25%이다. 연금보험료는 인정소득을 기준으로 납부해야 하며, 인정소득은 실직하기 직전에 받았던 3개월 간 평균 소득의 50%에 해당하는 금액으로 최대 70만 원(2017년 기준)을 초과할 수는 없다(유호선, 2016: 73).

(2) 장애연금

장애연금은 질병이나 부상의 초진일 당시 일정한 가입기간이 있는 경우 완치되었으나 신체적 또는 정신적 장애가 남아 있을 때 이에 따른 소득감소 부분을 보전함으로써 자신과 가족의 안정된 생활을 보장하기 위한 급여로서 장애정도(1급~4급)[08]에 따라 일정한 급여를 지급한다. 장애연금을 받기 위해서는 가입자 또는 가입자였던 자가 질병이나 부상으로 신체상 또는 정신상의 장애가 있고 초진일 요건과 국민연금 납부요건이 모두 충족되어야 한다.

---

08 국민연금 장애연금의 장애는 1~4등급으로 구분되는데 이는 장애인복지법상 장애등급 1~6등급, 산업재해보상보험법상의 장애등급 1~14등급과 다르다. 국민연금 장애연금을 지급받기 위해서는 국민연금공단의 장애심사를 받아 장애등급에 해당해야 하며 장애인등록증만으로 장애연금을 지급받을 수 없다.

초진일이 18세 생일부터 노령연금 지급연령 사이에 있고, 다른 직역연금 가입기간, 국외이주기간, 조기노령연금 수급기간에 있지 않아야 한다. 국민연금 납부 요건은 초진일 당시 가입기간이 가입대상기간의 1/3 이상이거나 초진일 당시 초진일 5년 전부터 초진일까지의 기간 중 가입기간이 3년 이상이거나 초진일 당시 가입기간이 10년 이상이어야 한다는 것이다. 장애연금의 지급률은 장애등급에 따라 달라지며, 장애등급 4급인 경우 일시보상금으로 지급받는다(국민연금공단 홈페이지).

표 10-5 | 장애연금 급여수준

장애등급	급여수준
1급	기본연금액 100% + 부양가족연금액
2급	기본연금액 80% + 부양가족연금액
3급	기본연금액 60% + 부양가족연금액
4급	기본연금액 225%(일시보상금)

출처: 국민연금공단 홈페이지.

(3) 유족연금

유족연금은 국민연금에 일정한 가입기간이 있는 사람 또는 노령연금이나 장애등급 2급 이상의 장애연금을 받던 사람이 사망하면 연금수급자에 의해 생계를 유지하던 유족에게 가입기간에 따라 일정률의 기본연금액에 부양가족연금액을 합한 금액을 지급하여 유족들이 안정된 삶을 살아갈 수 있도록 하기 위한 연금이다(국민연금공단 홈페이지).

국민연금법상 유족이란 사망자에 의하여 생계를 유지하고 있던 가족으로 배우자, 25세 미만 또는 장애등급 2급 이상의 자녀, 60세 이상(수급연령 상향 조정) 또는 장애등급 2급 이상의 부모, 19세 미만 또는 장애등급 2급 이상의 손자녀, 60세 이상(수급연령 상향 조정) 또는 장애등급 2급 이상의 조부모이다.

유족연금의 급여 수준은 가입기간에 따라 달라진다. 가입기간이 10년 미만인 경우 기본연금액의 40%와 부양가족연금액, 10년 이상 20년 미만인 경우 기본연금액의 50%와 부양가족연금액, 20년 이상인 경우 기본연금액의 60%와 부양가족연금액을 지급한다.

표 10-6 | 유족연금 급여수준

가입기간	급여수준
10년 미만	기본연금액 40% + 부양가족연금액
10년 이상 20년 미만	기본연금액 50% + 부양가족연금액
20년 이상	기본연금액 60% + 부양가족연금액

출처: 국민연금공단 홈페이지.

부부가 모두 노령연금을 지급받고 있는 중에 한 사람이 사망하면 남은 배우자에게 사망한 노령연금 수급자의 유족연금을 받을 권리가 발생하는데 노령연금과 유족연금 중에 하나를 선택해야 한다. 다만 노령연금을 선택하면 노령연금액에 유족연금액의 30%를 추가로 지급받게 되며, 유족연금을 선택하면 유족연금만 지급받는다. 이는 국민연금이 사회보험으로서 가입자 본인 또는 유족의 소득감소에 따른 생계를 보호하기 위한 것으로 연금의 종류는 달라도 소득보장이라는 동일한 목적을 가지고 있기 때문에 동일한 목적의 급여를 2개 이상 지급하지 않도록 하여 더 많은 사람에게 혜택이 돌아가도록 하는 사회보장의 기본 원리에 따른 것이다.

(4) 반환일시금

반환일시금은 60세에 도달, 사망, 국적상실, 국외이주 등의 사유로 국민연금에 더 이상 가입할 수 없게 되었으나 연금수급요건(10년 이상 가입)을 채우지 못한 경우 그동안 납부한 보험료에 이자를 더해 일시금으로 지급하는 급여이다. 반환일시금 산정시 적용하는 이자율은 연금보험료를 낸 날이 속하는 달의 다음 달부터 지급사유 발생일이 속하는 달까지의 기간에 대하여 해당 기간의 3년 만기 정기예금 이자율을 적용한다.

반환일시금은 수급권이 발생한 날로부터 5년 안에 청구하지 않으면 소멸시효가 완성되어 지급받을 수 없다. 5년이 지나면 일시금으로 지급받을 수 있는 권리는 소멸되지만 향후 연금 지급사유가 발생하면 소멸분도 포함하여 연금으로 지급한다(국민연금공단 홈페이지).

(5) 사망일시금

사망일시금은 가입자 또는 가입자였던 사람이 사망하였으나 국민연금법 제73조에 의한 유족이 없어 유족연금 또는 반환일시금을 지급받을 수 없는 경우 더 넓은 범위의 유족에게 지급하는 장제부조적, 보상적 성격의 급여이다. 지급되는 일시금은 가입자 또는 가입자였던 자의 반환일시금에 상당한 금액으로 최종기준소득월액 또는 가입중 기존소득월액의 평균액 중 많은 금액의 4배를 초과할 수는 없다(국민연금공단 홈페이지).

4) 전달체계

국민연금제도는 보건복지부장관이 관장하고 국가위탁관리 형태의 법인체인 국민연금공단에서 관리 · 운영한다. 국가는 국민연금제도의 연금급여가 안정적 · 지속적으로 지급되도록 필요한 시책을 수립 · 시행하여야 한다. 국민연금제도 및 재정계산, 급여, 보험료, 연기금운용 등에 대한 사항을 심의하기 위하여 보건복지부에 국민연금심의위원회를 둔다. 국민연금심의위원회는 보건복지부차관이 위원장이 되고 근로자대표, 사용자대표, 지역가입자

대표, 공익대표 전문가 등으로 구성된다. 기금운용에 관한 사항을 심의하기 위해 국민연금기금운용위원회와 국민연금기금운용실무평가위원회를 둔다.

국민연금공단은 가입자 및 수급자에 대한 기록 관리와 유지, 연금보험료 부과, 급여의 결정과 지급, 가입자, 가입자였던 자, 수급권자, 수급자를 위한 자금 대여와 복지시설 설치, 운영 등 복지사업 등의 사무를 수행한다. 보험료 징수 업무는 국민건강보험공단에서 사회보험료를 통합 징수한다. 국민연금공단은 각 시도에 지부와 출장소를 두어 운영하고 있다.

표 10-7 | 국민연금제도 전달체계

기관	기능	비고
보건복지부장관	국민연금제도의 연금급여가 안정적 · 지속적으로 지급되도록 필요한 시책을 수립 · 시행	국민연금제도 관장
국민연금공단	가입자 및 수급자에 대한 기록 관리와 유지, 연금보험료 부과, 급여의 결정과 지급, 가입자(였던 자), 소급(권)자를 위한 자금 대여와 복지시설 설치, 운영 등 복지사업	관리운영, 국가위탁관리 법인체 각 시도에 지부와 출장소 운영
국민연금심의위원회	국민연금제도 및 재정계산, 급여, 보험료, 국민연금기금 등에 대한 사항을 심의	보건복지부차관 위원장, 근로자대표, 사용자대표, 지역가입자대표, 공익대표 전문가로 구성
국민연금기금운용위원회	국민연금제도 연기금운용 등에 대한 사항을 심의	국민연금기금운용실무평가위원회
국민건강보험공단	사회보험료 통합 징수	

5) 재원

연금재정의 운영은 적립방식(funded system)과 부과방식(pay-as-you-go)으로 구분된다. 적립방식은 연금급여를 위해 제도도입 초기부터 기여금을 장기간 적립하여 이를 기금으로 운용하고 원리금과 기여금 수입을 재원으로 수급권자에게 연금 급여를 지급하는 방식이다. 부과방식은 매년 전체 가입자가 낸 보험료 등으로 그 해에 지급해야 할 연금급여를 충당하는 방식이다. 적립방식은 상대적으로 안정적인 운영이 가능하지만 장기적 예측이 어렵고 인플레이션 등 경제사회적 변화에 취약하다는 한계가 있다. 부과방식은 세대 간 재분배 효과가 상대적으로 크고 인플레이션으로 인한 영향이 크지 않지만, 인구 고령화에 따라 젊은 세대의 부담이 증가하고 재정운영의 불안정성이 존재한다. 국민연금제도의 재정 방식은 가입자들로부터 보험료를 받아 기금을 형성하고 운용이익 등을 연금지급에 사용하지만 미래 연금 지급액을 완전히 적립하지 않기 때문에 '부분적립' 방식이라고 할 수 있다(이인재 외, 2002).

국민연금제도의 재원은 원칙적으로 보험료가 적립된 연기금이다. 국민연금사업에 드는 비용에 충당하기 위하여 가입자와 사용자에게 가입기간 동안 매월 연금보험료를 부과하고, 건강보험공단이 이를 징수한다. 국가는 매년 국민연금공단 및 건강보험공단이 국민연금사업을 관리 · 운영하는 데에 필요한 비용의 전부 또는 일부를 부담한다. 보건복지부장관은 국민연금사업 중 연금보험료의 징수에 관하여 이 법에서 정하는 사항을 건강보험공단에 위탁한다.

사업장가입자의 연금보험료 중 기여금은 사업장가입자 본인이, 부담금은 사용자가 각각 부담하되, 그 금액은 각각 기준소득월액의 4.5%에 해당하는 금액으로 한다. 기준소득월액이란 국민연금의 보험료 및 급여 산정을 위하여 가입자가 신고한 소득월액에서 천 원 미만을 절사한 금액이다. 2021년 7월부터 2022년 6월까지 하한은 33만 원, 상한은 524만 원이다. 기준소득월액의 상한선이 존재한다는 의미는 보험료의 상한액이 있다는 의미인데 이는 고소득층의 보험료 부담을 상대적으로 낮추는 효과가 있다.

기여금과 부담금을 합한 사업장가입자의 보험료 수준은 사업장 가입자 기준소득월액의 9%이다. 2012년 7월부터는 소규모 사업장 가입자의 확대를 위해 근로자 수가 10명 미만인 사업장의 저소득 근로자와 사업주에게 기여금과 부담금의 50%를 지원해 주는 두루누리 사회보험 지원사업을 실시해 왔다. 2018년부터는 근로자수가 10명 미만인 사업에 고용된 근로자 중 월평균 보수가 190만 원 미만인 근로자와 그 사업주에게 최대 90%까지 지원하는 것으로 확대되었다가 2021년부터는 신규가입자에 대해서만 지원한다. 두루누리사업은 국고로 지원하고 있다.

지역가입자, 임의가입자 및 임의계속가입자의 연금보험료는 가입자 본인이 부담하되, 그 금액은 기준소득월액의 9%로 한다. 사업장가입자는 보험료를 사용자와 함께 부담하기 때문에 지역가입자에 비해 연금보험료의 부담을 줄일 수 있다.

국민연금의 재원은 역진적이라는 지적이 있는데 그 이유는 소득세와 달리 모든 소득계층이 동일한 비율로 보험료를 내기 때문이다. 이밖에도 근로자와 사용자의 보험료 부담 비율이 같은것에 대해서도 사용자가 보험료를 부담하는 대신 임금을 낮추게 되면 재원의 역진성이 커질 가능성이 있다는 우려가 있다.

농어촌지역의 경제적 부담을 덜어주기 위해 국가의 농어촌특별세에서 농어업에 종사하는 가입자에게 매월 보험료의 일정액을 보조한다. 농어업인 지역가입자 혹은 지역임의계속가입자들에게는 소득이 특정한 기준소득월액 이하인 경우 보험료의 50%를 지원받는다.

보건복지부장관은 국민연금사업에 필요한 재원을 원활하게 확보하고, 이 법에 따른 급여에 충당하기 위한 책임준비금으로서 국민연금기금을 설치한다. 기금은 보험료, 기금운용수익금, 적립금, 공단의 수입지출 결산상 잉여금으로 구성된다. 2021년 9월 말 기준 기금자산은 918.7조 원이다.[09]

09 보건복지부 국민연금 기금운용본부 홈페이지 〈한눈에 보는 국민연금기금〉 2021. 12. 25 인출.

2. 국민건강보험[10]

질병이나 부상으로 인해 발생한 고액의 진료비로 가계에 과도한 부담이 되는 것을 방지하기 위하여, 국민들이 평소에 보험료를 내고 보험자인 국민건강보험공단이 이를 관리 · 운영하다가 필요시 보험급여를 제공함으로써 국민 상호 간 위험을 분담하고 필요한 의료서비스를 받을 수 있도록 하는 사회보장제도이다.

질병, 부상 등으로 인한 건강의 위협은 생명과도 직결되고 때로 재난적 의료비 지출을 초래하는데 이는 생계를 위협할 수도 있기 때문에 사회적 대응이 요구되는 사회적 위험이다. 이러한 사회적 위험에 대해 국가마다 다양한 기제를 통해 의료보장제도를 운영한다. 국민의 의료문제는 국가가 책임져야 한다는 관점에서 정부가 일반조세를 재원으로 하여 무상의 의료서비스를 제공하는 국민보건서비스(National Health Service) 방식, 국가의 의료보장 책임을 기본으로 하지만 정부가 아닌 보험자가 보험료로 재원을 마련하여 의료를 보장하는 사회보험(Social Health Insurance) 방식, 국가가 보험자가 되어 사회보험 방식으로 운영하는 국민건강보험(National Health Insurance) 방식이 있다. 우리나라는 국민건강보험 방식으로 의료보장제도를 운영한다(국민건강보험공단 홈페이지).

국민건강보험은 의무적인 보험가입 및 보험료 납부를 특징으로 한다. 보험가입을 기피할 수 있도록 제도화될 경우 질병위험이 큰 사람만 보험에 가입하여 국민 상호 간 위험분담 및 의료비 공동해결이라는 건강보험제도의 목적을 실현할 수 없기 때문에 일정한 법적요건이 충족되면 본인의 의사와 관계없이 건강보험가입이 강제되며 보험료 납부의무가 부여된다.

10 국민건강보험제도에 대한 전반적인 내용은 국민건강보험공단 홈페이지의 국민건강보험제도 소개 내용을 참조하여 발췌하였다.

보험료는 부담능력에 따라 부과한다. 민간보험은 보장의 범위, 질병위험의 정도, 계약의 내용 등에 따라 보험료를 부담하는 데 비해, 사회보험방식으로 운영되는 국민건강보험은 사회적 연대를 기초로 의료비 문제를 해결하는 것을 목적으로 하므로 소득수준 등 보험료 부담능력에 따라서 보험료를 부과한다. 보험료는 부담능력에 따라 부과하는 데 비해 보험급여는 부담능력에 관계없이 균등하게 보장된다.

1) 연혁

우리나라는 1963년 의료보험법이 제정되었으나 강제적용 규정이 없어 유명무실한 제도였다. 1976년 의료보험법을 개정하면서 1977년부터 500인 이상 사업장 근로자를 대상으로 의료보험제도를 실시하였다. 당시 공무원과 사립학교교직원 대상으로 별도의 의료보험법을 제정하여 시행하였다. 점차 의료보험 적용 대상을 확대해 나가면서 1988년 농어촌 주민 대상 지역의료보험, 1989년 도시지역 자영자 대상 의료보험 실시로 전국민 의료보험제도가 확립되었다.

의료보험 가입 대상을 확대해 나가면서 의료보험을 조합주의 방식으로 할 것인가 통합주의 방식으로 할 것인가에 대한 논의가 있었으나 정부는 통합으로 인한 의료보험체계의 경직화와 조합자율주의의 소멸, 정부의 과다한 재정지출, 기업과 근로자 부담 증가 등을 이유로 의료보험 통합에 반대하였다(나병균, 1995: 박병현, 2017: 393에서 재인용).

의료보험 통합을 선거 공약으로 내세운 김대중 정부가 집권하면서 1997년 12월 31일 국민의료보험법이 제정되고 1998년 지역의료보험조합, 공교의료보험공단, 직장의료보험조합이 통합하였다. 1단계 통합에서는 지역의료보험조합과 공교의료보험공단이 통합하여 국민의료보험관리공단이 되었고, 1999년 국민건강보험법이 제정되면서 2000년에는 국민의료보험공단과 직장의료보험조합이 통합하여 국민건강보험공단으로 건강보험 조직이 통합되었다. 2000년까지만 해도 지역건강보험 재정과 직장건강보험 재정은 통합되지 않았었는데 2003년에는 재정까지 통합하게 되었다.

표 10-8 | 건강보험 통합과정

<table>
<tr><th colspan="2" rowspan="2">구분</th><th rowspan="2">통합 이전</th><th rowspan="2">1단계 통합
(1998.10.1.)</th><th colspan="2">2단계 통합(2000. 7. 1.)</th><th rowspan="2">3단계 통합
(2003. 7. 1.)</th></tr>
<tr><th>조직</th><th>재정</th></tr>
<tr><td rowspan="3">조직</td><td>지역</td><td>지역의료보험조합(227개)</td><td rowspan="2">국민의료보험관리공단(1개)</td><td rowspan="3">국민건강보험공단(단일조직)</td><td rowspan="2">지역건강보험재정</td><td rowspan="3">국민건강보험공단(단일조직, 단일재정)</td></tr>
<tr><td>공무원, 사립학교교직원</td><td>공교의료보험공단(1개)</td></tr>
<tr><td>직장</td><td>직장의료보험조합(140개)</td><td>직장의료보험조합(140개)</td><td>직장건강보험재정</td></tr>
</table>

출처: 생각의 마을(2017). 흐름을 관통하는 에쎕 사회복지정책론. p. 274.

2) 대상

국내에 거주하는 모든 국민은 건강보험의 가입자 또는 피부양자가 된다. 다만 의료급여대상자는 건강보험가입대상자에서 제외된다. 가입자는 크게 직장가입자와 지역가입자로 구분하며, 피부양자는 직장가입자에 의하여 주로 생계를 의존하는 사람으로서 보수나 소득이 없는 사람이다. 주로 직장가입자의 배우자, 직계존속(배우자의 직계존속 포함), 직계비속(배우자의 직계비속 포함)과 그 배우자, 형제자매까지 피부양자의 범위에 들어간다.

〈표 10-9〉에 의하면 전체 의료보장 대상 인구 중 건강보험에 의해 보장되는 인구는 97% 수준이고 의료급여에 의해 보장되는 인구는 3% 수준이다. 직장 가입자 비율은 70% 정도이고 지역가입자 비율은 27% 정도이다. 2011

년부터 직장가입자 비중은 늘어나고 지역가입자 비중은 감소하는 추세이며, 부양률도 점차 감소하고 있다.

표 10-9 | 연도별 건강보험 가입자 수 변화(단위: 명, 세대)

구 분		2016년		2017년		2018년		2019년		2020년	
의료보장		52,272,755	100%	52,426,625	100%	52,556,653	100%	52,880,293	100%	52,870,968	100%
건강보험	합계	50,763,283	97.1%	50,940,885	97.2%	51,071,982	97.2%	51,391,447	97.2%	51,344,938	97.1%
	직장가입자 소계	36,674,739	70.2%	36,898,912	70.4%	36,989,716	70.4%	37,227,477	70.4%	37,149,795	70.3%
	가입자	16,337,524		16,829,663		17,479,465		18,123,124		18,542,657	
	피부양자	20,337,215		20,069,249		19,510,251		19,104,353		18,607,138	
	지역가입자 소계	14,088,544	27.0%	14,041,973	26.8%	14,082,266	26.8%	14,163,970	26.8%	14,195,143	26.8%
	(세대수)	7,665,056		7,786,208		8,052,557		8,376,732		8,589,611	
의료급여		1,509,472	2.9%	1,485,740	2.8%	1,484,671	2.8%	1,488,846	2.8%	1,526,030	2.9%

출처: 국민건강보험공단 · 건강보험심사평가원(2021). 2020 건강보험통계연보.

3) 급여

건강보험 보장 강화

건강보험 급여란 가입자 및 피부양자의 질병과 부상에 대한 예방, 진단, 치료, 재활, 출산, 사망 및 건강증진에 대하여 법령이 정하는 바에 따라 현물 또는 현금의 형태로 제공하는 서비스이다. 보험 급여는 크게 현물 급여와 현금 급여로 구분되는데 현물 급여에는 요양 급여와 건강검진, 현금 급여에는 요양비, 장애인보장구급여비, 임신출산진료비, 본인부담상한액 등이 있다. 급여 종별 내용과 수급권자는 〈표 10-10〉과 같다.

표 10-10 | 국민건강보험 급여 종별 내용과 수급권자

구분	급여 종류	내용	수급권자
현물 급여	요양급여	진찰, 검사, 약제, 치료재료의 지급, 처치, 수술, 예방, 재활, 입원, 간호, 이송 등에 대한 의료서비스	가입자 및 피부양자
	건강검진	질병의 조기발견과 이에 따른 의료서비스를 하기 위하여 실시하는 일반검진, 암검진, 생애전환기 건강진단, 영유아건강검진 등	가입자 및 피부양자
현금 급여	요양비	부득이한 사유로 요양기관 외 장소에서 요양급여와 유사한 서비스를 받은 경우 비용 지급	가입자 및 피부양자
	장애인보조기기 급여비	장애등록된 가입자 및 피부양자에 대한 장애인 보장구 구입 비용(실구입가의 90%)	가입자 및 피부양자 중 장애인복지법에 의해 등록한 장애인
	임신출산진료비	임신출산진료비의 본인부담금 일부, 임신할 경우 100만 원 지급(다태아 140만 원)	가입자 및 피부양자 중 임산부
	본인부담액 상한제	고액중증질환의 의료비 부담을 덜기 위하여 환자가 부담한 연간본인부담금 총액이 가입자 소득수준에 따른 본인부담 상한액을 초과하는 경우 그 초과금액을 환자에게 돌려주는 제도	가입자 및 피부양자
	재난적 의료비 지원사업	과도한 의료비 지출로 경제적 어려움을 겪는 가구의 의료비 부담완화를 위해 본인부담 의료비의 50~80% 지원	가입자 및 피부양자 중 질환, 소득, 재난, 의료비 부담수준 기준이 충족된 자

출처: 국민건강보험공단 홈페이지.

건강보험 혜택

4) 전달체계

국민건강보험제도는 보건복지부장관이 관장한다. 보건복지부는 건강보험제도 관련 정책 결정을 하고 보험료율 및 보험료 부과기준, 요양급여의 범위 등을 결정하며 관리운영주체인 건강보험공단의 예산 및 규정 등을 승인한다.

국민건강보험공단은 국민건강보험의 보험자로서 건강보험의 관리운영을 담당하는 기구이다. 건강보험 가입자의 자격을 관리하고, 보험료를 부과하고 징수한다. 요양기관에 대한 비용을 지급하고, 제약회사와 협상을 통해 약가를 결정하기도 한다.

건강보험심사평가원은 요양급여비용의 심사 및 요양급여의 적정성을 평가하고, 급여비용 심사기준 및 적정성 평가기준을 개발한다.

요양기관은 「의료법」에 따라 개설된 의료기관, 「약사법」에 따라 등록된 약국과 한국의약품센터, 보건소 · 보건의료원 및 보건지소, 보건진료소를 말하며, 요양기관에서는 의료서비스를 제공하고 국민건강보험공단으로부터 건강보험심사평가원의 급여 적정성 평가를 거쳐 요양급여비용을 지급받는다.

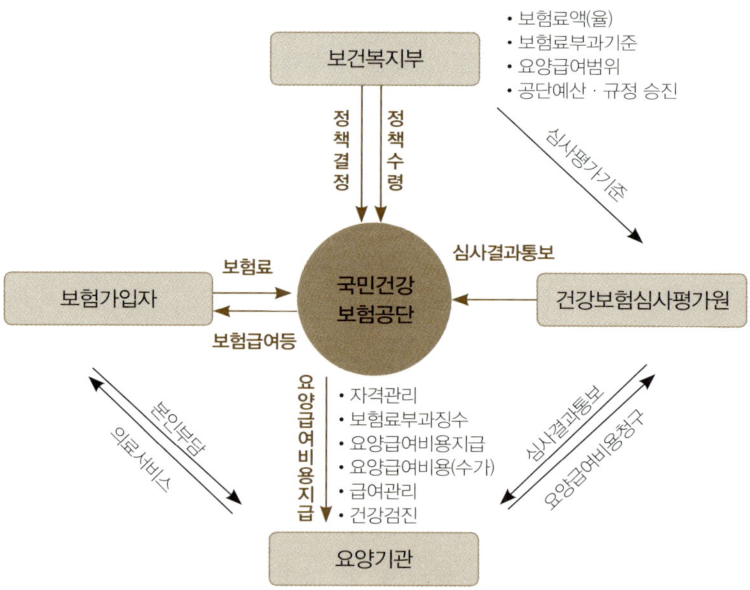

[그림 10-1] 국민건강보험 관리운영체계

출처: 보건복지부 홈페이지(http://www.mohw.go.kr).

건강보험정책심의위원회는 보건복지부 장관 소속 위원회로서 요양급여의 기준, 요양급여비용, 가입자의 보험료 수준 등 건강보험에 관한 주요사항을 심의 · 의결하는 기구이다. 근로자 및 사용자단체, 시민단체, 의료계에서 추천한 자와 건강보험 전문가가 참여하는 기구이다.

건강보험 전달체계를 그림으로 나타내면 [그림 10-1]과 같다.

5) 재원

건보료 개편

국민건강보험제도의 재원은 보험료와 정부지원금(기금, 국고) 및 기타 수입으로 구성된다. 보험료는 직장가입자와 지역가입자의 보험료 산정방식이 다르다. 지역가입자의 월별보험료액은 세대 단위로 산정하는데, 지역가입자의 소득, 재산 등을 고려하여[11] 보험료부과점수를 산출하고 보험료부과점수에 부과점수당 금액을 곱해서 결정한다.

지역가입자 월보험료 = 보험료부과점수 × 부과점수당 금액(2022년 205.3원)

직장가입자는 보수 외 소득이 없는 경우 보수월액보험료만 부과하고 보수 외 소득이 있는 경우 보수월액보험료와 소득월액보험료를 함께 부과한다. 보수월액보험료는 보수월액에 매년 보건복지부장관이 고시하는 보험료율을

11 지역가입자 보험료 부과점수 산출 요소에 소득, 재산, 생활수준, 경제활동참가율이 포함되었고, 저소득 지역가입자에게는 가족구성원의 성 · 연령, 소득, 재산, 생활수준, 경제활동참가율 등을 기준으로 산정한 '평가소득'이 보험료 부과기준으로 적용되어 실제 부담능력보다 과다한 보험료가 부과되고 있다는 비판이 제기되었다. 2018년 7월 1일부터 연소득 5백만 원 이하 지역가입자의 소득보험료 산정 기준으로 적용되던 평가소득을 폐지하여, 연소득 5백만 원 이하 지역가입자도 연소득 5백만 원 이상 지역가입자와 마찬가지로 소득보험료의 산정 시 종합과세소득을 기준으로 산정된 보험료를 적용받을 수 있도록 하였다.

곱한 금액이고, 소득월액보험료는 소득월액(연간 보수 외 소득/12)에 보험료율을 곱한 금액이다. 직장가입자의 보수월액보험료는 사용자와 보험료를 반반씩 분담한다. 사립학교 교직원은 사용자 부담분을 국가와 사용자가 20%, 30%씩 분담한다.

직장가입자 월보험료:

- 보수월액보험료 = 보수월액 × 보험료율(6.99%) × 1/2
- 소득월액보험료= 소득월액(연간 보수외소득–대통령령으로 정하는 금액 × 보험료율(6.99%)

표 10-11 | 2022년 직장가입자 건강보험료율(단위: %)

구분	계	가입자 부담	사용자 부담	국가 부담
근로자	6.99(100)	3.495(50)	3.495(50)	
공무원	6.99(100)	3.495(50)		3.495(50)
사립학교교직원	6.99(100)	3.495(50)	2.097(30)	1.398(20)

정부지원금은 보험료 수입의 20%에 상당하는 금액으로, 국고에서 14%, 건강증진기금(담배부담금)에서 6%를 지원한다. 기타수입은 연체금, 부당이득금, 기타징수금 등이 있다.

3. 고용보험[12]

우리나라의 고용보험은 전통적 의미의 실업보험, 고용안정사업 · 직업능력개발사업 등 노동시장정책과 모성보호급여 · 육아휴직급여 등의 일가족양립정책을 포괄하는 근로자 대상의 종합적인 사회보험제도이다. 고용보험은 실직근로자의 생활안정과 재취업 촉진, 직업훈련 활성화와 노동시장 경쟁력 강화, 고용 안정과 원활한 인력 수급, 일가족양립, 경기조절 등의 기능을 수행한다.

1) 연혁

고용보험제도는 1993년 12월 고용보험법이 제정되고, 1995년 7월부터 30인 이상 사업장을 대상으로 한 실업급여사업과 70인 이상 사업장 대상의 고용안정사업 및 직업능력 개발 사업으로 시작하였다. 이후 외환위기 등 경제난을 겪으면서 빠른 속도로 적용범위가 확대되어 1998년 10월부터는 일부 업종을 제외하고 근로자 1인 이상 고용한 전사업장에 확대 적용되었다. 전국민연금, 전국민의료보험이 제도 도입 이후 12~13년이 걸린 것에 비하면 도입 4년만에 전체 근로자를 대상으로 하는 고용보험이 마련된 셈이다. 국민연금이나 건강보험이 근로자뿐만 아니라 전체 국민을 대상으로 하는 것에 비해 고용보험은 근로자들을 대상으로 하는 것이기 때문에 빠른 확대가 가능하기도 하였고, 노동시장 성장에 비해 고용보험 도입이 늦었던 것도 빠른 확대를 가능케 했던 이유이다. 1998년 1인 이상 상시 근로자 사업장 확

---

13 고용보험제도에 대한 설명은 근로복지공단 고용보험제도 소개 홈페이지를 참조하여 정리하였음을 밝혀 둔다.

대 이후 2004년부터는 일용근로자 및 시간제근로자(월 60시간, 주 15시간 이상)까지 고용보험 적용 근로자 범위를 확대하였다. 2012년부터는 자영업자에게도 고용보험을 적용하였고, 두루누리 사회보험 지원사업의 사회보험료 지원을 통해 영세사업장의 저소득 근로자들 대상 고용보험 적용의 실효성을 강화하였다.

표 10-12 | 고용보험 가입대상 확대

<table>
<tr><th>구분</th><th>95.7.1.</th><th>97.7.1.</th><th>98.1.1.</th><th>98.3.1.</th><th>98.7.1.</th><th>98.10.1.</th><th>04.1.1.</th></tr>
<tr><td>실업급여</td><td colspan="2">30인 이상</td><td>10인 이상</td><td colspan="2">5인 이상</td><td colspan="2">1인 이상</td></tr>
<tr><td>고용안정 · 직업능력개발</td><td colspan="2">70인 이상</td><td colspan="2">50인 이상</td><td>5인 이상</td><td colspan="2">1인 이상</td></tr>
<tr><td>건설업 총공사금액</td><td>40억 원</td><td>44억 원</td><td colspan="2">34억 원</td><td colspan="2">3억 4천만 원</td><td>2천만 원</td></tr>
</table>

출처: 근로복지공단 홈페이지.

적용대상 확대 이외에도 2001년부터 고용보험을 통해 모성보호급여를 지급하기 시작했고, 2011년부터는 육아기 근로시간 단축제도를 실시하였다. 2016년부터는 실업기간 국민연금 가입기간 지원 제도인 실업크레딧 제도를 도입하였다.

2) 대상

고용보험의 가입대상은 적용제외사업을 제외하고는 근로자를 1인 이상 사용하는 모든 사업 또는 사업장이다. 고용보험은 적용 대상에 따라 당연적용사업과 임의가입사업으로 구분된다. 근로자를 고용하는 모든 사업 또는 사업주는 원칙적으로 고용보험의 당연가입 대상이다. 다만 사업장 규모를 고려하여 일부 사업(장)은 당연적용사업 대상에서 제외하고 있다. 고용보험은 사업주와 근로자 모두가 보험가입자가 되며 근로자는 보험가입자인 동시에 피보험자이다.

적용제외사업은 농업, 임업, 어업 중 법인이 아닌 자가 상시 4명 이하 근로자를 사용하는 사업, 가구 내 고용활동 또는 달리 분류되지 않은 자가소비 생산활동, 고용보험 및 산업재해보상보험의 보험료 징수에 관한 법률 시행령 제2조 제1항 제2호에 따른 총공사금액 2천만 원 미만인 공사, 연면적 100제곱미터 이하인 건축 또는 연면적 200제곱미터 이하인 건축물 대수선 공사는 적용제외 사업이다. 적용제외 사업의 사업주는 임의가입사업이라 할지라도 근로자 과반수 동의를 얻어 고용보험에 가입하면 고용보험 혜택을 받을 수 있다.

당연적용 사업이라 할지라도 적용제외 근로자는 가입 대상 근로자에서 제외된다. 적용제외근로자는 65세 이후에 고용되거나 자영업을 개시한 자(고용안정 · 직업능력개발 사업은 적용), 1개월 소정 근로시간 60시간 미만인 근로자, 공무원(별정직, 임기제 공무원은 본인 의사에 따라 가입 가능), 사립학교교직원, 외국인 근로자, 별정우체국 직원 등이다.

3) 급여

(1) 실업급여 사업

실업급여 사업은 고용보험 가입 근로자가 실직하여 재취업활동을 하는 기간에 소정의 급여를 지급함으로써 실업으로 인한 생계불안을 극복하고 생활안정을 도우며 구직활동을 원활하게 하도록 지원하기 위한 사업이다. 실업급여는 크게 구직급여, 취업촉진수당, 연장급여, 상병급여로 구분된다.

먼저, 구직급여는 실직 전 18개월 동안에 고용보험이 적용되는 사업장에서 근무한 기간(피보험단위 기간)이 180일 이상인 사람이 근로의 의사 및 능력이 있고(비자발적으로 이직), 적극적인 재취업활동에도 불구하고 취업하지 못한 경우에 지급된다. 이때 본인의 중대한 귀책사유로 해고된 경우에는 구직급여를 받을 수 없다. 적극적으로 재취업활동을 하지 않는 경우에도 구직급여를 받을 수 없다.

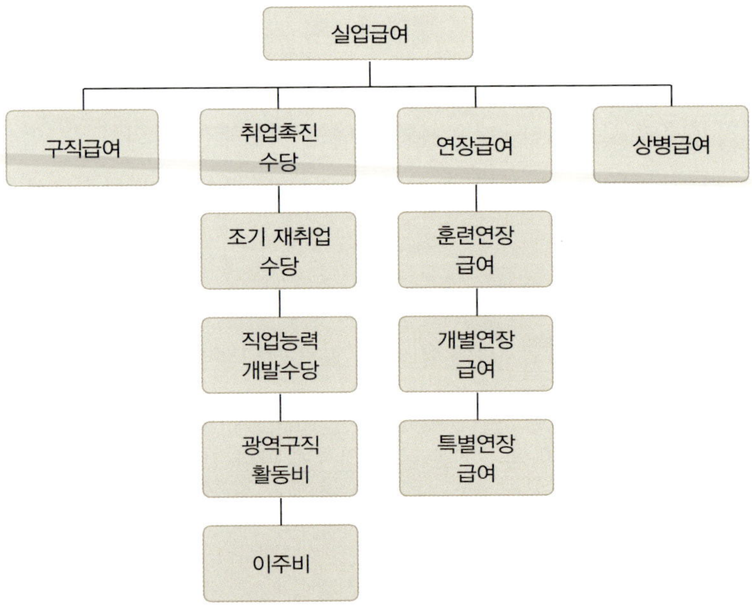

[그림 10-2] 실업급여의 종류

출처: 근로복지공단 홈페이지.

구직급여의 급여수준은 실직 전 평균 임금의 60%를 지급하며 실업 신고일로부터 계산해서 실업 인정을 받은 7일간은 대기기간으로 기본급여를 지급하지 않는다. 대기기간을 설정하는 이유는 잦은 이직을 방지하고 실업 후 일주일간은 생계에 큰 지장이 없다고 판단하기 때문이다. 구직급여의 수급기간은 피보험기간과 연령에 따라 최소 120일에서 최대 270일까지이며 필요한 경우 연장급여를 신청할 수 있다.

표 10-13 | 구직급여 소정급여일수

		피보험기간(보험가입기간)				
		1년 미만	1년 이상 3년 미만	3년 이상 5년 미만	5년 이상 10년 미만	10년 이상
이직일 현재 연령	50세 미만	120일	150일	180일	210일	240일
	50세 이상 장애인	120일	180일	210일	240일	270일

출처: 근로복지공단 고용보험제도 홈페이지.

취업촉진수당은 구직급여 외에 조기 재취업 유인의 일환으로 지급하는 추가 급여에 해당한다. 조기재취업수당은 구직급여 수급자가 정해진 수급기간보다 일찍 안정된 직장에 재취업하는 경우 구직급여액에 잔여 급여일수의 1/2을 곱한 금액을 지급한다. 재취업한 날의 전날을 기준으로 소정급여일수가 1/2 이상 남아 있어야 한다. 직업능력개발수당은 실업기간 중 직업안정기관장이 지시한 직업능력개발훈련을 받는 경우 별도의 구직급여 외에 교통비, 식대 등의 비용을 지원하기 위하여 지급하는 급여이다. 광역구직활동비는 주거지에서 멀리(25km 이상) 떨어진 지역에서 구직활동을 하는 경우 지급하는 숙박비와 교통비이다. 이주비는 실업급여 수급자가 거주지를 이전하여 취직하거나 직업능력개발 훈련을 받는 경우 이사 비용으로 제공하는 급여이다.

연장급여는 구직기간보다 길게 구직급여를 지급해야 하는 사유가 발생했을 때 지급하는 급여이다. 훈련연장급여는 구직급여의 100%를 최대 2년까지 연장 가능하며 재취업을 위해 직업능력개발훈련을 받아야 할 때 지급된다. 개별연장급여는 취직이 특히 곤란하고 생활이 어려운 수급자로서 임금수준, 재산상황, 부양가족 여부 등을 고려하여 생계지원 등이 필요한 자에게 지급한다. 특별연장급여는 실업 급증 등으로 재취업이 특히 어렵다고 인정되는 경우 고용노동부 장관이 일정한 기간을 정하여 해당 기간 내에 실업급여의 수급기간을 초과하여 지급해야 할 때 지급된다. 개별연장급여와 특별연장급여는 구직급여의 70%를 60일 범위 내에서 지급한다.

상병급여는 실업신고를 한 이후 질병 · 부상 · 출산으로 취업이 불가능하여 실업의 인정을 받지 못한 경우 지급되는 급여이다.

(2) 출산 · 육아 관련 휴가 · 휴직 급여[13]

출산전후휴가급여는 임신 중의 여성에 대하여는 출산 전과 출산 후를 통하여 90일(다태아 일 경우 120일)의 출산전후휴가를 주되, 휴가 기간의 배정은 출산 후에 45일(다태아일 경우 60일) 이상이 확보되도록 부여하여 출산한 여성근로자의 근로의무를 면제하고 임금상실 없이 휴식을 보장받도록 하는 제도이다. 임신 중의 여성 근로자가 유산의 경험 등 대통령령으로 정하는 사유로 휴가를 청구하는 경우 출산 전 어느 때라도 휴가를 나누어 사용할 수 있도록 해야 한다.

출산전후휴가급여는 휴가기간 동안 통상임금에 해당하는 급여를 지급하되 고용노동부장관이 매년 상한액과 하한액을 고시한다. 우선지원 대상기업[14]의 경우 90일(다태아 120일)의 급여가 고용보험에서 지급되고, 대규모 기

---

14 출산전후휴가급여와 육아휴직급여를 통틀어 모성보호급여라고 하기도 하지만 육아휴직급여는 여성뿐만 아니라 남성 근로자에게도 지급되는 육아를 위한 급여로서 이를 '모성'보호급여라고 통칭하는 것은 전통적인 성역할 고정관념에 의한 용어이기 때문에 본서에서는 출산 · 육아 휴가 · 휴직급여로 명명한다.

15 우선지원 대상기업이란 상시 근로자 수가 일정 규모 이하인 기업으로 고용보험 보험료율, 직업능력개발 · 고용안정사업 등에서 우선적으로 지원받는 기업이다. 우선지원대상 상시 근로자 수는 산업분야 별로 다른데, 제조업 500명 이하, 광업, 건설업, 운수업, 정보통신업, 사업시설관리 및 사업지원 서비스업, 전문 · 과학 및 기술 서비스업, 보건업 및 사회복지 서비스업 300명 이하, 도매 및 소매업, 숙박 및 음식점업, 금융 및 보험업, 예술 · 스포츠 및 여가관련 서비스업 200명 이하, 농업 · 임업 및 어업, 전기 · 가스 · 증기 및 수도사업, 하수 · 폐기물 처리 · 원료재

업의 경우 최초 60일(다태아 75일)은 사업주가 그 이후 30일(다태아 45일)은 고용보험에서 지급한다.

육아휴직급여는 만 8세 이하 또는 초등학교 2학년 이하의 자녀를 가진 근로자가 자녀를 양육하기 위해 「남녀 고용평등과 일 · 가정 양립 지원에 관한 법률」 제19조에 의한 육아휴직을 30일 이상 부여받고 소정의 수급요건을 충족하는 경우 육아휴직 시작일부터 3개월까지는 2019년 기준 통상임금의 100분의 80(상한액: 월 150만 원, 하한액: 월 70만 원)을 육아휴직 급여액으로 지급하고, 육아휴직 4개월째부터 육아휴직 종료일까지 통상임금의 100분의 50(상한액: 월 120만 원, 하한액: 월 70만 원)을 육아휴직 급여액으로 지급한다. 육아휴직 급여액의 100분의 25는 직장 복귀 6개월 후에 합산하여 일시불로 지급한다. 육아휴직 기간은 1년 이내이다. 자녀 1명당 1년 사용가능하므로 자녀가 2명이면 각각 1년씩 2년 사용 가능하고, 근로자의 권리이므로 부모가 모두 근로자이면 한 자녀에 대하여 아빠도 1년, 엄마도 1년 사용 가능하며, 부부가 동시에 같은 자녀에 대해 사용하는 것도 가능하다.

육아휴직급여 특례로 두 번째 사용한 사람의 육아휴직 3개월 급여를 통상임금의 100%(상한액 250만 원)로 지급한다. 통상적으로 두 번째 육아휴직을 사용하는 사람은 남성이 대부분이라서 육아휴직급여 특례를 '아빠의 달'이라고 부르기도 한다.

육아기 근로시간 단축급여는 육아휴직을 신청할 수 있는 근로자가 육아휴직을 대신해서 1년 이내 기간 동안(육아휴직 기간이 1년 미만인 경우 남은 기간의 2배 사용 가능) 육아기 근로시간의 단축을 신청하여 단축 근로시간에 해당

생 및 환경복원업, 부동산업 및 임대업, 공공행정 · 국방 및 사회보장 행정, 교육 서비스업, 협회 및 단체 · 수리 및기타 개인 서비스업, 가구 내 고용활동 및 달리 분류되지 않은 자가소비 생산활동, 국제 및 외국기관은 100명 이하이다. 그밖에 「중소기업기본법」 제2조 제1항 및 제3항의 기준에 해당하는 기업도 해당한다. 기업 규모가 일정 규모 이하이더라도 상호출자제한기업집단에 속하는 회사는 우선지원 대상기업에서 제외된다.

하는 급여를 받는 것이다. 육아기 근로시간 단축을 허용하는 경우 단축 후 근로시간은 주당 15시간 이상이어야 하고 35시간을 넘어서는 안 된다. 급여액은 매주 최초 5시간분(통상임금의 100%(상한액 200만 원, 하한액 50만 원)×5/단축 전 소정근로시간)+나머지 근로시간 단축분(통상임금의 80%(상한액 150만 원, 하한액 50만 원)×(단축전 소정근로시간−단축 후 소정근로시간−5)/단축 전 소정근로시간)이다.

(3) 고용안정사업[15] 및 직업능력개발사업

고용안정사업 및 직업능력개발사업은 피보험자 및 피보험자였던 자, 그 밖에 취업할 의사를 가진 자에 대한 실업의 예방, 취업의 촉진, 고용기회의 확대, 직업능력개발 · 향상의 기회 제공 및 지원, 그 밖에 고용안정과 사업주에 대한 인력 확보를 지원하기 위하여 실시하는 사업이다.

고용안정사업은 고용창출, 고용안정, 고용유지, 고용촉진 등에 대한 장려금을 사업주에게 지원하는 것이다. 고용창출장려금은 연장근로시간을 단축하여 생기는 빈 일자리에 신규로 근로자를 고용하거나 국내복귀기업으로 근로자를 신규 고용하는 경우, 신중년 적합직무에 근로자를 신규로 고용하거나 취업이 어려운 중증장애인, 가족부양의 책임이 있는 여성실업자, 취약계층 대상 취업지원 프로그램 이수자 등을 신규로 고용하여 고용을 창출한 사업주에게 지급하는 것이다.

고용안정장려금은 기간제 · 파견 · 사내하도급 근로자 또는 특수형태업무 종사자를 정규직으로 전환하거나 전일제 근로자의 소정 근로시간 단축을 허용하는 경우, 시차출퇴근제, 선택근무제, 재택 · 원격근무제 등 유연근무제를 도입하여 활용하거나 출산 · 육아기 근로자의 고용 안정을 위한 조치를

15 고용안정사업 내용은 고용노동부(2021) 고용장려금 지원제도 설명 내용 일부를 발췌하였음을 밝혀 둔다.

하여 기존 근로자의 고용을 안정시킨 사업주에게 지원하는 것이다.

고용유지지원금은 생산량 감소 · 재고량 증가 등으로 고용조정이 불가피하게 된 사업주가 근로자를 해고하기보다 무급 휴업 · 휴직하도록 지원하는 경우 제공하는 장려금이다.

청년 · 장년 고용장려금은 청년층에게 장기근속 및 자산형성 기회를 제공하거나 중소기업의 청년 인력난 해소 및 청년 일자리를 창출하거나 고령자 고용 촉진 및 안정을 위한 조치를 한 사업주를 지원하는 경우 지급한다.

고용환경개선장려금은 직장어린이집의 설치 및 운영을 지원함으로써 여성의 경제활동을 촉진하는 경우, 고령자 고용에 따른 환경 개선을 지원하는 경우, 일 · 생활 균형 인프라 구축을 지원하는 경우 지급한다.

지역고용촉진지원금은 고용위기지역으로 사업을 이전하거나 신설 또는 증설하는 사업주가 해당 지역 구직자를 신규로 고용하여 고용을 창출한 사업주에게 지원한다(고용노동부, 2021).

표 10-14 | 고용장려금 지원제도의 체계

구분	내용
고용창출장려금	• 일자리함께하기 지원 • 국내복귀기업 지원 • 신중년 적합직무 고용지원 • 고용촉진장려금 지원
고용안정장려금	• 정규직 전환 지원 • 워라밸 일자리 지원 • 일 · 가정 양립 환경개선 지원 • 출산육아기 고용안정장려금 지원
고용유지지원금	• 고용유지지원금 • 무급 휴업 · 휴직 고용유지지원금
청년고용장려금	• 청년내일채움공제 • 청년 추가고용 장려금
고령자 고용 장려금	• 60세 이상 고령자 고용지원금 • 고령자 계속고용 장려금

고용환경개선 장려금	• 직장어린이집 인건비 및 운영비 지원 • 직장어린이집 설치비 지원 • 고령자 고용환경 개선자금 융자 • 일 · 생활균형 인프라 구축비 지원
지역고용촉진지원금	• 지역고용촉진지원금

출처: 고용노동부(2021). 고용장려금 지원제도. p. 8.

직업능력개발사업[16]은 사업주 지원 프로그램과 근로자 지원 프로그램으로 구분할 수 있다. 사업주 지원 직업능력개발사업은 사업주가 근로자 또는 채용예정자 및 구직자 등을 대상으로 직업능력개발 훈련을 실시할 경우 훈련비 등의 소요비용을 지원함으로써 사업주의 훈련지원 및 근로자의 능력개발 향상을 도모하는 제도이다. 고용보험 피보험자, 피고용자, 채용예정자, 직업안정기관에 구직 등록한 자를 대상으로 유급휴가훈련을 지원하거나 대체인력 채용, 직업능력개발훈련시설 · 장비자금 대부 등을 지원하는 것이다.

근로자 지원 직업능력개발사업은 근로자의 직무능력향상 및 경쟁력 강화를 도모하기 위하여 근로자가 자율적으로 직업능력개발훈련에 참여할 경우 훈련비용의 일부를 지원하는 제도이다. 근로자수강지원금 지원, 근로자 능력개발카드 수강 지원, 근로자 학자금 및 훈련비 대부 등이 있다.

근로자가 아니더라도 직업능력개발사업의 혜택을 받을 수 있다. '국민내일배움카드제'는 구직자 및 자영업자 등에게 내일배움카드를 발급하고 일정금액의 훈련비를 지원함으로써 직업능력개발 훈련에 참여할 수 있도록 하며, 직업능력개발 훈련이력을 종합적으로 관리하는 제도이다. '국가기간전략산업직종훈련'은 국가기간산업이나 국가전략산업 분야에서 인력이 부족한 직종에 대한 직업능력개발훈련을 실시하여 기업에서 요구하는 수준의 기

16 직업능력개발사업의 내용은 직업훈련포털 HRD-Net의 내용을 참조하여 발췌하였음을 밝혀둔다(www.hrd.go.kr)

능인력 및 전문 · 기술인력 양성을 지원하는 제도이다. '청년취업아카데미'는 취업 및 창업을 희망하는 청년들을 대상으로 업무현장에서 요구하는 실무중심의 훈련프로그램을 제공하여 전문역량을 갖춘 인재를 양성함으로써 학교 교육과 취 · 창업 현실 간의 차이를 극복하기 위한 제도이다.

4) 전달체계

고용보험은 고용노동부 장관이 관장한다. 고용보험에 관한 주요 정책은 고용보험 운영 및 평가 전문위원회의 사전 검토 조정과 고용보험위원회의 심의를 거쳐 고용노동부장관에 의해 이루어진다. 고용노동부 내 고용보험 관련 조직 고용정책실 내 고용정책심의관, 노동보험심의관, 직업능력개발심의관이 설치되어 있다.

피보험자 관리 중 보험료 고지 및 수납, 체납관리 업무는 건강보험공단을 통해, 피보험자격 관리는 근로복지공단 지사를 통해, 실업급여 등 급여 지급 절차는 지역 고용센터를 통해 하게 된다.

표 10-15 | 고용보험 업무담당기관

기관	업무
고용노동부 고용센터	실업급여 지급, 고용안정사업 관련 각종 지원 업무 실업급여 관련 업무는 수급자 거주지 관할 고용센터에서 담당 직업능력개발 관련 각종 지원 업무
근로복지공단	고용보험 가입, 보험료 징수, 보험사무대행기관인가 등 담당
국민건강보험공단	보험료 고지 및 수납, 체납 관리

고용센터 업무를 구체적으로 살펴보면 실업급여 관리 업무로는 수급자격 인정 신청, 실업인정 신청, 취업촉진수당 신청, 실업크레딧(국민연금 가입기

간 추가산입) 신청 등의 업무가 있고, 고용안정사업 관련 업무로는 고용창출장려금 신청, 고용안정장려금 신청, 고용유지지원금 신청 등의 업무가 있다. 출산 · 육아 관련 휴가 · 휴직 급여 관리업무로는 출산전후 휴가급여 신청, 육아휴직 급여 신청, 육아기 근로시간 단축 급여 신청 등의 업무가 있으며, 직업능력개발 관련 업무로는 직업능력 개발 훈련 비용 지원 신청, 훈련수강 신고, 수강장려금 지급 신청 등이 있다.

5) 재원

고용노동부장관은 보험사업에 필요한 재원에 충당하기 위하여 고용보험기금을 설치한다. 기금은 보험료와 이 법에 따른 징수금, 적립금, 기금운용 수익금과 그 밖의 수입으로 조성한다. 기금은 고용노동부 장관이 관리, 운용한다(고용보험법 제78조).

고용보험료율은 보험수지의 동향과 경제상황 등을 고려하여 근로자 보수총액의 3%의 범위에서 고용안정 · 직업능력개발사업의 보험료율 및 실업급여의 보험료율로 구분하고, 고용안정 · 직업능력개발사업의 보험료는 근로자는 부담하지 않으며, 기업 규모에 따라 달라진다.

표 10-16 | 고용보험료율

구분		노동자	사업주
실업급여		0.9%	0.9%
고용안정 직업능력 개발사업	150인 미만 기업	–	0.25%
	150인 이상 기업(우선지원 대상기업)	–	0.45%
	150인 이상~1,000인 미만 기업(우선지원 대상기업 제외)	–	0.65%
	1,000인 이상 기업 및 국가, 지방자치단체가 직접 행하는 사업	–	0.85%

출처: 고용보험 홈페이지(실업급여 보험표는 2022년 적용 보험료율 반영).

4. 산업재해보상보험

산재

산업재해보상보험(이하 산재보험)은 근로자의 업무상 재해를 신속하고 공정하게 보상하며, 재해 근로자의 재활 및 사회 복귀를 촉진하기 위하여 이에 필요한 보험시설을 설치 · 운영하고 재해 예방과 근로자 복지증진을 위해 시행되고 있다(산업재해보상보험법 제1조). 산재보험이 다른 사회보험과 구분되는 독특한 특성은 보험가입자와 급여수급자가 일치하지 않는다는 것이다. 산재보험 급여의 수급대상이 산업재해를 당한 개별 노동자임에도 불구하고 보험가입자로 보험료를 부담하는 자는 노동자를 고용하고 있는 사업주이다(김진구, 1997: 이인재 외, 2002에서 재인용). 이는 산재보험이 산업재해에 대한 고용주 책임을 사회보험화한 것이기 때문이다(이인재 외, 2002: 226).

1) 연혁

산재보험제도가 도입되기 이전에는 근로기준법에 의해 산업재해의 개별 사용주 책임제도가 있었다. 산업재해보상보험제도는 1963년 산업재해보상보험법이 제정되면서 1964년부터 시행되었다. 1995년부터 산재보험 업무를 노동부에서 근로복지공단으로 이관하였고, 1999년 법개정을 통해 2000년부터 중소기업 사업주, 1인 이상 사업장까지 산재보험 적용이 확대되었다. 2007년 산업재해보상보험의 전부개정을 통해 산재근로자에 대한 의료 · 재활서비스를 확충하고 산재근로자 및 의료기관의 요양관리 합리화를 꾀하였고, 2012년에는 유족보상연금 수급자격자 범위의 남자 배우자 연령 조항을 삭제하여 성별 형평성을 도모하였다(김수정, 2017).

산재보험 적용 대상자 확대 연혁을 구체적으로 살펴보면, 1964년 산재보험 도입시에는 500인 이상 근로자를 사용하는 광업 및 제조업에 적용하였고, 1989년 근로기준법 적용을 받는 모든 사업 또는 사업장으로 확대하였다. 1994년 5인 이상 사업장으로 적용 대상을 확대하고 2000년부터는 1인 이상 근로자를 사용하는 전 사업으로 확대하였다. 그러나 여전히 근로기준법의 적용을 받지 않는 특수형태 근로자는 적용 대상에서 제외되어 있었는데 2008년 4개 특수형태 근로자(골프장 캐디, 학습지 교사, 레미콘 기사, 보험설계사)까지 적용 대상을 확대하고, 2011년부터는 특수형태 근로자에 업무상 재해 발생 가능성이 높은 택배업 및 퀵서비스 종사자를 포함시켰다. 2016년에는 대출 모집인, 신용카드 모집인, 대리운전 업무하는 사람들을 추가로 인정하였다.

표 10-17 | 산업재해보상보험법 적용 대상자 확대

연도	적용 대상자 확대 내용
1964년	500인 이상 근로자를 사용하는 광업 및 제조업
1989년	근로기준법의 적용을 받은 모든 사업 또는 사업장
1994년	5인 이상 사업장
2000년	1인 이상 사업장
2008년	4개 특수형태 근로자(골프장 캐디, 학습지 교사, 건설기계 자차기사, 보험설계사)
2011년	택배업 및 퀵서비스 종사자 추가 인정
2016년	대출 모집인, 신용카드 모집인, 대리운전 업무하는 사람들 추가 인정
2020년	방문강사, 방문판매원, 대여제품 방문점검원, 가전제품 설치원, 화물차주
2021년	소프트웨어 기술자(프리랜서)

출처: 김수정(2017). 사회복지법제론. p. 136, 근로복지공단 홈페이지(2021년 12월 27일 인출).

2) 대상

(1) 업무상 재해

업무상 재해란 업무상 사고, 업무상 질병, 출퇴근 재해 등의 사유로 부상,

질병, 장해를 당하거나 사망하는 것을 의미한다. 업무상 사고란, 근로자가 근로계약에 따른 업무나 행위를 하던 중 발생한 사고, 사업주가 제공한 시설물의 결함이나 관리소홀로 발생한 사고, 사업주가 주관하거나 사업주 지시에 따라 참여한 행사나 행사 준비중 발생한 사고, 휴게시간 중 사업주 지배 관리하에 있다고 볼 수 있는 행위로 발생한 사고 등을 의미한다. 업무상 질병이란, 업무수행과정에서 물리적 인자, 화학물질, 분진, 병원체, 신체에 부담을 주는 업무 등 근로자의 건강에 장해를 일으킬 수 있는 요인을 취급하거나 그에 노출되어 발생한 질병, 업무상 부상이 원인이 되어 발생한 질병 등을 의미한다. 출퇴근 재해란, 사업주가 제공한 교통수단이나 그에 준하는 교통수단을 이용하는 등 출퇴근중 발생한 사고, 그밖에 통상적 경로와 방법으로 출퇴근하는 중 발생한 사고를 의미한다. 단, 근로자의 고의 · 자해행위나 범죄행위 또는 그것이 원인이 되어 발생한 재해는 업무상 재해로 보지 않는다(산업재해보상보험법 제37조).

산재범위 확대

(2) 보험가입자[17]

근로자를 사용하는 모든 사업 또는 사업장의 사업주는 당연히 산업재해보상보험의 가입자가 된다. 다만 위험률, 규모에 따라 적용제외 사업을 정하고 있는데, 이들 사업의 사업주는 공단의 승인을 얻어 산재보험에 가입할 수 있다. 적용제외 사업으로는 공무원연금법, 군인연금법, 선원법, 어선원 및 어선재해보상보험법, 사립학교교직원연금법에 따라 재해보상이 되는 사업, 총공사금액 2천만 원 미만이거나 연면적이 100제곱미터 이하인 건축물의 건축 공사, 연면적 200제곱미터 이하인 건축물 대수선 공사를 하는 주택건설업자, 공사업자, 정보통신공사업자, 소방시설업자, 문화재수리업자, 가구내 고용활동, 상시근로자 수 1인 미만인 사업, 농업, 임업, 어업, 수렵업

17 근로복지공단 홈페이지 일부 내용을 요약 · 발췌하였음을 밝혀 둔다.

중 법인이 아닌 자의 사업으로 상시근로자 수 5명 미만인 사업이 있다. 적용제외사업의 사업주가 가입을 하면 이를 임의가입자라 한다.

당연가입자, 임의가입자 외에 특례가입자를 정하고 있으며 특례가입자에는 국외사업, 해외파견자, 현장실습생, 중소기업 사업주, 특수형태근로자, 국민기초생활보장수급자 등이 있다.

(3) 급여수급자

산재보험수급자는 보험가입자(사업주)가 아닌, 보험가입자가 사용하고 있는 업무상 재해를 당한 근로자이다.

3) 급여[18]

산재보험의 급여에는 요양급여, 휴업급여, 장해급여, 유족급여, 상병보상연금, 장례비, 간병급여, 직업재활급여가 있다. 이중 요양급여는 현물급여이고 나머지 급여들은 현금급여이다.

요양급여란 업무상 재해로 인해 산재보험 의료기관에서 받는 진찰 및 검사, 약제 또는 진료재료와 의지, 그밖의 보조기의 지급, 처치, 수술, 재활치료, 입원, 간호 및 간병, 이송 등의 서비스이다. 산재보험 의료기관이 아닌 곳에서 요양급여에 해당하는 서비스를 받으면 요양비를 지급할 수 있다.

휴업급여란 업무상 재해로 인한 부상 또는 질병으로 취업하지 못한 기간(입원/통원)에 대하여 1일당 평균임금의 70%에 해당하는 금액을 지급하는 제도이다. 다만 평균임금의 70%가 최저보상 기준금액의 80%보다 적은 경우 평균임금의 90%를 지급하고 평균임금의 90%가 최저보상 기준 금액(평

18 근로복지공단 홈페이지와 산업재해보상보험법 일부 내용을 요약 · 발췌하였음을 밝혀 둔다.

균임금 하한선)의 80%를 초과하면 최저보상 기준 금액의 80%, 평균임금의 90%가 최저임금액에 미달하면 최저 임금액을 1일당 휴업급여로 지급한다.

장해급여란 근로자가 업무상의 사유로 부상을 당하거나 질병에 걸려 치유된 후 신체 등에 장해가 있는 경우 지급하는 급여이다. 장해등급에 따라 장해보상연금(1급~7급) 또는 장해보상일시금(1급~14급)으로 지급한다. 급여액은 장해등급에 해당하는 지급일수에 평균임금을 곱한 금액이다.

유족급여란 근로자가 업무상 사유로 사망한 경우 그 당시 부양하고 있던 유족에게 지급하는 급여이다. 유족급여 역시 유족보상연금 또는 일시금으로 지급 가능하지만 연금지급이 원칙이다. 다만 연금수급자가 없는 경우에는 일시금으로 지급받을 수 있다. 유족보상연금 수급자격자는 배우자, 60세 이상 부모 또는 조부모, 25세 미만 자녀 또는 19세 미만 손자녀, 19세 미만 또는 60세 이상 형제 · 자매, 유족의 연령 기준 안되더라도 장애인복지법에 따른 장애인 중 고용노동부령으로 정한 장애 정도에 해당하면 받을 수 있다.

상병보상연금이란 요양급여를 받는 근로자가 요양을 시작한 지 2년이 지나도 부상이나 상병이 치유되지 않고 중증요양상태(1~3급)에 해당하여 취업하지 못하는 상태가 계속되면 휴업급여 대신 지급된다. 장해보상연금을 받던 근로자가 부상이나 질병이 악화되어 재요양하는 경우에도 지급한다. 1일당 상병보상연금 급여 수준은 (평균임금×중증요양상태등급일수)/365이다.

장례비란 근로자가 업무상 사유로 사망한 경우 평균임금의 120일분에 해당하는 금액을 유족 또는 장례를 시행한 자에게 지급하는 급여이다.

간병급여란 요양급여를 받은 자가 치료가 끝난 후에도 간병인이 필요하여 간병을 하게 되면 장해 정도에 따라 지급하는 간병비용이다. 수급자의 건강상태에 따라 상시간병급여와 수시간병급여로 구분된다.

직업재활급여란 장해급여 또는 진폐보상연금을 받은 자나 장해급여를 받을 것이 명백한 자에게 지급되는 직업훈련 비용과 수당, 직장복귀지원금,

직장적응훈련비, 재활운동비 등을 말한다.

4) 전달체계

산재보험은 고용노동부장관이 관장하고 고용노동부 장관의 위탁을 받아 근로복지공단이 사업을 수행한다. 근로복지공단은 산재보험과 관련하여 보험가입자와 수급권자에 관한 기록의 관리 · 유지, 보험료와 그 밖의 징수금의 징수, 보험급여 결정과 지급, 심사 청구의 심리 · 결정, 업무상 재해를 입은 근로자의 진료 · 요양 및 재활, 재활보조기구 연구개발 · 검정 및 보급, 업무상 질병 관련 연구, 건강진단 등 예방사업 등의 업무를 수행한다.

그밖에 산재보험 및 예방에 관한 중요 사항을 심의하기 위하여 고용노동부에 '산업재해보상보험 및 예방심의위원회'를 두고, 위원회는 요양급여 산정 기준, 산재보험료율, 기금운용계획 수립, 산업안전 · 보건업무 관련 정책, 중장기기본계획 등에 대해 심의한다.

5) 재원

산재보험의 재원은 산업재해보상보험 및 예방기금이다. 고용노동부장관은 보험사업, 산업재해 예방 사업에 필요한 재원을 확보하고, 보험급여에 충당하기 위하여 산업재해보상보험 및 예방기금을 설치한다. 기금은 보험료, 기금운용 수익금, 적립금, 기금의 결산상 잉여금, 정부 또는 정부 아닌 자의 출연금 및 기부금, 차입금, 그 밖의 수입금을 재원으로 하여 조성한다. 정부는 산업재해 예방 사업을 수행하기 위하여 회계연도마다 기금지출예산 총액의 3% 범위에서 기금에 출연한다(산업재해보상보험법 제95조).

기금의 주요 수입원인 보험료는 전액 보험가입자(사용자, 사업주, 고용주)

에 의해서만 납부되고, 피용자의 보험료 부담은 전혀 없다. 단 특수형태근로자의 경우 사업주와 특수형태 근로자가 보험료를 1/2씩 부담한다.

산재보험료는 그 사업주가 경영하는 사업에 종사하는 근로자의 개인별 보수총액에 산재보험료율을 곱한 금액을 합한 금액으로 정한다. 근로자의 임금은 자주 변동되기 때문에 보험료를 신고할 때 당해 연도 근로자에게 지급할 임금총액의 추정액에 보험료율을 곱하여 산정한 금액(개산보험료)을 신고 · 납부하고, 다음 연도에 전년도에 실제 지급한 임금총액에 보험료율을 곱하여 산정한 금액(확정보험료)을 신고하여, 이미 납부한 개산보험료와의 차액을 산정하는 방식으로 보험료를 징수한다(생각의 마을, 2017).

보험료율 산정 방식은 업종별 차등요율 체계를 기본으로 하며, 부분적으로 개별실적요율 체계를 적용한다. 사업종류별 산재보험료율은 매년 6월 30일을 기준으로 과거 3년 동안의 보수총액에 대한 산재보험 급여총액의 비율(보험급여 지급률)을 기초로 산정하며, 산재보험 급여액 · 재해예방 및 재해근로자 복지증진 등에 소요되는 비용을 고려하여 사업종류별로 정해진다(보험료징수법 제14조 제3항).

개별실적요율 = 업종 일반요율 ± (업종일반요율 × 수지율에 의한 증감비율[19])

수지율 = 과거 3년간 보험급여 총액/보험료 총액

19 수지율에 의한 증감비율.

수지율	증감비율	수지율	증감비율	수지율	증감비율
~5%	20.0% 인하	50%~60%	6.9% 인하	110%~ 120%	9.2% 인상
5%~10%	18.4% 인하	60%~70%	4.6% 인하	120%~130%	11.5% 인상
10%~20%	16.1% 인하	70%~75%	2.3% 인하	130%~140%	13.8% 인상
20%~30%	13.8% 인하	75%~85%	0	140%~150%	16.1% 인상
30%~40%	11.5% 인하	85%~90%	2.3% 인상	150%~160%	18.4% 인상
40%~50%	9.2% 인하	90%~100%	4.6% 인상	160%~	20.0% 인상
		100%~110%	6.9% 인상		

출처: 고용보험 및 산업재해보상보험의 보험료징수 등에 관한 법률 시행령[시행 2018.1.1.].

표 10-18 | 2021년 사업종류별 산재보험료율

(단위: 천분율, 출퇴근재해 1.5‰ 포함된 요율임)

사업종류	요율	사업종류	요율
1. 광업		5. 운수 · 창고 및 통신업	
석탄광업 및 채석업	186	철도 · 항공 · 창고 · 운수관련 서비스업	9
석회석 · 금속 · 비금속광업 및 기타광업	58	육상 및 수상 운수업	19
2. 제조업		통신업	10
식료품제조업	17	6. 임업	59
섬유/섬유제품제조	12	7. 어업	
목재 및 나무제품 제조업	21	어업 및 양식어업, 어업관련 서비스업	29
출판 · 인쇄 · 제본	11	8. 농업	21
화학 및 고무제품 제조업	14	9. 기타의 사업	
의약품 · 화장품 향료 · 담배제조업	8	시설관리 및 사업지원 서비스업	9
기계기구 · 금속 · 비금속광물제품 제조업	14	기타의 각종사업	10
금속제련업	11	전문 · 보건 · 교육 · 여가관련 서비스업	7
전기기계기구 · 정밀기구 · 전자제품제조업	7	도 · 소매 · 음식 · 숙박업	9
선박건조 및 수리업	25	부동산업 및 임대업	8
수제품 및 기타제품 제조업	13	국가 및 지방자치단체의 사업	10
3. 전기 · 가스 · 증기 및 수도사업	9	0. 금융 및 보험업	7
4. 건설업	37	*해외파견자: 15/1,000	

출처: 근로복지공단 홈페이지(2021.12.27. 인출).

개별 실적요율은 사업주가 적극적으로 재해를 줄이게 하도록, 개별사업장의 재해발생 정도에 따라 산재보험료율을 일정범위 내에서 증가 또는 경감시켜 주고 있다. 개별실적요율이 적용되기 위해서는 보험관계 성립 후 3년이 경과하여야 한다. 2021년 기준 평균 산재보험료율은 1.53%이다(고용노동부 홈페이지).

표 10-19 | 연도별 평균 산재보험료율 추이

(단위: %)

구분	'14	'15	'16	'17	'18	'19	'20	'21
평균요율(%)	1.70	1.70	1.70	1.70	1.80	1.65	1.56	1.53

출처: 고용노동부 홈페이지.

5. 노인장기요양보험

노인장기요양보험은 고령이나 노인성 질병 등의 사유로 일상생활을 혼자서 수행하기 어려운 노인 등에게 신체활동 또는 가사활동 지원 등의 장기요양급여를 제공하여 노후의 건강증진 및 생활안정을 도모하고 그 가족의 부담을 덜어줌으로써 국민의 삶의 질을 향상하도록 함을 목적으로 시행하는 사회보험제도이다(노인장기요양보험법 제 1조).

1) 연혁[20]

2000년 이후 인구 고령화 속도가 빠르게 증가하면서 치매 · 중풍 등으로 의료서비스보다는 장기요양이 필요한 노인들의 수도 많아짐에 따라 이들을 돌봐야 하는 가족들의 부담도 커졌다. 2001년 대통령 경축사에서 노인요양보장제도 도입을 제안하였고, 2002년 대통령 공약사항에 포함되었다. 이에 따라 2003년부터 노인장기요양보험제도 도입을 준비하고 2005년부터 2008년까지 3년간의 시범사업을 거쳐 2008년 7월부터 시행되었다. 2010년 장기요양기관의 장에게 장기요양급여 제공자료 기록 · 관리 의무를 부여하였고,

20 노인장기요양보험 홈페이지 '제도 추진 경과'의 중요한 부분을 요약하여 정리하였다.

장기요양등급 3등급으로 시작했던 노인장기요양보험은 2014년부터 5등급 체계로 개편되었다. 2017년부터는 정부가 장기요양요원의 처우개선, 복지 증진을 위해 적극적으로 노력하도록 장기요양기본계획에 '장기요양요원의 처우에 관한 사항'을 포함시켰다. 2018년부터는 인지기능저하로 일상생활에 어려움이 있으나 신체기능이 양호하여 노인장기요양 등급판정을 받기 어려운 치매환자를 위해 선정기준이 완화된 장기요양 '인지지원등급'을 신설하여 신체기능이 양호한 치매환자도 장기요양 대상자가 될 수 있도록 등급 체계를 개편하였다.

2) 대상

노인장기요양보험의 가입자는 국민건강보험 가입자와 동일하다. 건강보험의 적용에서와 같이 법률상 가입이 강제되어 있다. 외국인 근로자는 신청에 의해 장기요양보험 가입자에서 제외된다. 의료급여 수급권자의 경우 건강보험과 장기요양보험의 가입자에서는 제외되지만, 국가 및 지방자치단체의 부담으로 장기요양보험의 적용대상으로 하고 있다.

장기요양인정을 신청할 수 있는 수급자는 65세 이상의 노인 또는 65세 미만의 자로서 치매 · 뇌혈관성질환 등 노인성 질병을 가진 장기요양보험가입자 또는 피부양자, 의료급여수급권자이다. 장기요양보험 가입자 및 그 피부양자나 의료급여수급권자 누구나 장기요양급여를 받을 수 있는 것은 아니다. 일정한 절차에 따라 장기요양급여를 받을 수 있는 권리(수급권)가 부여되는데 이를 장기요양인정이라고 한다.

장기요양인정을 받으려면 먼저 공단에 장기요양인정을 신청하고 공단 직원의 방문에 의한 인정조사와 등급판정위원회의 등급판정을 받아야 한다.

등급판정[21]은 "건강이 매우 안좋다", "큰 병에 걸렸다" 등과 같은 주관적인 개념이 아닌 "심신의 기능상태에 따라 일상생활에서 도움(장기요양)이 얼마나 필요한가?"를 지표화한 장기요양인정점수를 기준으로 한다.

3) 급여[22]

노인장기요양급여에는 재가급여, 시설급여, 특별현금급여가 있다. 재가급여의 종류로는 방문요양, 방문목욕, 방문간호, 주야간보호, 단기보호, 기타재가급여가 있다. 방문요양은 장기요양요원이 수급자의 가정 등을 방문하여 신체활동 및 가사활동 등을 지원하는 장기요양급여이고, 방문목욕은 장기요양요원이 목욕설비를 갖춘 장비를 이용하여 수급자의 가정 등을 방문하여 목욕을 제공하는 장기요양급여이다. 방문간호란 장기요양요원인 간호사

---

21 노인장기요양 장기요양인정 등급

장기요양 등급	심신의 기능상태
1등급	심신의 기능상태 장애로 일상생활에서 전적으로 다른 사람의 도움이 필요한 자로서 장기요양인정 점수가 95점 이상인자
2등급	심신의 기능상태 장애로 일상생활에서 상당 부분 다른 사람의 도움이 필요한 자로서 장기요양인정 점수가 75점 이상 95점 미만인 자
3등급	심신의 기능상태 장애로 일상생활에서 부분적으로 다른 사람의 도움이 필요한 자로서 장기요양인정 점수가 60점 이상 75점 미만인 자
4등급	심신의 기능상태 장애로 일상생활에서 일정 부분 다른 사람의 도움이 필요한 자로서 장기요양인정 점수가 51점 이상 60점 미만인 자
5등급	치매환자로서(노인장기요양보험법 시행령 제2조에 따른 노인성 질병으로 한정) 장기요양인정 점수가 45점 이상 51점 미만인 자
인지지원등급	치매환자로서(노인장기요양보험법 시행령 제2조에 따른 노인성 질병으로 한정) 장기요양인정 점수가 45점 미만인 자

출처: 노인장기요양보험 홈페이지.

22 노인장기요양보험법 제23조.

등이 의사, 한의사 또는 치과의사의 지시서에 따라 수급자의 가정 등을 방문하여 간호, 진료의 보조, 요양에 관한 상담 또는 구강위생 등을 제공하는 장기요양급여이다. 주 · 야간보호는 수급자를 하루 중 일정한 시간 동안 장기요양기관에 보호하여 신체활동 지원 및 심신기능의 유지 · 향상을 위한 교육 · 훈련 등을 제공하는 장기요양급여이다. 단기보호란 수급자를 일정 기간 동안 장기요양기관에 보호하여 신체활동 지원 및 심신기능의 유지 · 향상을 위한 교육 · 훈련 등을 제공하는 장기요양급여이다. 기타재가급여란 수급자의 일상생활 · 신체활동 지원 및 인지기능의 유지 · 향상에 필요한 용구를 제공하거나 가정을 방문하여 재활에 관한 지원 등을 제공하는 것이다.

시설급여는 장기요양기관이 운영하는 노인의료복지시설 등에 장기간 동안 입소하여 신체활동 지원 및 심신기능의 유지 · 향상을 위한 교육 · 훈련 등을 제공하는 장기요양급여이다. 노인복지법의 노인의료복지시설은 노인요양시설, 노인요양공동생활가정이다.

특별현금급여는 가족요양비, 특례요양비, 요양병원간병비를 제공하는 급여이다. 이중 현재 시행하고 있는 특별현금급여는 가족요양비로 수급자가 섬 · 벽지에 거주하거나 천재지변, 신체 · 정신 또는 성격 등의 사유로 장기요양급여를 지정된 시설에서 받지 못하고 그 가족 등으로부터 방문요양에 상당하는 장기요양 급여를 받을 때 지급하는 현금급여이다.

4) 전달체계

우리나라 장기요양보험제도는 관리 · 운영할 기관을 별도로 설치하지 않고 기존의 국민건강보험공단을 관리운영기관으로 한다. 도입과 정착을 원활하게 하고 건강보험과 독립적인 형태로 설계하되, 그 운영에 있어서는 효율성 제고를 위하여 별도로 관리운영기관을 설치하지 않고 국민건강보험공단이 이를 함께 수행하도록 한 것이다.

국민건강보험공단은 가입자와 피부양자, 의료급여수급권자의 자격관리, 보험료 부과 · 징수, 신청인에 대한 조사, 등급판정위원회 운영 및 등급판정, 장기요양인정서 작성, 표준장기요양이용계획서 제공, 장기요양급여 관리 및 평가, 수급자에 대한 정보제공 · 안내 · 상담 등 장기요양급여 관련 이용 지원에 관한 사항, 급여비용 심사 및 지급, 특별현금급여 지급 등의 역할을 한다.

수급자가 등급판정 신청을 하면 국민건강보험공단 장기요양등급판정위원회에서는 등급판정, 장기요양인정, 표준장기요양이용계약서 작성을 하고 수급자는 장기요양기관에 서비스신청을 하고 서비스 계약을 맺고, 장기요양기관으로부터 급여를 받고 본인부담금을 납부한다. 현금급여는 국민건강보험

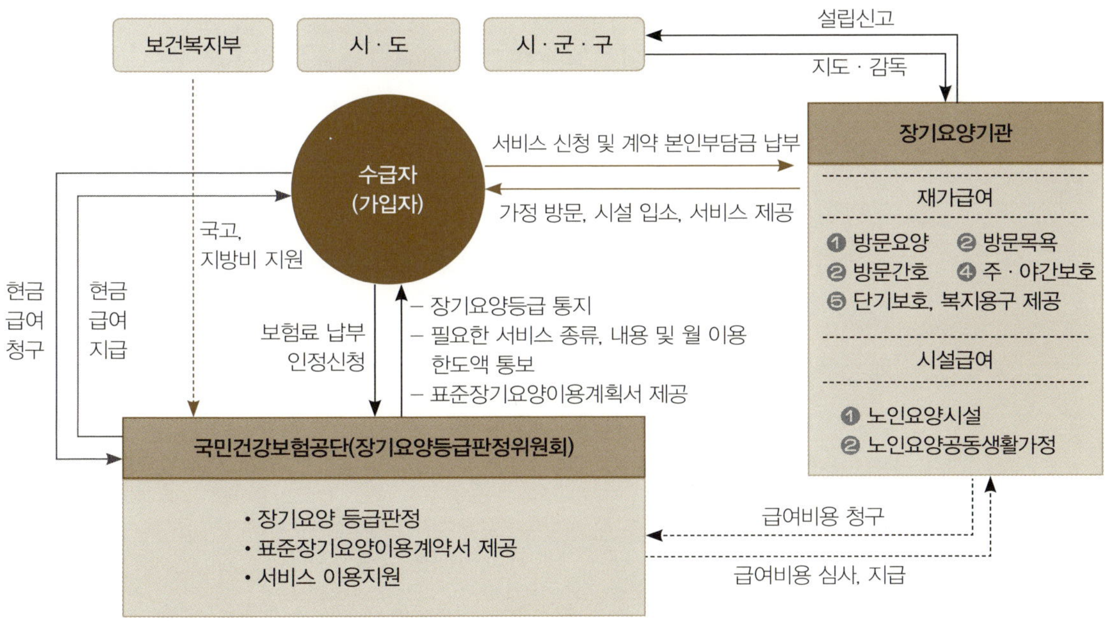

[그림 10–3] 노인장기요양보험 관리운영체계

출처: 보건복지부 홈페이지.

험공단에 직접 청구하고 지급받는다.

장기요양기관은 지방자치단체에 설립신고를 하고 지도감독을 받는다. 장기요양기관의 서비스 제공에 대해 국민건강보험공단에 서비스 이용 비용을 청구하고 비용 심사를 받은 후 비용을 지급받는다.

5) 재원[23]

재원은 장기요양보험료, 국고지원, 수급자의 본인일부부담금을 통해 조달된다. 장기요양보험료는 2022년 기준 건강보험료액의 12.27%이다. 2021년까지 건강보험료액의 11.52%였는데 해마다 꾸준히 인상되고 있다. 노인장기요양보험 보험료는 건강보험료와 통합 징수하되 각각 독립회계로 관리한다.

국고지원은 장기요양보험료율 예상수입액의 20%이고, 의료급여수급권자의 장기요양급여비용, 의사소견서 발급비용, 방문간호지시서 발급비용 중 공단이 부담하여야할 비용 및 관리운영비의 전액을 국가와 지방자치단체가 분담한다.

재가급여와 시설급여 비용 중 일부는 수급자가 부담한다. 재가급여의 15%, 시설급여의 20%를 본인이 일부 부담한다. 의료급여수급권자, 소득 · 재산 기준이 일정 수준 이하인 사람, 천재지변 등으로 생계가 곤란한 사람은 본인부담을 60% 경감해 준다.

23 노인장기요양보험법 제8조, 제58조.

학습활동

01 [개인][조별] 동영상 강의와 읽기 자료에서 이해가 안 되었던 것을 질문한다.

02 [조별] 다음 사례의 주인공은 언제부터 노령연금을 받을 수 있을까요? 현재 수입이 은퇴하는 시점까지 지속된다면 예상 가능한 노령연금은 얼마일까요?

> 경기도 부천시 소사구 소사본동에 사는 84년생 진아 씨는 집 근처에서 카페를 운영하고 있다. 작은 카페라 아르바이트 학생 한명 고용하고 거의 혼자 운영하는 셈이다. 대학 졸업 후 식품 회사에 다니다 뜻한 바가 있어 7년만에 퇴사하고 바리스타 공부를 하여 카페를 개업한 지 1년째이다. 기대했던 만큼의 수입은 아니지만 그래도 매출액에서 재료비와 임대료를 제외하고는 월 250만 원 정도의 수입이 있다. 회사 다닐 때 받던 월급과 거의 비슷하다. 그래도 회사 다닐 때보다 마음은 편해서 건물주가 임대료 올려달라는 말만 하지 않으면 60세까지 운영하고 싶은 소망이 있다.

03 [조별] 다음 사례 속의 주인공들은 얼마 정도의 건강보험료를 납부해야 할까요?

> 진아 씨의 동갑내기 남편 준희 씨는 최근 아내의 카페 근처에 있는 대학교에 이직 이후 6개월만에 교직원으로 취업했다. 이전에 다니던 회사에서 구조조정으로 해고되었지만 200만 원이라는 월급이 이전 회사 월급(300만 원)보다는 많지 않다. 그래도 교직원이라는 신분에서 오는 안정감과 젊은 대학생들을 보면서 받는 젊은 기운 때문에 이전에 다니던 회사보다 지금 현재 직장이 더 맘에 든다. 회사 다니면서 모았던 적금과 대출을 이용해서 부천역 근처 다세대 주택에 전세를 얻었다. 다행히 아내가 개업한 카페 수입이 자신의 월급보다 많아 부지런히 돈을 모으면 전세 대출도 갚고, 머지않은 미래에는 작은 아파트라도 장만하고 싶지만 부동산 가격이 만만치 않다.
>
> 반면 준희 씨가 다녔던 회사 동료 승호 씨는 아버지가 경영하는 회사에서 적

> 은 월급(작년 구조조정과 원가 삭감 조치로 인해 월급이 250만 원으로 깎였다)을 받고 있지만, 아버지가 증여해 준 건물 임대료 수입이 연 7200만 원 정도 되어 결혼 준비에도 별 지장이 없다. 내년에는 임대료를 좀 올려서 경영이 어려운 회사에서 손을 떼고 '건물주' 노릇만 하고 싶다.

04 [조별] 위 사례에서 준희 씨는 고용보험 실업급여를 받을 수 있었을까요? 실업급여를 받았다면 얼마 정도를 받을 수 있을까요? 참고로 준희 씨는 이전 직장에서 5년 근무했다.

05 [조별] 한국산업재해예방안전보건공단 홈페이지에서 업무관련성이 낮은 직업병 사례와 업무관련성이 높은 직업병 사례를 하나씩 찾아 발표한다.
(참고할 페이지: 한국산업안전보건공단 〉 자료마당 〉 통합자료실 〉 재해사례 〉 국내 재해사례 〉 직업병, https://www.kosha.or.kr/kosha/data/occupationalDisease.do

06 [조별] 할아버지께서 병원에서 치매 판정을 받으셔서 장기요양보험 급여 신청을 하려고 한다. 어떤 절차를 거쳐야 하는지 구체적으로 설명해 보자.

CHAPTER

11

공공부조정책

1. 국민기초생활보장제도
2. 의료급여
3. 긴급복지지원제도
4. 기초연금제도

CHAPTER 11

공공부조정책

학습목표

01 국민기초생활보장제도가 제정된 당시의 상황과 배경에 대해 이해한다.
02 국민기초생활보장제도의 대상 선정 기준, 급여의 종류, 전달체계, 재원을 이해하고 설명할 수 있다.
03 의료급여제도의 대상, 급여, 전달체계, 재원을 이해하고 설명할 수 있다.
04 긴급복지지원제도의 대상 선정 기준, 급여, 지원기간, 전달체계, 재원을 이해하고 설명할 수 있다.
05 기초연금제도의 연혁, 대상 선정 기준, 급여 수준, 전달체계, 재원조달방식을 이해하고 설명할 수 있다.

1. 국민기초생활보장제도

국민기초생활보장제도는 생활이 어려운 사람에게 필요한 급여를 실시하여 이들의 최저생활을 보장하고 자활을 돕는 우리나라의 대표적인 공공부조제도이다. 국민의 생존권 보장을 위해 최후의 보루로서 기능하는 법이다(김수정, 2017: 270). 국민기초생활보호제도는 1962년부터 시행되어 오던 생활보호제도를 전면적으로 개편하며 2000년 10월 1일부터 시행되었다. 기존의 생활보호제도와 다르게 최저생활보장의 '권리'를 강조하였고, 생계비 지원(생계보호에서 생계급여로 명칭 변경) 대상자의 인구학적 기준에 따른 제한을 폐지하였으며, 최저생계를 보장하기 위한 급여액이 수급자 소득에 따라 다르게 지급되었다.

1) 연혁

1997년 외환위기로 실직자와 노숙자가 증가하고 빈곤계층의 생활안정을 위하여 기본적인 최저생활보장제도에 대한 요구가 높아졌다. 1998년 45개 시민단체 연대회의를 구성하여 입법 청원을 하였고, 여당과 야당, 정부 등 전 국민적 합의를 바탕으로 1999년 9월 7일 국민기초생활보장법을 제정하고 2000년 10월 1일부터 제도가 시행되었다. 국민기초생활보장법이 제정된 9월 7일은 '사회복지의 날'로 기념하고 있다.

2000년 시행 이후 2003년 소득 기준과 재산 기준의 구분을 소득인정액 기준으로 통합하였고, 2007년 부양의무자 범위를 2촌 이내 직계 혈족에서 1촌 이내 직계혈족으로 축소시켜 대상자 선정 기준을 완화하였다. 2011년에는 수급자의 가구별 특성을 감안하여 관련 기관의 고용지원서비스를 연계할 수 있도록 하고, 수급자의 취업활동으로 인하여 해당 가구에 필요하게 된 아동 · 노인 등에 대한 사회서비스를 지원하며, 자산형성지원서비스를 실시하였다.

기초생활 보장제도

2015년부터는 맞춤형 급여체계 개편을 하여 급여의 종류별로 수급 대상 선정 기준을 달리 정하였고, 최저생계비 대신 최저보장수준을 대상자 선정 기준으로 정하였다. 최저보장수준은 기준중위소득을 기준으로 정해진다. 2018년부터 주거급여, 2021년 10월부터 생계급여 부양의무자 기준이 폐지되었다.

표 11-1 | 국민기초생활보장제도 연혁

연도	주요 내용
2000년	국민기초생활보장제도 시행
2003년	소득인정액 기준 통합
2007년	부양의무자 범위 축소, 대상자 선정 기준 완화

세모녀법

2011년	고용지원서비스 연계, 아동 · 노인 등 사회서비스 지원, 자산형성지원서비스
2015년	맞춤형 급여체계 개편, 최저보장수준과 기준중위소득 정의, 교육급여 부양의무자 기준 폐지
2018년	주거급여 부양의무자 기준 폐지
2021년	생계급여 부양의무자 기준 폐지

2) 대상

수급자는 소득인정액 기준과 부양의무자 기준(의료급여)을 모두 충족시켜야 한다. 부양의무자가 없거나 부양의무자가 있어도 부양능력이 없거나 부양을 받을 수 없는 자로서 소득인정액이 중위소득의 일정 기준 미만인 경우 수급자가 될 수 있다. 맞춤형 급여체계 개편 이후 급여에 따라 수급자 선정기준이 달라졌으며 일부 급여는 부양의무자 기준이 폐지되었고, 의료급여만 부양의무자 기준이 남아 있다.

소득인정액이란 소득평가액과 재산의 소득환산액을 합한 금액이다. 소득평가액은 실제소득에서 장애 · 질병 · 양육 등 가구특성별 지출비용(장애아동수당, 양육보조금, 의료비 등)과 근로소득공제를 차감하고 남은 금액이고 재산의 소득환산액은 개별가구의 재산가액에서 기본재산액(기초생활의 유지에 필요하다고 보건복지부장관이 정하여 고시하는 재산액) 및 부채를 공제한 금액에 소득환산율을 곱하여 산정한다(보건복지부 홈페이지).

- 소득평가액=실제소득−가구특성별 지출 비용− 근로소득공제
- 재산의 소득환산액= (재산의 종류별 가액−기초공제액−부채)×재산 종류별 소득환산율

대상자 선정기준 중 소득인정액 기준은 수급권자 가구의 소득인정액이 급여종류별 수급자 선정기준 이하이어야 한다. 2021년 급여종류별 수급자 선

정 기준은 〈표 11-2〉와 같다. 기준중위소득이란 보건복지부장관이 급여의 기준 등에 활용하기 위하여 중앙생활보장위원회의 심의 · 의결을 거쳐 고시하는 국민 가구소득의 중위값이다.

표 11-2 | 2022년 급여종류별 수급자 선정기준

(단위: 원)

구분	가구규모					
	1인가구	2인가구	3인가구	4인가구	5인가구	6인가구
생계급여수급자 (기준중위소득 30%)	583,444	978,026	1,258,410	1,536,324	1,807,355	2,072,101
의료급여수급자 (기준중위소득 40%)	777,925	1,304,034	1,677,880	2,048,432	2,409,806	2,762,802
주거급여수급자 (기준중위소득 46%)	894,614	1,499,639	1,929,562	2,355,697	2,771,277	3,177,222
교육급여수급자 (기준중위소득 50%)	972,406	1,630,043	2,097,351	2,560,540	3,012,258	3,413,502

출처: 보건복지부 · 국토교통부 · 교육부 보도자료(2021. 7. 30.).

부양의무자는 수급권자를 부양할 책임이 있는 사람으로서 수급권자 1촌의 직계혈족 및 그 배우자를 말한다. 다만, 사망한 1촌의 직계혈족의 배우자는 제외한다. 부양의무자 기준의 구체적 내용은 〈표 11-3〉과 같다.

표 11-3 | 부양의무자 기준

부양의무자	부양능력	부양의무자기준
부양의무자 없음	–	부양의무자 기준 O
부양의무자 있음	부양능력 없음	부양의무자 기준 O
	부양능력 미약	부양의무자 기준 △ (부양비 지원을 전제로 선정)
	부양능력 있음(부양불능, 기피 등)	부양의무자 기준 O
	부양능력 있음(부양이행)	

출처: 보건복지부 홈페이지.

'부양능력이 있다'는 것은 부양의무자의 부양능력 판정소득액이 수급권자 가구 기준 중위소득(A)의 40%와 부양의무자 가구 기준 중위소득(B)의 100%를 합한 금액 이상이거나, 재산의 소득환산액이 A와 B의 합의 18% 이상인 경우이다. 부양능력이 없다는 것은 부양의무자의 부양능력 판정소득액이 B의 100% 미만이고, 재산의 소득환산액이 A와 B의 합의 18% 미만인 경우를 말한다. 부양능력 미약인 경우 부양비 부과를 전제로 수급자로 선정된다. 부양비는 (부양의무자 실제소득−부양의무자가구 기준 중위소득의 100%) × 부양비 부과율(15%, 30%)로 계산된다.

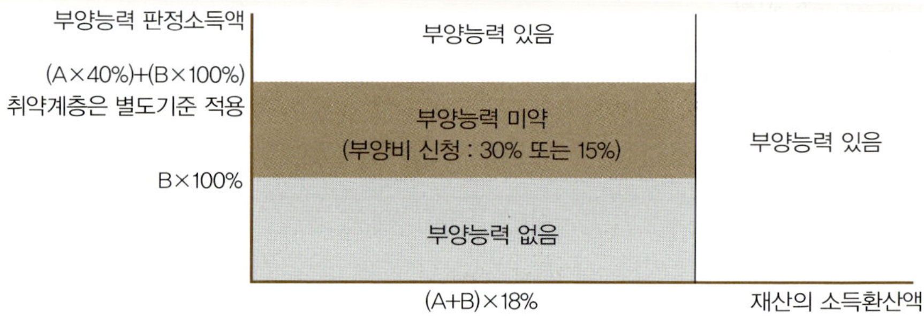

[그림 11-1] 부양능력 판정도해

출처: 보건복지부 홈페이지.

그밖에 개인 단위로 의료급여 특례, 자활급여 특례를 정하고 있다. 의료급여 특례인 경우 실제소득에서 6개월 이상 지속적으로 지출되는 의료비를 공제하면 의료급여 선정기준 이하에 해당하나, 수급자 선정 이후에는 공제대상 지출이 발생하지 않아 의료급여 선정기준을 초과하는 가구에서 지속적인 의료비 지출을 요하는 가구원 개인에 한하여 의료급여를 실시한다. 자활급여 특례인 경우 수급자가 자활근로, 자활기업, 자활인턴 등 자활사업에 참가하여 발생한 소득이 더해져 소득인정액이 의료급여 선정기준을 초과한 경우 해당자 개인에 대하여 자활근로, 자활기업, 자활인턴 등에 참가할 수 있도록 자활급여를 계속 지급한다(보건복지부 홈페이지).

3) 급여[01]

국민기초생활보장제도 급여의 기본 원칙은 최저생활보장의 원칙, 보충급여의 원칙, 자립지원의 원칙, 개별성의 원칙, 가족부양 우선의 원칙, 타급여 우선의 원칙이다.

최저생활보장의 원칙이란, 생활이 어려운 자에게 생계 · 주거 · 의료 · 교육 · 자활 등 필요한 급여를 행하여 이들의 최저생활을 보장한다는 것이다. 보충급여의 원칙이란, 생계급여 수급자의 최저보장수준은 생계급여액과 수급자 가구의 소득인정액을 합한 수준이 생계급여 선정기준 이상이 되도록 지원한다는 것이다. 자립지원의 원칙은 근로능력이 있는 생계급여 수급자에게 자활사업에 참여할 것을 조건으로 생계급여를 지급한다는 것이다. 개별성의 원칙이란 급여수준을 정함에 있어서 수급권자의 개별적 특수 상황을 최대한 반영한다는 것이다. 가족부양 우선의 원칙이란 급여신청자가 부양의무자에 의하여 부양될 수 있는 경우에는 기초생활보장급여에 우선하여 부양의무자에 의한 보호가 먼저 행해져야 한다는 것이다. 타급여 우선의 원칙이란 급여신청자가 다른 법령에 의하여 보호를 받을 수 있는 경우에는 기초생활보장급여에 우선하여 다른 법령에 의한 보호가 먼저 행해져야 한다는 것이다.

국민기초생활보장급여에는 생계급여, 의료급여, 주거급여, 교육급여, 해산급여, 장제급여, 자활급여가 있다.

---

01 보건복지부 홈페이지의 기초생활보장제도 소개를 참조하여 부분 발췌하였다.

(1) 생계급여

생계급여는 수급자에게 의복, 음식물 및 연료비, 기타 일상생활에 기본적으로 필요한 금품을 지급하는 것으로 생계급여 지급기준에서 가구의 소득인정액을 차감하여 산정한 금액이다. 생계급여 지급기준은 기준중위소득의 30%이다. 보장시설(생활시설) 수급자는 별도의 기준으로 산정한다.

표 11-4 | 2022년도 생계급여 최저보장수준 및 선정기준

(단위 : 원)

구분	가구규모					
	1인가구	2인가구	3인가구	4인가구	5인가구	6인가구
기준 중위소득(A)	1,944,812	3,260,085	4,194,701	5,121,080	6,024,515	6,907,004
생계급여 선정 및 급여기준 (A의 30%)	583,444	978,026	1,258,410	1,536,324	1,807,355	2,072,101

출처: 보건복지부 · 국토교통부 · 교육부 보도자료(2021. 7. 30.).

(2) 주거급여

주거급여란 주거안정에 필요한 실제임차료와 수선유지비로 국토교통부에서 담당한다. 임차가구는 전월세비용을 지원하고, 자가가구는 낡은 집을 수선해 준다. 임차가구는 지역 및 가족 수에 따라 산정한 기준임대료를 상한으로 실제임차료(월임차료+보증금 환산액(연 4% 적용))을 지원한다. 기준임대료는 다음과 같다.

표 11-5 | 2022년 주거급여 기준 임대료

(단위: 원/월)

구분	1급지(서울)	2급지(경기 · 인천)	3급지(광역시)	4급지(그 외 지역)
1인	327,000	253,000	201,000	163,000
2인	367,000	283,000	224,000	183,000
3인	437,000	338,000	268,000	218,000
4인	506,000	391,000	310,000	254,000
5인	524,000	404,000	320,000	262,000
6인	621,000	478,000	379,000	310,000

*가구원수가 7인인 경우 6인 기준임대료와 동일하고, 8~9인의 경우 6인 가구 기준임대료의 10% 가산
출처: 보건복지부 · 국토교통부 · 교육부 보도자료(2021. 7. 30.).

자가가구에게는 수선유지급여를 지급하며, 주택의 노후도에 따라 도배, 난방, 지붕 등 종합적인 수리를 〈표 11-6〉과 같이 지원한다. 소득인정액이 생계급여 선정기준(중위소득의 30%) 이하인 경우 수선비용의 100%, 생계급여 선정기준 초과~중위소득 35% 이하인 경우 수선비용의 90%, 중위소득 35% 초과~중위소득 43% 이하인 경우 수선비용의 80%를 지원한다.

표 11-6 | 수선유지급여 내용

구분	수선비용	수선주기	수선예시
경보수	457만 원	3년	도배, 장판 등
중보수	849만 원	5년	오급수, 난방 등
대보수	1,241만 원	7년	지붕, 기둥 등

출처: 보건복지부 · 국토교통부 · 교육부 보도자료(2021. 7. 30.).

(3) 교육급여

교육급여는 교육부장관 소관으로 2020년까지 의무교육 대상인 초등학생과 중고등학생에게는 부교재비와 학용품비를 지급하고 고등학생에게는 교

과서대, 수업료, 입학금을 지급하였는데, 2021년부터는 '교육활동지원비'로 통합, 변경되었다.

표 11-7 | 2022년 교육급여 지원 내역

지원항목	학교급	활용	지원금액
교육활동지원비	초	학생별 교육 수요에 따라 자율적 지출	331,000원
	중		466,000원
	고		554,000원
교과서 대금	고	해당 학년의 정규 교육과정에 편성된 교과목의 교과서 금액 전체	
입학금 및 수업료	고	연도별 급지별 학교장이 고지한 금액 전부	

*교육활동지원비는 연 1회 지급되며, 교과서대금 · 입학금 · 수업료는 고교무상교육 미실시 학교 재학시 지급

출처: 보건복지부 · 국토교통부 · 교육부 보도자료(2021.7.30.).

(4) 의료급여

의료급여는 의료급여 수급권자에게 지급하는 진찰 · 검사, 약제(藥劑) · 치료재료의 지급, 처치 · 수술과 그 밖의 치료, 예방 · 재활, 입원, 간호, 이송 등의 의료서비스 급여 대상 항목에 대한 의료비 중 수급자 본인부담비용을 제외한 전액이다. 의료급여수급권자가 부담하는 본인부담비용은 〈표 11-8〉과 같다. 의료급여의 보다 자세한 내용은 의료급여제도에서 다룰 것이다.

표 11-8 | 의료급여수급권자의 본인부담 비용

구분		1차(의원)	2차(병원, 종합병원)	3차(지정병원)	약국
1종	입원	없음	없음	없음	–
	외래	1,000원	1,500원	2,000원	500원
2종	입원	10%	10%	10%	–
	외래	1,000원	15%	15%	500원

출처: 보건복지부 홈페이지.

(5) 해산급여

해산급여는 생계급여, 주거급여, 의료급여 중 하나 이상의 급여를 받는 수급자에게 사유가 발생했을 때 1회 지급하는 급여이다. 수급자에게 조산, 분만 전후에 필요한 조치와 보호에 대한 급여를 실시하는 것으로 수급자나 세대주에게 출생영아 1인당 700천 원(2022년 기준)을 지급하는 것이다. 급여를 의료기관에 위탁하는 경우에는 수급품을 그 의료기관에 지급할 수 있다.

(6) 장제급여

장제급여는 수급자가 사망한 경우 사체의 검안 · 운반 · 화장 또는 매장, 그 밖의 장제조치를 하는 것에 대해 실제로 장제를 실시하는 사람에게 장제에 필요한 비용(2022년 기준 사망자 1구당 800천 원)을 지급하는 것으로 한다. 다만, 그 비용을 지급할 수 없거나 비용을 지급하는 것이 적당하지 않다고 인정하는 경우에는 물품을 지급할 수 있다.

(7) 자활급여[02]

자활급여는 수급자의 자활을 돕기 위하여 자활에 필요한 금품의 지급 또는 대여, 자활에 필요한 근로능력의 향상 및 기능습득의 지원, 취업알선 등 정보의 제공, 자활을 위한 근로기회의 제공, 자활에 필요한 시설 및 장비의 대여, 창업교육, 기능훈련 및 기술 · 경영 지도 등 창업지원, 자활에 필요한 자산형성 지원 등의 서비스를 실시하는 것이다. 자활급여는 관련 공공기관 · 비영리법인 · 시설과 그 밖에 대통령령으로 정하는 기관에 위탁하여 실시할 수 있으며 이 경우 비용은 보장기관(보건보지부, 시 · 도, 시 · 군 · 구)이 부담한다.

02 국민기초생활보장법 제15조, 제18조, 제18조의2, 제18조의4 참조.

수급자 및 차상위자는 상호 협력하여 자활기업을 설립 · 운영할 수 있다. 보장기관은 자활기업에게 직접 또는 자활복지개발원, 광역자활센터, 지역자활센터를 통하여 자활을 위한 사업자금 융자, 국유지 · 공유지 우선 임대, 국가나 지방자치단체가 실시하는 사업의 우선 위탁, 자활기업 운영에 필요한 경영 · 세무 등의 교육 및 컨설팅 등의 지원을 할 수 있다.

보장기관은 수급자 및 차상위자의 고용을 촉진하기 위하여 상시 근로자의 일정비율 이상을 수급자 및 차상위자로 채용하는 기업에 대해 자활기업 지원과 같은 지원을 할 수 있다.

그밖에 수급자가 자활에 필요한 자산을 형성할 수 있도록 재정적인 지원을 할 수 있고, 수급자가 자활에 필요한 자산을 형성하는 데 필요한 교육을 실시할 수 있다. 자산형성지원서비스를 통해 형성된 자산은 수급자의 재산의 소득환산액을 산정할 때 이를 포함하지 않는다.

4) 전달체계

국민기초생활보장제도를 관장하는 보장기관은 보건복지부와 지방자치단체이다. 기초생활보장급여는 수급권자 또는 수급자의 거주지를 관할하는 시 · 도지사와 시장 · 군수 · 구청장이 실시한다. 단 교육급여는 시 · 도교육감이 실시하고, 주거급여는 국토교통부와 한국토지주택공사(LH)에서 실시한다. 사회복지전담공무원은 보장기관에서 국민기초생활보장급여를 실시하는 주요 인력이다.

보장기관은 수급자를 국가나 해당 지방자치단체가 경영하는 보장시설에 입소하게 하거나 다른 보장시설에 위탁하여 급여를 실시할 수 있다. 보장시설이란 사회복지사업법에 따른 생활시설로서 보장기관으로부터 위탁받은 수급자에게 보건복지부장관 및 소관 중앙행정기관의 장이 정하는 최저기준 이상의 급여를 실시해야 한다.

보건복지부와 광역 · 기초자치단체는 생활보장위원회를 둘 수 있다. 보건복지부에 두는 중앙생활보장위원회는 기초생활보장 종합계획의 수립, 소득인정액 산정방식과 기준 중위소득의 결정, 급여의 종류별 수급자 선정기준과 최저보장수준의 결정, 급여기준의 적정성 등 평가 및 실태조사, 급여의 종류별 누락 · 중복, 차상위계층의 지원사업 등에 대한 조정, 자활기금의 적립 · 관리 및 사용에 관한 지침의 수립 등에 대해 심의 · 의결한다. 광역자치단체와 기초자치단체의 생활보장위원회는 생활보장사업의 기획 · 조사 · 실시 등에 관한 사항을 심의 · 의결하는 기능을 한다.

그밖에 자활지원을 위해 보건복지부는 한국자활복지개발원을 두고, 광역자치단체와 기초자치단체는 사회복지법인, 사회적협동조합 등 비영리법인과 단체 등의 신청을 받아 각각 광역자활센터, 지역자활센터를 지정할 수 있다. 시장 · 군수 · 구청장은 자활지원사업의 효율적인 추진을 위하여 지역자활센터, 직업안정기관, 사회복지시설의 장 등과 상시적 협의체인 자활기관협의체를 구축해야 한다.

5) 재원

국민기초생활보장제도 시행에 드는 인건비와 사무비, 생활보장위원회 운영에 드는 비용, 급여실시비용 등의 비용을 보장비용이라고 한다. 보장비용의 부담은 국가, 시 · 도, 시 · 군 · 구가 각각 차등하여 분담한다. 급여 범위 및 수준을 초과하여 급여를 실시하는 경우 초과 보장비용은 해당 지방자치단체가 부담한다(국민기초생활보장법 제42조, 제43조).

수급자에게 부양능력을 가진 부양의무자가 있음이 확인된 경우에는 보장비용을 지급한 보장기관이 생활보장위원회의 심의 · 의결을 거쳐 그 비용의 전부 또는 일부를 부양의무자에게 징수할 수 있다.

보장비용은 정부 일반 예산을 통해 조달되며, 정부로부터 지자체로의 재정 보조는 보조금 관리에 관한 법률 시행령 기준보조율에 따라 서울은 50%, 그 밖의 지자체는 80%를 보조한다. 나머지 50%(서울)와 20%는 광역자치단체와 기초자치단체가 분담한다.

2. 의료급여

의료급여제도는 생활이 어려운 사람에게 의료급여를 함으로써 국민보건의 향상과 사회복지의 증진에 이바지함을 목적으로 한다(의료급여법 제1조). 의료급여제도는 국민건강보험과 함께 우리나라 의료보장제도의 한 축이면서 국민기초생활보장제도의 의료급여를 제도화한 것이라 할 수 있다.

1) 연혁

의료급여법의 역사를 거슬러 올라가면 생활보호법의 규정으로 포함되어 있던 것이 시행령이 마련되지 않아 시행되지 못하다가 1979년부터 의료보호법의 제정과 함께 시행되었다. 의료보호제도가 빈곤층 대상의 의료보장제도 역할을 수행하였으나, 진료지역이 정해져 있고 진료기관이 제한되는 등 건강보험에 비해 제약이 많았다(문창진, 2003: 13; 박병현, 2015: 395에서 재인용).

의료보호법은 국민기초생활보장법 제정과 더불어 2001년 의료급여법으로 명칭과 내용이 전부개정되어 시행되고 있다. 의료급여법으로 전부개정하면서 의료급여 수급기간 제한을 폐지하였고, 예방 · 재활에 대하여도 의료급여를 실시하였다. 2003년부터는 본인부담보상금 제도를 실시하였고, 2004년에는 2종 의료급여수급권자의 본인부담비율을 20%에서 15%로 인하하였다. 만성질환 및 희귀난치성질환자에 대한 차상위 의료급여특례제도를 실시하였고, 의료급여 본인부담상한제를 실시하였다. 2005년에는 국내에 입양된 18세 미만 아동에 대해 1종 의료급여를 실시하였고, 2011년에는 의료급여 수급권자에 대한 사례관리를 실시하였다. 시 · 도, 시 · 군 · 구에 의료급여 관리사를 두고 의료급여 사업단을 설치 · 운영하도록 하였다. 2013년에는 수급권자 인정 절차를 명확히 규정하여 수급자 외에 이재민, 5·18민주화운동 관련자 등이 의료급여 수급권자가 되려면 시장 · 군수 · 구청장에게 수급권자 인정 신청을 하도록 하였다(김수정, 2017).

표 11-9 | 의료급여제도의 연혁

연도	내용
1977년	의료보호법 제정
2001년	의료급여법 명칭변경 및 전부개정 의료급여수급기간 제한 폐지 예방 · 재활 등 의료급여 실시
2003년	본인부담보상금 제도 실시
2004년	2종 의료급여수급권자의 본인부담비율을 20%에서 15%로 인하 만성질환 및 희귀난치성질환자 차상위 의료급여특례제도 실시 의료급여 본인부담 상한제 실시
2005년	국내에 입양된 18세 미만 아동 1종 의료급여 실시
2011년	의료급여 수급권자에 대한 사례관리 시 · 도, 시 · 군 · 구에 의료급여관리사, 의료급여사업단 설치, 운영
2013년	수급권자 인정 절차 명확히 규정

출처: 김수정(2017). 사회복지법제론. p. 313.

2) 대상

의료급여 수급권자는 의료급여를 받을 수 있는 자격을 가진 사람이다. 의료급여 수급권자는 국민기초생활보장 수급자와 동일한 것이 아니라 그보다 범위가 넓다. 2013년 개정으로 의료급여가 반드시 필요한 사람에게 제공될 수 있도록 다른 법령에 따라 수급권자가 되는 사람(이재민, 노숙인 등)의 수급권자 자격에 대한 기준을 보완하고, 수급권자 소득 · 재산을 확인하는 등의 인정 절차에 관한 규정을 마련하였다(김수정, 2017: 312).

의료급여 수급권자는 국민기초생활보장수급자, 국내 입양 18세 미만 아동 외에 이재민, 의사상자, 독립유공자, 국가유공자, 보훈보상대상자, 무형문화재, 북한이탈주민, 5·18민주화운동 관련자, 노숙인 중 의료급여가 필요하다고 인정한 사람이다.

의료급여 수급권자는 1종과 2종으로 구분된다. 1종 수급권자는 국민기초생활보장수급자 중 근로능력이 없거나 근로를 할 수 없는 자, 타법에 의한 의료급여 수급권자(국내 입양 18세 미만 아동, 이재민, 의사상자, 독립유공자, 국가유공자, 보훈보상대상자, 무형문화재, 북한이탈주민, 518 민주화운동 관련자, 노숙인 중 의료급여가 필요하다고 인정한 사람), 무연고자이다. 그 밖의 의료급여 수급권자는 모두 2종 수급권자이다.

표 11-10 | 의료급여 수급권 구분

구분	내용
1종 수급권자	▶ 국민기초생활보장수급자 근로무능력가구, 희귀질환, 중증난치질환자, 시설수급자 ▶ 타법적용자 이재민, 의상자 및 의사자의 유족, 입양아동(18세 미만), 국가유공자, 중요무형문화재 보유자, 북한이탈주민, 5 · 18민주화운동 관련자, 노숙인 ▶ 행려환자
2종 수급권자	▶ 국민기초생활보장 대상자 중 1종 수급대상이 아닌 가구

출처: 보건복지부 홈페이지(2021. 12. 29. 인출).

3) 급여

의료급여의 내용은 진찰 · 검사, 약제 · 치료재료의 지급, 처치 · 수술과 그 밖의 치료, 예방 · 재활, 입원, 간호, 이송과 그 밖의 의료목적 달성을 위한 조치이다. 보장기관은 긴급하거나 그 밖의 부득이한 사유로 의료급여기관이 아닌 곳에서 질병 · 부상 · 출산 등에 대하여 의료급여를 받았을 때에는 그 의료급여에 상당하는 금액을 수급권자에게 요양비로 지급할 수 있다.

저소득계층의 의료비부담을 국가가 지원하는 제도로서, 급여대상 항목에 대한 의료비 지원을 원칙으로 한다. 의료급여 중 본인부담금은 〈표 11-11〉과 같으며 본인부담보상제 및 본인부담 상한제가 있어 일정 기준을 초과하는 경우 초과금액을 국가가 지원한다. 본인부담보상제란 수급권자의 급여대상 본인부담금이 일정한 기준 금액을 초과한 경우, 그 초과금액의 100분의 50에 해당하는 금액을 보상하는 것이고, 본인부담상한제란 수급권자의 급여대상 본인부담금이 일정한 기준 금액을 초과한 경우, 그 초과금액의 전액에 해당하는 금액을 보상하는 것이다.

표 11-11 | 의료급여 본인부담금

구분		1차(의원)	2차(병원,종합병원)	3차(지정병원)	약국*
1종	입원	없음	없음	없음	–
	외래	1,000원	1,500원	2,000원	500원
2종	입원	10%	10%	10%	–
	외래	1,000원	15%	15%	500원

* 보건복지부 장관이 고시하는 경증질환으로 종합병원 이상급 기관을 이용하는 경우 약국 본인부담은 약국 비용 총액의 3%에 해당하는 금액(정률제 부담).

출처: 보건복지부 홈페이지.

표 11-12 | 본인부담보상제 및 본인부담 상한제

본인부담 보상제 기준	본인부담 상한제 기준
• 1종 수급자 : 매 30일간 2만 원을 초과한 경우, 초과금액의 50% 보상 • 2종 수급자: 매 30일간 20만 원을 초과한 경우, 초과금액의 50% 보상	• 1종 수급자: 매 30일간 5만 원을 초과한 경우, 초과금액 전액 • 2종 수급자: 연간 80만 원을 초과한 경우, 초과금액 전액(요양병원 240일 초과 입원시 연간 120만 원) * 본인부담금 보상제를 선 적용한 후 본인부담금이 일정 수준(상한 기준액)을 초과한 경우

출처: 보건복지부 홈페이지.

의료급여 수급자는 1차 의료급여기관에 우선 의료급여를 신청하여야 하며, 2차 의료급여기관, 3차의료급여기관 순서로 이용할 수 있다. 의료급여 의뢰서를 통해 진료를 의뢰할 수 있고, 의료급여 절차를 지키지 않는 경우 발생한 진료비 전액을 본인이 부담하게 된다.

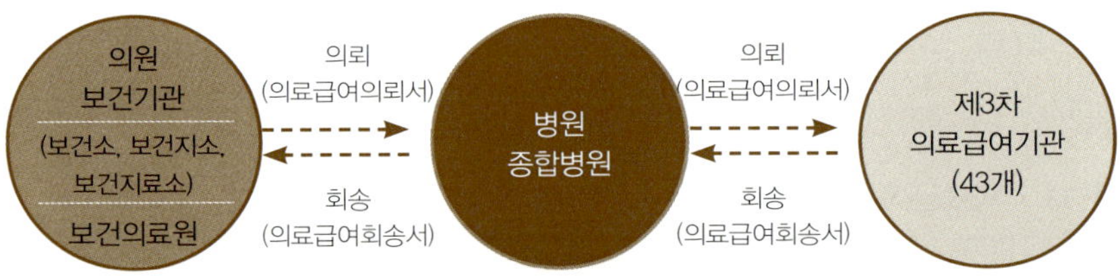

[그림 11-2] 의료급여 진료 절차

출처: 보건복지부 홈페이지.

4) 전달체계

의료급여에 관한 업무는 수급권자의 거주지를 관할하는 특별시장 · 광역시장 · 도지사와 시장 · 군수 · 구청장(이하 보장기관)이 한다. 보장기관은 수급자의 건강 유지 및 증진을 위하여 필요한 사업을 실시해야 한다(의료급여법 제5조). "의료급여기관"이란 수급권자에 대한 진료 · 조제 또는 투약 등을 담당하는 의료기관 및 약국을 지칭한다.

보건복지부장관, 특별시장 · 광역시장 · 도지사 및 시장 · 군수 · 구청장은 수급권자의 건강관리 능력 향상 및 합리적 의료이용 유도 등을 위하여 사례관리를 실시할 수 있다. 사례관리를 실시하기 위하여 특별시 · 광역시 · 특별자치시 · 도 · 특별자치도 및 시 · 군 · 구에 의료급여 관리사를 둔다. 보건복지부장관은 사례관리사업의 전문적인 지원을 위하여 사례관리 업무를 공공 또는 민간 기관 · 단체 등에 위탁하여 실시할 수 있다(의료급여법 제5조의 2).

의료급여제도에서는 의료급여 수급권자의 삶의 질 향상과 적정 의료 이용을 목적으로 수급자의 욕구를 사정하고 건강 상담 및 필요 정보를 제공하는 의료급여 사례관리사업을 실시하고 있다. 의료급여사례관리사업 수행체계로는 보건복지부 기초의료보장과, 의료급여사례관리사업지원단, 시 · 도, 시 · 군 · 구 의료급여 담당부서, 국민건강보험공단과 건강보험심사평가원이다. 의료급여 사례관리사업 수행인력은 의료급여 관리사로 자격기준은 의료기관에서 2년 이상 근무한 경력을 가진 보건복지부장관의 면허를 받은 의사 · 치과의사 · 한의사 · 조산사 및 간호사이다(보건복지부, 2021f).

의료급여관리사는 수급권자의 건강관리 능력 향상을 위한 교육 및 상담, 의료급여제도 안내 및 의료기관 이용 상담, 의사의 의료와 보건지도 및 약사의 복약지도에 대한 수급권자 이행 여부 모니터링 등 요양방법 지도, 수급권자와 보장시설 등 보건 · 복지 자원과의 연계 등의 역할을 수행한다(보건복지부, 2018c).

보건복지부, 시 · 도 및 시 · 군 · 구에는 의료급여사업 실시에 관한 사항을 심의하기 위해 의료급여심의위원회를 둔다(의료급여법 제6조).

5) 재원

의료급여비용의 재원에 충당하기 위하여 시 · 도에 의료급여기금을 설치한다. 의료급여기금은 국고보조금, 지방자치단체 출연금, 대지급금, 부당이득금, 과징금, 결산상 잉여금 및 그밖의 수입금을 재원으로 한다. 국가와 지방자치단체는 기금 운영에 필요한 충분한 예산을 확보하여야 한다(의료급여법 제25조). 국고보조율은 서울시의 경우 국비와 지방비 50 : 50, 광역시는 국비와 시비 80 : 20, 도는 국비 : 도비 : 시군구비 비율이 80 : 14 : 6 또는 80 : 16 : 4이다.

표 11-13 | 의료급여기금의 국고보조비율

구분	서울특별시		광역시		도		
	시	자치구	시	자치구	도	시	군
지방비	50%	없음	20%	없음	14~16%	6%	4%
국비	50%		80%		80%		
합계	100%		100%		100%		

출처: 보건복지부(2021f). 2021년 의료급여사업안내. p. 319.

의료급여기금은 일반회계와 구분하여 별도의 계정을 설치하여 관리하여야 한다. 의료급여 기금은 급여비용, 대지급금, 업무위탁시 소요비용(위탁수수료), 행정경비에 한하여 사용할 수 있다.

3. 긴급복지지원제도

긴급복지지원제도란 갑작스러운 위기상황으로 생계유지가 곤란한 저소득층에게 생계 · 의료 · 주거지원 등 필요한 복지서비스를 신속하게 지원하여 위기상황에서 벗어날 수 있도록 돕는 제도이다. 긴급복지지원제도에는 선지원 후처리 원칙, 단기 지원 원칙, 타법률 지원 우선의 원칙, 가구단위 지원 원칙의 4가지 기본 원칙이 있다(보건복지부, 2021b).

1) 연혁

긴급복지지원제도는 기존의 공공부조제도나 사회복지서비스와 연계되도록 하려는 목적으로 2005년 12월 공포되어 2006년 3월부터 시행되었다. 제정 당시에는 시행일로부터 5년간만 효력을 발휘하는 한시법으로 출발하였으나 2009년 5월 개정으로 현재는 영속법으로 변경되었다(김수정, 2017). 이후 2013년 생계지원 소득기준을 완화함으로써 긴급지원 대상자 진입제한을 해소하고, 주거지원 기간의 상한을 현행 6개월에서 12개월로 연장함으로써 안정적인 주거확보 기간을 보장하였다. 2015년 7월부터는 국가 및 지방자치단체가 연 1회 이상 정기적으로 위기상황에 처한 사람에 대한 발굴조사를 실시하도록 하고, 긴급지원대상자에게 신속히 지원할 필요가 있다고 판단되는 경우 긴급지원담당공무원이 우선 필요한 지원을 할 수 있도록 하였다.

표 11-14 | 긴급복지지원제도의 연혁

연도	내용
2006년	긴급복지지원제도 시행, 5년 한시적 제도로 추발
2009년	영속제도로 변경
2013년	생계지원 소득기준 완화, 주거지원기간 상한 12개월로 연장
2015년	국가 및 지자체가 연 1회 이상 정기적으로 발굴조사

2) 대상[03]

긴급복지지원제도의 대상은 갑작스러운 위기 사유 발생으로 생계유지 등이 곤란한 가구이다. 위기 사유란, 주소득자가 사망, 가출, 실직, 행방불명, 구금시설에 수용되는 등의 사유로 소득을 상실한 경우, 중한 질병 또는 부상을 당한 경우, 가구구성원으로부터 방임 또는 유기되거나 학대 등을 당한 경우, 가정폭력 또는 가구구성원으로부터 성폭력을 당한 경우, 화재 등으로 인해 거주하는 주택 또는 건물에서 생활하기 곤란한 경우 등이다(보건복지부 홈페이지).

긴급지원대상자 혹은 긴급지원대상자의 친족 및 관계인은 구술 또는 서면으로 시군구청장에게 긴급지원을 신청하거나 긴급지원대상자를 발견한 사람이 긴급지원이 필요하다고 신고를 하면 긴급지원담당공무원 또는 관계자가 현장 확인을 한다. 현장 확인에서는 위기상황에 처했는지 여부(위기를 초래한 사유 발생 여부, 생계유지 등의 곤란 등), 다른 법률에 의한 지원대상자인지 여부, 소득 및 재산 등을 파악한다. 소득 · 재산 참고 기준은 소득 중위소득 75% 이하, 재산 18,800만 원 이하(중소도시 11,800만 원, 농어촌 10,100만 원), 금융재산 500만 원 이하이다. 이때 소득 및 재산 확인은 기준 충족 여부를 조사하는 것이 아니라 가구구성원 전원의 소득 및 재산을 개략적으로 파악하는 것이다.

3) 급여[04]

긴급지원제도의 급여 종류는 크게 금전 또는 현물 등의 직접지원과 민간

03 보건복지부 홈페이지의 긴급복지지원제도 소개.

04 보건복지부(2021b). 2021년 긴급복지지원사업안내.

기관단체와의 연계 등의 지원으로 구분된다. 금전 또는 현물 등의 직접지원은 주급여와 부가급여로 구분되며, 주급여에는 생계지원, 의료지원, 주거지원, 사회복지시설 이용 지원이 있다. 부가급여에는 교육지원, 연료비 등 그 밖의 지원이 있다.

생계지원은 식료품비, 의복비 등 생계유지에 필요한 1개월 생계유지비를 의미하고, 의료지원은 각종 검사 및 치료 등의 의료서비스 지원이다. 주거지원은 임시거소를 제공하거나 이에 해당하는 비용을 지원하는 것이다. 사회복지시설 이용 지원은 사회복지사업법에 따른 사회복지시설 입소 또는 이용서비스 제공이나 이에 필요한 비용을 지원하는 것이다.

교육지원은 초중고등학생의 수업료, 입학금, 학교운영지원비, 학용품비 등 필요한 비용을 지원하는 것이고, 그밖의 지원은 연료비, 전기요금이나 그밖의 출산, 장례 등의 위기상황 극복에 필요한 비용을 지원하는 것이다.

생계, 주거, 복지시설 이용 및 그밖의 지원은 1개월간 지급되고, 위기상황이 계속된다고 판단되면 1개월씩 두 번의 범위에서 기간을 연장할 수 있다. 의료지원과 교육지원은 1회 실시하는 것을 원칙으로 한다. 그러나 위기상황이 지속된다고 판단되면 긴급지원심의위원회 심의를 거쳐 지원을 연장할 수 있다.

생계지원, 복지시설 이용 지원, 그밖의 지원은 총 6개월을 초과해서는 안되고, 주거지원은 12개월을 초과할 수 없다. 의료지원은 2회를 초과할 수 없고, 교육지원은 4회를 초과할 수 없다.

표 11-15 | 긴급지원제도 급여 내용

<table>
<tr><th colspan="3">종류</th><th>지원내용</th><th>지원금액</th><th>최대횟수</th></tr>
<tr><td rowspan="6">금전
현물
지원</td><td rowspan="4">위기
상황
주급
여①</td><td>생계</td><td>식료품비, 의복비 등 1개월 생계유지비</td><td>1,266.9천 원
(4인기준)</td><td>6회</td></tr>
<tr><td>의료</td><td>각종 검사, 치료 등 의료서비스 지원
– 300만원 이내(본인부담금 및 비급여항목)</td><td>300만 원 이내</td><td>2회</td></tr>
<tr><td>주거</td><td>국가 · 지자체 소유 임시거소 제공 또는 타인 소유의 임시거소 제공
– 제공자에게 거소사용 비용 지원</td><td>643.2천 원 이내
(대도시, 4인기준)</td><td>12회</td></tr>
<tr><td>복지
시설
이용</td><td>사회복지시설 입소 또는 이용서비스 제공
– 시설운영자에게 입소 · 이용비용 지급</td><td>1,450.5천 원 이내
(4인기준)</td><td>6회</td></tr>
<tr><td rowspan="2">부가
급여
②</td><td>교육</td><td>초 · 중 · 고등학생 중 수업료 등이 필요하다고 인정되는 사람에게 학비 지원</td><td>초 221.6천 원,
중 352.7천 원,
고 432.2천 원 및 수업료 · 입학금</td><td>2회
(4회)③</td></tr>
<tr><td>그밖의 지원</td><td colspan="2">위기사유 발생으로 생계유지가 곤란한 자에게 지원
동절기(10월~3월) 연료비: 98천 원/ 월
해산비(70만 원) · 장제비(80만 원) · 전기요금(50만 원 이내) : 각 1회</td><td>1회
(연료비 6회)</td></tr>
<tr><td colspan="3">민간기관단체연계지원</td><td colspan="2">사회복지공동모금회, 대한적십자사 등 민간의 긴급지원프로그램으로 연계, 상담 등기타 지원</td><td>횟수제한
없음</td></tr>
<tr><td colspan="6">① 위기상황이 복합으로 나타난 경우 주급여 종류별 복합지원 가능
② 부가급여는 주급여 지원가구를 대상으로 해당사항 있을 경우 추가적으로 지원
③ 주거지원(최대 12월) 대상의 교육지원 횟수를 최대 4회 범위에서 지원</td></tr>
</table>

출처: 보건복지부(2021b). 2021년 긴급복지지원사업안내. p. 5.

4) 전달체계[05]

보건복지부 장관은 위기상황에 처한 사람에게 상담 · 정보 제공 및 관련 기관 · 단체 등과의 연계서비스를 제공하기 위하여 담당기구를 설치 · 운영할 수 있다. 시장 · 군수 · 구청장은 긴급지원사업을 원활하게 수행하기 위하여 지역사회복지협의체를 통하여 사회복지 · 보건 관련 기관 · 단체 간의 연계 · 협력을 강화해야 한다.

긴급지원기관인 시 · 군 · 구청장은 신고접수 · 현장확인 및 지원 결정을 하고 지원을 시행하며 사후조사 역시 시행한다. 긴급지원심의위원회는 시 · 군 · 구청장 요청에 따라 긴급지원 연장결정, 적정성 심사, 지원비용 환수 등을 심의 · 의결한다.

긴급지원 담당기구인 보건복지상담센터(129)는 접수를 받고 상담을 하며 정보제공 및 기관 · 단체등을 연계한다. 민간협력체계인 의사 등 의료기관 종사자, 교사, 사회복지시설 종사자, 공무원 등은 대상자의 조기발굴과 신고, 지역사회보장협의체 등 민간자원 연계 지원 역할을 한다.

긴급지원을 실시하고 난 후에는 시장, 군수, 구청장이 긴급지원이 적정한지를 사후조사한다. 긴급지원심의위원회는 시장, 군수, 구청장이 사후조사한 결과를 참고하여 긴급지원의 적정성을 심사한다. 심사 결과 긴급지원대상자에 대한 지원이 적정하지 않은 것으로 결정한 경우에도 긴급지원담당공무원의 고의 또는 중대한 과실이 없으면 이를 이유로 긴급지원 담당공무원에 불리한 처분이나 대우를 해서는 안 된다. 다만 적정하지 않은 지원으로 판단되면 지원 중단 및 비용 반환 등을 결정할 수 있다.

05 보건복지부(2021b). 2021년 긴급복지지원사업안내.

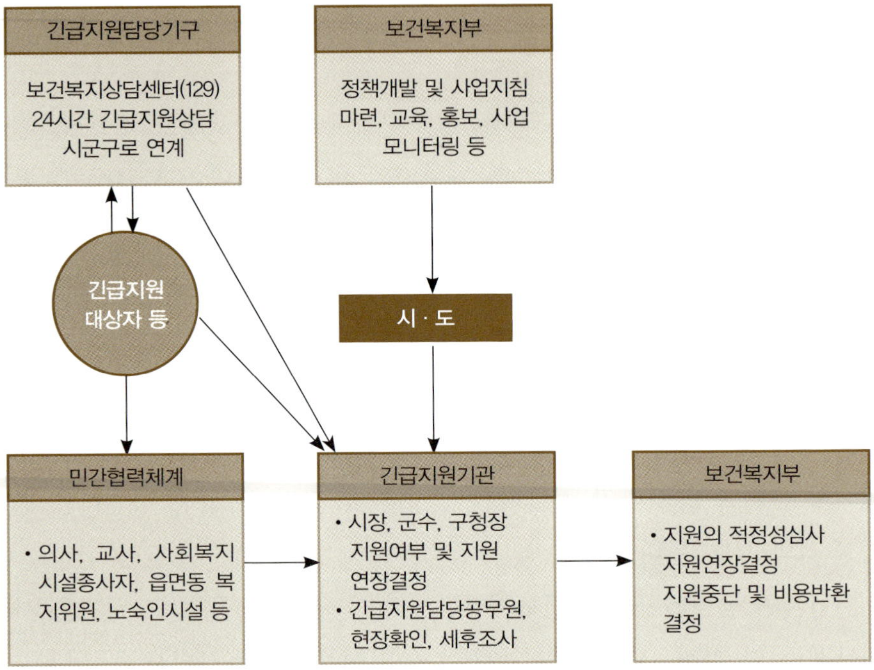

[그림 11-3] 긴급지원제도 전달체계

출처: 보건복지부(2021b). 2021년 긴급복지지원사업안내. p. 8.

5) 재원

긴급복지지원제도의 재원은 일반조세로 보조금 지급 대상 사업이다. 긴급복지지원제도의 국고보조율은 서울 50%, 지방 80%이다.

4. 기초연금제도

기초연금제도는 노인에게 기초연금을 지급하여 안정적인 소득기반을 제공함으로써 노인의 생활안정을 지원하고 복지를 증진하는 것을 목적으로 한다. 노인의 안정된 노후생활을 지원하기 위해 1988년부터 국민연금 제도가 시행되었지만, 제도가 시행된 지 오래되지 않아 국민연금에 가입하지 못했거나 가입을 했더라도 그 기간이 짧아 충분한 연금을 받지 못하는 노인들이 많기 때문에 기초연금제도를 마련하였다. 지금의 청년들과 미래 세대는 현재 노인세대보다 더 많이, 오랜 기간 국민연금에 가입할 수 있다. 앞으로 안정적인 연금 혜택을 누릴 수 있기 때문에 국민연금 제도가 성숙함에 따라 자동적으로 기초연금이 조정되므로 미래의 재정부담도 줄어들 것이라 예상하였다. 기초연금 제도는 현재의 심각한 노인빈곤문제를 해결하면서, 미래세대의 부담을 덜고 노후에 안정된 혜택을 누리도록 마련되었다(보건복지부 홈페이지).

1) 연혁

기초연금제도가 시행되기 전에도 노후소득 문제를 해결하기 위한 다양한 방법들이 존재했다. 1991년부터 70세 이상 거택보호 가구주 등에게 월 1만원의 노령수당을 지급하였고, 1997년부터는 노령수당 대신 무갹출 노령연금을 지급하였다. 2007년 기초노령연금법을 제정하여 기초노령연금을 지급했으며 2014년부터는 기초노령연금제도 대신 기초연금제도를 시행하였다.

표 11-16 | 무갹출 노령연금의 연혁

연도	내용
1991년	70세 이상 거택보호 가구주 노령수당 지급(생활보호법)
1997년	경로수당 지급(노인복지법)
2008년	기초노령연금제도 시행(기초노령연금법)
2014년	기초연금제도 시행(기초연금법)

2) 대상

기초연금은 65세 이상인 사람으로서 소득인정액이 선정기준액 이하인 사람에게 지급한다. 선정기준액을 정할 때에는 65세 이상인 사람 중 기초연금 수급자가 70% 수준이 되는 선에서 정한다. 선정기준액은 65세 이상인 사람 및 그 배우자(노인가구)의 소득 · 재산 수준과 생활실태, 물가상승률 등을 고려하여 산정한다. 배우자가 있는 노인가구의 선정기준액은 배우자가 없는 노인가구의 선정기준액의 160%이다. 2021년 기준 선정기준액은 단독가구 1,690,000원, 부부가구 2,704,000원이다. 소득인정액은 소득평가액과 재산의 소득환산액으로 구성된다.[06]

공무원, 사립학교교직원, 군인, 별정우체국 직원 등 직역연금수급권자 및 그 배우자는 기초연금수급대상에서 제외된다. 다만 직역(공무원 · 사립학교교직원 · 군인 · 별정우체국직원) 재직기간이 10년 미만인 국민연금과 연계한 연계퇴직연금 또는 연계퇴직유족연금 수급권자 및 그 배우자, 장해보상금, 유족연금일시금, 유족일시금을 받은 이후 5년이 경과한 경우 기초연금 수급대상에 포함된다.

---

06 소득평가액과 재산의 월 소득환산액을 구하는 공식은 다음과 같다(이하 보건복지부 홈페이지 참조).

- 소득평가액 = {0.7×(근로소득 − 98만 원)}+기타소득
  - 근로소득에서 기본공제액인 98만 원을 공제한 금액에서 30%를 추가로 공제하며, 일용근로소득, 공공일자리소득, 자활근로소득은 근로소득에서 제외된다. 기타소득은 사업소득, 재산소득, 공적이전소득, 무료임차소득을 의미한다.
- 재산의 월 소득환산액=[{(일반재산−기본재산액)+(금융재산−2,000만 원)−부채 }×0.04(재산의 소득환산율, 연 4%)÷12개월]+고급 자동차 및 회원권의 가액

표 11-17 | 직역연금 수급자 중 기초연금 지급 대상자

구분	직역연금 종류	기초연금대상	직역연금 종류	기초연금대상
공무원연금 사립학교 교직원연금 (사학연금)	퇴직연금	제외	순직유족연금 (공무원연금만 해당)	제외
	퇴직연금일시금	제외	순직유족보상금 (공무원연금만 해당)	지급
			사망조위금	지급
	퇴직연금공제일시금	제외	퇴직일시금	지급
	장해연금	제외	유족일시금	지급
	연계퇴직연금[1]	제외	퇴직수당	지급
	연계퇴직 유족연금[1]	제외	유족보상금	지급
공무원연금 사립학교 교직원연금 (사학연금)	유족연금	제외	재해부조금	지급
	순직유족연금 (공무원연금만 해당)	제외	유족연금특별부가금	지급
	장해보상금	수령 후 5년 경과시 지급	공무상요양비	지급
	유족연금일시금		유족연금부가금	지급
	유족일시금[2] (공무원연금만 해당)			

– 지역별 기본재산액

구분	공제액
대도시(특별시 · 광역시의 '구', 도 · 농복합군 포함) 예) 서울특별시 관악구, 부산광역시 해운대구, 대구광역시 달성군	1억 3,500만 원
중소도시(도의 '시', 세종특별자치시) 예) 경기도 성남시, 경상북도 안동시, 충청남도 천안시	8,500만 원
농어촌(도의 '군') 예) 전라남도 고흥군, 강원도 영월군, 충청북도 음성군	7,250만 원

– 고급자동차(3,000cc 이상 또는 4천만 원 이상) 및 회원권(골프회원권, 승마회원군, 콘도미니엄회원권, 종합체육시설이용회원권, 요트회원권 등)은 기본재산공제 대상에서 제외되고, 월 100%의 소득환산율이 적용되고, 차령이 10년 이상인 차량, 압류 등으로 운행이 불가능한 자동차 및 생업용 자동차로 소명하는 경우는 일반재산의 소득환산율인 연 4%를 적용한다. 국가유공자, 장애인 소유 자동차 등은 재산 산정에서 제외된다.

군인연금	퇴역연금	제외	유족연금부가금	지급
	퇴역연금일시금	제외	유족연금 특별부가금	지급
	퇴역연금공제일시금	제외	유족일시금	지급
	유족연금	제외	퇴직수당	지급
	상이연금	제외	공무상요양비	지급
	연계퇴직연금[1]	제외	사망보상금	지급
	연계퇴직유족연금[1]	제외	장애보상금	지급
	유족연금일시금	수령 후 5년 경과시 지급	사망조위금	지급
	퇴직일시금	지급	재해부조금	지급
별정우체국 직원연금	퇴직연금	제외	퇴직일시금	지급
	퇴직연금 일시금	제외	유족연금 부가금	지급
	퇴직연금 공제일시금	제외	유족연금 특별부가금	지급
	유족연금	제외	유족일시금	지급
	연계퇴직연금[1]	제외	퇴직수당	지급
	연계퇴직유족연금[1]	제외	사망조위금	지급
	유족연금일시금	수령 후 5년 경과시 지급	재해부조금	지급

주: 1) 연계퇴직연금, 연계퇴직유족연금: 직역재직기간 10년 이상자에 한함.
　2) 유족연금 대신 일시금으로 받은 경우
※ '지급'으로 표시된 경우, 소득인정액이 선정기준액보다 낮은 경우 지급
출처: 보건복지부 홈페이지.

3) 급여[07]

기초연금 수급권자에 대한 기초연금액은 기준연금액과 국민연금 급여액

07 보건복지부 홈페이지 참조.

등을 고려하여 산정한다. 개인별 기초연금액을 산정한 뒤 기초연금액을 감액(부부감액, 소득역전방지감액)하여 최종 기초연금액이 결정된다. 기준연금액[08]은 보건복지부장관이 전년도 기준연금액에 전국소비자물가변동률을 반영하여 매년 고시한다.

무연금자, 국민연금 월 급여액이 기준연금액의 150% 이하인 자, 국민연금의 유족연금이나 장애연금 수급자, 장애인연금 수급자는 기준연금액을 받을 수 있다.

국민연금 급여액이 기준연금액의 150%를 초과하는 노령연금, 분할연금, 연계노령연금, 연계퇴직연금 수급자는 국민연금액과 소득재분배급여액(A급여액) 등을 고려한 기초연금[09]을 받는다.

선정된 기초연금액은 가구 유형, 소득인정액 수준에 따라 감액될 수 있다. 단독가구와 부부가구 간의 생활비 차이를 감안하여, 부부가 모두 기초연금을 받는 경우에는 각각에 대하여 산정된 기초연금액의 20%를 감액한다. 기초연금을 받는 사람과 못 받는 사람 간에 기초연금 수급으로 인해 발생할 수 있는 소득역전을 최소화하기 위해 소득인정액과 기초연금을 합산한 금액이 선정기준액을 초과하는 경우 가구 단위로 소득인정액 구간별 금액을 적용하여 감액한다.

4) 전달체계

국가와 지방자치단체는 기초연금이 제도의 목적을 달성하도록 필요한 비용을 부담하고 재원을 조성하여야 한다. 보건복지부장관 또는 기초자치단체

08 2021년 10월 기준 300,000원

09 'A급여액'에 따른 기초연금액=(기준연금액 −2/3×A급여)+부가연금액(=기준연금액의 50%)
'국민연금 급여액 등'에 따른 기초연금액=기준연금액의 250%−국민연금 급여액 등

장은 기초연금사업의 원활한 수행을 위해 기초연금 관련 업무를 국민연금공단에 위탁할 수 있다.

기초연금 신청, 상담, 접수 등의 업무는 읍 · 면 · 동 및 국민연금공단에서 할 수 있다. 시 · 도 및 시 · 군 · 구의 통합조사관리팀에서는 기초연금 신청자의 조사 가구 유형을 확정하고 금융정보, 공적 자료 등 조회를 요청하여 소득재산조사를 하고 수급요건을 확인한다. 이후 시 · 도 및 시 · 군 · 구에서는 수급자를 결정하고 수급가구 유형을 확정한 후 기초연금 급여액을 결정하여 수급자에게 결정 · 통보 · 지급한다.

5) 재원

국가는 지방자치단체의 노인인구 비율 및 재정 여건 등을 고려하여 기초연금의 지급에 드는 비용 중 40% 이상 90% 이하의 비용을 부담한다. 국가가 부담하는 비용을 뺀 비용은 시 · 도 및 시 · 군 · 구가 상호 분담하며, 분담비율은 노인인구 비율 및 재정여건 등을 고려하여 시 · 도의 조례로 규정한다.

표 11-18 | 기초연금 기준보조율

구분		노인인구비율[2)]		
		14% 미만	14% 이상 20% 미만	20% 이상
재정자주도[1)]	90% 이상	40%	50%	60%
	80% 이상 90% 미만	50%	60%	70%
	80% 미만	70%	80%	90%

주: 1) 재정자주도={(자체수입 +자주재원)/일반회계 총계예산규모}×100%

2) 노인인구비율=(65세 이상 노인 인구 수/전체 인구 수)×100%

출처: 보건복지부(2021a). 2021년 기초연금사업안내. p. 201.

보건복지부는 기초자치단체 국가부담 비율을 결정하고 국가부담금을 광역자치단체에 교부한다. 광역자치단체는 보건복지부가 교부한 국가부담금과 조례로 정한 시도분담금을 합하여 기초자치단체에 기초연금 예산을 교부하고 정산한다. 기초자치단체는 광역자치단체에서 교부받은 국가부담금과 시도분담금과 시군구분담금을 합하여 기초연금을 지급하고 정산한다.

학습활동

01 [개인][조별] 동영상 강의와 읽기 자료에서 이해가 안 되었던 것을 질문한다.

02 [조별] 조별로 국민기초생활보장제도의 생계급여, 주거급여, 의료급여, 자활급여, 교육급여, 장제급여, 해산급여의 대상 선정 기준, 구체적인 급여내용, 전달체계(급여신청부터 결정까지의 과정에서 개입되는 기관과 인력), 재원(국가와 지방자치단체, 이용자 부담금의 비율)을 조사하여 발표한다.

03 [조별] 조별로 긴급복지지원제도, 기초연금의 대상 선정 기준, 구체적인 급여내용, 전달체계(급여신청부터 결정까지의 과정에서 개입되는 기관과 인력), 재원(국가와 지방자치단체, 이용자 부담금의 비율)을 조사하여 발표한다.

04 [조별] 다음의 각 상황에 처한 클라이언트에게 어떤 제도의 혜택을 얼만큼 받을 수 있을지 토론하고 발표한다.

[사례 1] 경기도 부천시에 사는 72세 A씨의 남편은 5년 전 암으로 세상을 떠났고, 최근 하나뿐인 딸도 가족과 함께 베트남으로 이주하였다. 남편의 치료비로 부채가 생겨 폐지를 주워서라도 소득을 벌어야 하는 상황이다. 폐지를 팔아 받던 수입도 최근 재활용 쓰레기 파동으로 겨우 월 10만 원을 조금 넘는 수준이고, 그나마 기초연금으로 생계를 유지하고 있다. 폐지를 줍느라 망가진 허리와 다리를 치료받는 것은 엄두도 못 내는 상황이다.

[사례 2] 인천시 서구에 사는 35세 가장 B씨는 건설현장 일용직을 하며 생계를 영위하던 중 교통사고로 급작스럽게 입원하게 되었다. 아직 어린 딸은 어린이집을 다니고 있고, 아내는 둘째를 임신하여 만삭이라 당장 취업을 하기 어려운 형편이다. 부모님은 일찍 돌아가셨고, 장인, 장모님도 시골에서 농사지으며 어렵게 생활하셔서 어려운 상황이라도 손 벌리기 어렵다.

[사례 3] 서울시 관악구에 사시는 67세 할머니 A씨는 5년 전 군인이었던 남편이 사망하고 당시 아들의 사업 자금에 도움이 될까 해서 연금 대신 유족연금 일시금을 수령하였다. 당시 받았던 일시금은 이미 다 쓴 상태이고, 아들의 용돈을 받아 생활하였는데 그나마 아들의 사업이 여의치 않아 용돈을 타 쓰기 어려운 상황이다. 전세금 1억 원 외에는 이렇다 할 재산도 없고, 마땅한 가격의 전셋집이 없어 지금 당장 작은 집으로 이사하기도 어렵다.

05 **[조별] 주변의 이웃이나 가족 중 어려운 상황에 있는 사람들의 예(주변의 예가 없으면 기사 검색도 가능)를 생각해 보고, 그 사람의 상황과 그에 적합한 공공부조제도의 급여를 조사하여 소개한다.**

과 제

01 [개인] 내가 사는 기초지자체 또는 광역지자체의 조례를 통해 우리가 배운 긴급복지지원제도, 기초연금, 국민기초생활보장제도 외에 추가로 지원되고 있는 것이 무엇이 있는지 조사하여 제출한다.

CHAPTER

12

사회서비스정책

1. 아동과 사회서비스
2. 장애인과 사회서비스
3. 노인과 사회서비스
4. 가족과 사회서비스

CHAPTER 12

사회서비스정책

학습목표

01 드림스타트와 지역아동센터 돌봄서비스의 대상, 급여 내용, 전달체계, 재원을 이해하고 설명할 수 있다.
02 장애인활동지원서비스와 발달재활서비스의 대상, 급여 내용, 전달체계, 재원을 이해하고 설명할 수 있다.
03 노인돌봄종합서비스와 노인일자리사업의 대상, 급여 내용, 전달체계, 재원을 이해하고 설명할 수 있다.
04 보육서비스와 아이돌봄서비스의 대상, 급여 내용, 전달체계, 재원을 이해하고 설명할 수 있다.

사회보장기본법 제3조에 의하면 사회서비스 정책이란 국가 · 지방자치단체 및 민간부문의 도움이 필요한 모든 국민에게 복지, 보건의료, 교육, 고용, 주거, 문화, 환경 등의 분야에서 인간다운 생활을 보장하고 상담, 재활, 돌봄, 정보의 제공, 관련 시설의 이용, 역량 개발, 사회참여 지원 등을 통하여 국민의 삶의 질이 향상되도록 지원하는 제도이다.[01] 이 장에서 우리나라의 모든 사회서비스 정책에 대해 설명하기에는 사회서비스정책의 종류는 실

01 사회보장기본법 외에 사회서비스를 정의하고 있는 법률은 사회서비스 이용 및 이용권 관리에 관한 법률과 사회적기업육성법이 있다. 사회서비스 이용 및 이용권 관리에 관한 법률 제2조에서는 사회복지서비스, 보건의료서비스, 기타 서비스로 규정되어 있다. 사회적 기업육성법 제3조에서는 사회서비스의 정의를 교육, 보건, 사회복지, 환경 및 문화 분야의 서비스, 그 밖에 이에 준하는 서비스로 정의하고, 이밖에 대통령령으로 보육서비스, 예술 · 관광 · 운동서비스, 산림보전 및 관리서비스, 간병 및 가사지원서비스, 문화재보존 또는 활용관련 서비스, 청소 등 사업시설 관리 서비스, 고용서비스 등도 포함된다고 한다.

로 다양하다. 이에 아동, 장애인, 노인, 가족 등 대상별로 대표적인 2개의 사회서비스정책을 설명하고자 한다.

1. 아동과 사회서비스

1) 드림스타트[02]

드림스타트 서비스는 아동의 양육환경 및 발달 상태 사정 결과에 따른 사례관리를 통해 건강 · 기초학습 · 사회성 함양 · 부모교육 · 가족지지 등 맞춤형 통합서비스를 제공하는 것이다. 가족해체에 따른 가족기능 약화 · 사회양극화 등에 따라 빈곤의 대물림이 심화되고 있으나, 밀착형 서비스가 필요한 취약계층 아동에 대한 집중 관리는 미흡하기 때문에, 국가 성장잠재력 제고를 위한 선제적 인적투자로서 아동에 대한 투자가 필요하다는 공감대에서 시작되었다.

아동기의 빈곤은 아동의 전 생애는 물론 사회 전체 발전가능성을 저해한다. 아동에 대한 조기 투자는 성장과 복지의 선순환을 달성, 사회문제 예방 및 사회통합 유도 등 사회적 환원효과가 큰 것으로 분석된다.

지원 대상은 모든 0세(임산부)~만 12세(초등학생 이하) 아동 및 가족으로, 수급자 및 차상위계층 가정, 보호대상 한부모가정(조손가정 포함), 학대피해아동 등에 대한 우선지원 원칙이 있다. 사업지역(시 · 군 · 구) 내 거주하는 해당 연령의 아동과 그 가족, 임산부를 대상으로 가정을 방문하여 '드림스타트 양육환경 및 아동발달 사정'을 통해 위기개입, 집중사례관리, 일반사례관리

02 보건복지부 홈페이지 아동권리정책 드림스타트 소개 내용을 참조하여 발췌하였다.

아동을 선정한다.

급여 내용은 건강검진 및 건강관리, 기초학습 지원, 사회정서 증진 서비스, 부모 양육지원 등 아동발달 영역별 맞춤형 통합서비스로 자세한 내용은 〈표 12-1〉과 같다.

표 12-1 | 드림스타트 급여 내용

서비스 영역	서비스 내용
신체/건강 서비스	• 건강검진 및 예방(신체 및 건강검진, 예방접종, 치과검진 및 관련교육, 건강교육, 클리닉, 응급처치 및 영양 관련 교육 등) • 건강관리(질병관련 치료지원 등)
인지/언어 서비스	• 기초학습(기초학력검사, 기초학력배양, 독서지도, 경제교육 등) • 학습지원(교구재활용학습, 공부방, 도서관운영, 보충학습, 예체능, 학습지 지원 등)
정서/행동 서비스	• 사회정서(사회성발달, 정서발달, 아동권리교육, 아동학대 예방, 성폭력 예방, 다문화관련교육, 소방 및 안전교육, 진로지도 등) • 심리행동(심리상담 및 치료, 인터넷중독 상담 및 치료) • 보호(돌봄기관 연계, 야간 보호 및 교육 등) • 문화체험(체험학습, 영화 및 공연관람, 캠프 등)
부모 및 가족, 임산부 서비스	• 부모교육(상담 및 교육, 자녀발달, 양육, 자조모임 등) • 부모지원(취업지원, 자활상담, 가계경제상담 등) • 양육지원(다문화가정지원, 취미, 여가, 안전 및 건강지원 등) • 산전산후관리 등

출처: 보건복지부 홈페이지.

드림스타트 서비스의 전달체계는 보건복지부와 광역자치단체, 아동권리보장원, 시군구 아동통합서비스지원단, 민간 서비스 제공기관 등이다. 시군구 소속 드림스타트 지원단(공무원 및 분야별 전문인력으로 구성)은 지역사회의 돌봄 필요 아동 및 취약계층 아동가구를 방문하여 상담하고, 아동별 서비스계획을 수립하며 필요시 지역사회 자원(지역아동센터, 희망복지지원단, 아동보호전문기관 등)과 연계하여 서비스를 지원한다. 취약계층 아동에 대한 전문적인 서비스를 제공하기 위해 보건, 복지, 보육(교육) 분야별로 아동통합 사례관리사를 채용한다.

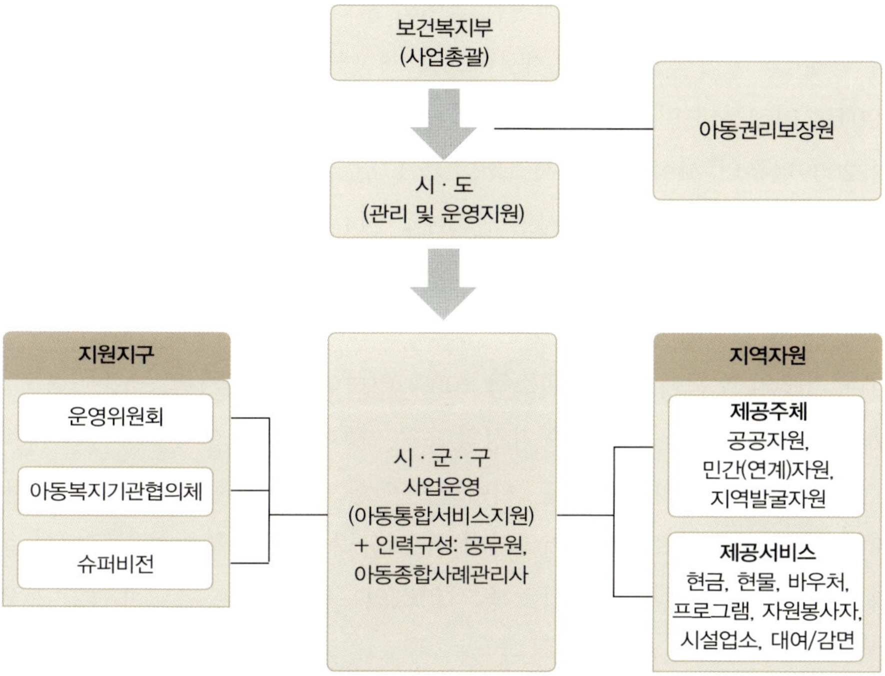

[그림 12-1] 드림스타트 전달체계

출처: 드림스타트 홈페이지(www.dreamstart.go.kr)에서 2021. 12. 19. 인출.

드림스타트(아동통합사례관리) 사업의 재원은 100% 국고보조금에서 변경되어 2020년부터 정부와 지자체가 분담한다. 지원금액은 지역 여건(취약계층 아동 수, 지리적 특성) 및 사업 추진상황(사례관리아동 수, 아동통합사례관리사 인력 규모)에 따라 달라진다.

2) 지역아동센터 돌봄서비스

지역아동센터 돌봄서비스는 방과후 돌봄이 필요한 지역사회 아동의 건전 육성을 위하여 보호·교육, 건전한 놀이와 오락의 제공, 보호자와 지역사회의 연계 등 종합적인 아동복지서비스를 제공하는 것이다. 지역아동센터는 2004년 이전부터 민간에 존재해 오던 공부방들을 지역아동센터로 법제화하여 2009년부터 시설평가를 시작하여 2017년 기준 2기 시설평가를 완료하였다. 2018년 12월 31일 집계로 전국에 4,211개의 지역아동센터가 있다(공공데이터 포털).

지역아동센터 서비스의 대상은 기초생활수급자 또는 차상위계층 가구이거나 가구의 소득이 기준중위소득 100% 이하인 장애인가족, 조손가족, 한부모가족, 다자녀가족, 맞벌이가정의 초등·중학생 아동이다.

지역아동센터에서 제공하는 서비스는 아동보호, 교육, 문화, 정서지원, 지역사회연계 서비스이고, 지역사회 특수성 및 대상의 특수성을 고려한 특화 서비스를 제공할 수 있다. 각 서비스의 구체적 내용은 〈표 12-2〉와 같다.

표 12-2 | 지역아동센터 제공 서비스 내용

영역	세부영역	세부프로그램	프로그램 예시
보호	생활	일상생활관리	센터 생활적응 지도, 일상생활지도, 일상예절교육, 부적응아동지도 등
		위생건강관리	위생지도, 건강지도 등
		급식지도	급식지도, 식사예절교육 등
	안전	생활안전지도	저녁돌봄 등
		안전귀가지도	안전귀가지도, 생활안전지도 등
		5대안전의무교육	교통안전, 실종유괴예방, 약물오남용예방, 재난대비, 성폭력예방 등

<table>
<tr><td rowspan="6">교육</td><td rowspan="2">학습</td><td>숙제지도</td><td>숙제지도, 학교생활관리 등</td></tr>
<tr><td>교과학습지도</td><td>수준별 학습지도, 온라인교육(IPTV 학습 등), 학습부진아 특별지도 등</td></tr>
<tr><td rowspan="2">특기적성</td><td>예체능활동</td><td>미술, 음악, 체육지도</td></tr>
<tr><td>적성교육</td><td>진로지도, 적성교육(독서, 요리, 과학 등) 등</td></tr>
<tr><td rowspan="2">성장과 권리</td><td>인성, 사회성 교육</td><td>인성교육, 사회성교육 등</td></tr>
<tr><td>자치회의 및 동아리활동</td><td>자치회의, 동아리활동 등</td></tr>
<tr><td rowspan="4">문화</td><td rowspan="2">체험활동</td><td>관람, 견학</td><td>공연 및 연극 관람, 박물관 등 견학</td></tr>
<tr><td>캠프, 여행</td><td>체험활동, 캠프 및 여행 등</td></tr>
<tr><td rowspan="2">참여활동</td><td>공연</td><td>공연 등</td></tr>
<tr><td>행사(문화/체육 등)</td><td>전시회, 체육대회 등</td></tr>
<tr><td rowspan="5">정서지원</td><td rowspan="3">상담</td><td>연고자상담</td><td>부모 및 가족상담, 연고자 상담 등</td></tr>
<tr><td>아동상담</td><td>아동상담 등</td></tr>
<tr><td>정서지원 프로그램</td><td>정서지원 프로그램 등</td></tr>
<tr><td rowspan="2">가족지원</td><td>보호자교육</td><td>보호자 교육 등</td></tr>
<tr><td>행사, 모임</td><td>부모소모임, 가정방문 등</td></tr>
<tr><td rowspan="3">지역사회 연계</td><td>홍보</td><td>기관홍보</td><td>기관홍보 등</td></tr>
<tr><td rowspan="2">연계</td><td>인적연계</td><td>자원봉사활동, 인적결연후원, 후원자관리 등</td></tr>
<tr><td>기관연계</td><td>지역조사와 탐방, 전문기관 연계, 복지단체 연계 등</td></tr>
</table>

출처: 보건복지부(2021i). 2021년 지역아동센터 지원사업 안내.

지역아동센터는 방과후 돌봄서비스를 제공하는 서비스 제공기관이고 이를 위해 보건복지부는 지역아동센터 지원사업을 총괄하고 국고보조금을 지원한다. 보건복지부에서는 아동권리보장원을 통해 연구개발 및 시설평가사업을 운영하고 종사자 교육기획, 프로그램 개발 등의 시설 운영 지원 기능을 한다. 광역자치단체는 사업계획을 검토 · 조정하고, 국고보조금 예산을 집행한다. 지역아동센터 시도지원단을 통해 시도특성화사업을 개발하고, 종사자 교육, 컨설팅 등 시설 운영을 지원한다. 시군구 담당부서 또는 드림스타트에서는 시군구 지역아동센터를 관리하고, 예산지원, 집행, 운영관리, 기관 간 서비스 연계 · 조정 역할을 한다(보건복지부, 2021i).

지역아동센터 아동 수가 30명 이상이면 시설장 외에 생활복지사 2명 이상, 영양사 1명이 근무해야 하고, 아동수 10명 이상 30명 미만이면 시설장 외에 생활복지사 1명 이상 근무해야 하고, 지역아동센터 아동 수가 10명 미만이면 시설장 1인만 있어도 무방하다(보건복지부 홈페이지).

지역아동센터의 재원은 국고보조금을 통해 재정 지원을 받을 수 있으나, 시설 설치 신고 후 24개월이 지나야 보조금 지원을 받을 수 있다. 단 2018년 1월 1일 이후 신규 설치된 시설 중 설치자가 영리법인인 경우는 국고보조금을 지원받지 못한다. 지원 내역은 기본운영비, 우수지역아동센터 지원비, 특성별 운영비이다(보건복지부, 2021i: 113).

2. 장애인과 사회서비스

1) 활동지원제도[03]

장애인활동지원사업은 장애인 자립생활 지원, 가족부담 감소, 장애인 삶의 질 향상을 목적으로 신체적 · 정신적 사유로 일상생활과 사회생활을 하기 어려운 장애인에게 활동지원서비스를 제공하는 것이다.

장애인 활동지원서비스 대상은 만 6세 이상 만 65세 미만의 장애인복지법상 등록 장애인(서비스지원 종합조사 종합점수 42점 이상)이거나 65세 이상인 경우 활동지원수급자였던 자가 '노인장기요양보험' 급여를 신청하여 받지 못하

03 보건복지부 홈페이지와 사회서비스 전자바우처 홈페이지 장애인활동지원제도에 대한 내용을 부분 발췌하였다.

게 된 장애인이다. 활동지원급여 구간별 월 한도액은 〈표 12-3〉과 같다. 대상적격 재판정은 수급자격 유효기간(3년)에 따라 주기적으로 갱신된다.

표 12-3 | 장애인활동지원급여

활동지원등급	종합점수	월 한도액
1구간	465점 이상~	6,730,000원
2구간	435점 이상~465점 미만	6,309,000원
3구간	405점 이상~435점 미만	5,889,000원
4구간	375점 이상~405점 미만	5,468,000원
5구간	345점 이상~375점 미만	5,048,000원
6구간	315점 이상~345점 미만	4,627,000원
7구간	285점 이상~315점 미만	4,206,000원
8구간	255점 이상~285점 미만	3,786,000원
9구간	225점 이상~255점 미만	3,365,000원
10구간	195점 이상~225점 미만	2,945,000원
11구간	165점 이상~195점 미만	2,524,000원
12구간	135점 이상~165점 미만	2,103,000원
13구간	105점 이상~135점 미만	1,683,000언
14구간	75점 이상~105점 미만	1,262,000원
15구간	42점 이상~75점 미만	842,000원
특례	기존 수급자 중 42점 미만	660,000원

출처: 사회서비스 전자바우처 홈페이지(2021. 12. 30. 인출).

표 12-4 | 2021년 기준 특별지원급여

특별지원급여	지원기간	월 한도액
출산	만 6개월	1,122,000원
자립준비	만 6개월	281,000원
보호자 일시부재	최대 6개월(사유별 다름)	281,000원

출처: 사회서비스 전자바우처 홈페이지(2021. 12. 30. 인출).

장애인 활동지원서비스는 사회서비스 바우처로 지급된다. 서비스 내용은 활동보조, 방문목욕, 방문간호이다. 활동보조란 '활동지원사'가 수급자의 가정 등을 방문하여 신체활동, 가사활동 및 이동 보조 등을 지원하는 것이다. 신체활동지원은 목욕도움, 세면도움, 식사 도움, 실내이동 도움 등이고, 가사활동지원은 청소 및 주변정돈, 세탁, 취사 등이며, 사회활동지원은 등하교 및 출퇴근 보조지원, 외출 동행 등이다. 방문목욕이란 '요양보호사'가 목욕설비를 갖춘 장비를 이용하여 수급자의 가정 등을 방문하여 목욕서비스를 제공하는 것이다. 방문간호란 '방문간호사 등'이 의사, 한의사 또는 치과의사의 방문간호지시서에 따라 수급자의 가정 등을 방문하여 간호, 진료 보조, 요양에 관한 상담 또는 구강 위생 등의 서비스를 제공하는 것이다. 급여 종류별 수가와 제공인력은 〈표 12-5〉와 같다.

표 12-5 | 2021년 기준 활동지원서비스 급여 내용

<table>
<tr><th>종류</th><th>내용</th><th colspan="3">수가</th><th>제공인력</th></tr>
<tr><td rowspan="4">활동보조</td><td rowspan="4">신체활동, 가사활동, 사회활동지원, 기타서비스 제공</td><td colspan="2">분류</td><td>시간당 금액(원)</td><td rowspan="4">활동 보조인</td></tr>
<tr><td colspan="2">매일 일반적으로 제공하는 경우</td><td>14,020</td></tr>
<tr><td colspan="2">22시 이후 6시 이전 심야에 제공하는 경우</td><td>21,030</td></tr>
<tr><td colspan="2">공휴일과 근로자의 날에 제공하는 경우</td><td>21,030</td></tr>
<tr><td rowspan="2">방문목욕</td><td rowspan="2">요양보호사가 목욕시설을 갖춘 장비를 이용, 수급자의 가정 등을 방문하여 목욕서비스 제공</td><td rowspan="2">차량</td><td>이용</td><td>75,450/1회(60분 이상)</td><td rowspan="2">요양 보호사</td></tr>
<tr><td>미이용</td><td>68,030/1회(60분 이상)
*40분 이상 60분 미만시 80% 인정</td></tr>
</table>

<table>
<tr><td rowspan="4">방문간호</td><td rowspan="4">의사, 한의사 또는 치과의사의 방문간호지시서에 따라 수급자의 가정 등을 방문하여 간호, 진료 보조, 요양에 관한 상담 또는 구강 위생 등의 서비스를 제공</td><th>분류</th><th>금액</th><td rowspan="4">방문
간호사</td></tr>
<tr><td>30분 미만</td><td>36,530원</td></tr>
<tr><td>30분 이상
60분 미만</td><td>45,810원</td></tr>
<tr><td>60분 이상</td><td>55,120원</td></tr>
</table>

출처: 보건복지부(2021h). 2021년 장애인활동지원사업안내.

장애등급제 폐지

장애인활동지원서비스는 장애인 본인 또는 대리인(가족, 사회복지전담공무원 등)이 급여대상 장애인의 주소지 시군구(읍면동)에 신청하면, 시·군·구(읍·면·동)는 행복e음을 통해 특별자치시·특별자치도·시·군·구로 즉시 전송한다. 읍·면·동은 활동지원급여수급 대상여부를 확인하고, 대상자인 경우 신청인에게 안내하며, 국민연금공단에 자격심의를 의뢰한다. 자격심의 결과 적격자에 한해 방문조사 등의 절차를 진행하고, 읍면동은 신청자격이 없는 경우 신청서와 구비서류를 반려한다.

국민연금공단은 방문조사와 수급자격 심의, 모니터링 등 수급자 관리를 하고 자격심의 결과를 시군구(읍면동)에 통보한다. 시군구(읍면동)는 신청자와 한국사회보장정보원에 자격확인 및 수급 결정 통보를 해준다. 서비스 수급자는 시군구에서 지정한 서비스 제공기관과 서비스 계약 후 서비스를 이용한다. 서비스 이용시 비용 지불은 사회서비스 바우처를 이용하며 사회보장정보원은 서비스 이용자와 서비스 제공자의 바우처 이용을 관리한다. 보건복지부는 장애인활동지원사업을 관장하고 지자체에 국고를 지원한다.

장애인활동지원사업의 재원은 국고보조금과 이용료(본인부담금)이다. 보건복지부는 지자체에 서울 50%, 지방 70%의 국고보조금을 지급한다. 서비스 이용자의 소득에 따라 바우처 지원금을 차등적으로 지급하고, 기본급여에 대한 본인부담금은 〈표 12-6〉과 같다.

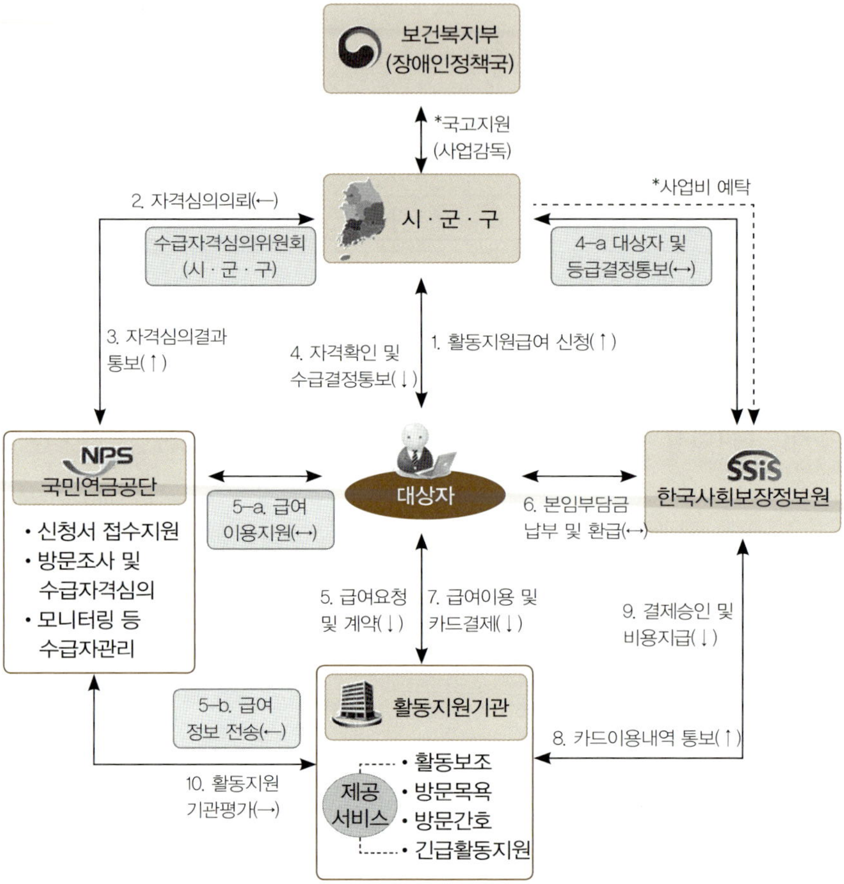

[그림 12-2] 장애인활동지원서비스 전달체계

출처: 보건복지부(2021h). 2021년 장애인활동지원사업 안내.

표 12-6 | 2021년 기준 장애인활동지원급여에 대한 본인부담금

(단위 : 원)

구분	본인부담율	9구간	7구간	6구간	5구간	4구간	3구간	2구간	1구간
생계 · 의료급여 수급자	면제	–	–	–	–	–	–	–	–
차상위계층	정액	20,000	20,000	20,000	20,000	20,000	20,000	20,000	20,000

기준 중위 소득	70% 이하	4%	154,000	168,200	170,700	170,700	170,700	170,700	170,700	170,700
	120% 이하	6%	170,700	170,700	170,700	170,700	170,700	170,700	170,700	170,700
	180% 이하	8%	170,700	170,700	170,700	170,700	170,700	170,700	170,700	170,700
	180% 초과	10%	170,700	170,700	170,700	170,700	170,700	170,700	170,700	170,700

구분		본인부담율	특례	15구간	14구간	13구간	12구간	11구간	10구간	9구간
생계 · 의료급여 수급자		면제	–	–	–	–	–	–	–	–
차상위계층		정액	20,000	20,000	20,000	20,000	20,000	20,000	20,000	20,000
기준 중위 소득	70% 이하	4%	26,400	33,600	50,400	67,300	84,100	100,900	117,800	134,600
	120% 이하	6%	39,600	50,500	75,500	100,900	126,100	151,400	170,700	170,700
	180% 이하	8%	52,800	67,300	100,900	134,600	168,200	170,700	170,700	170,700
	180% 초과	10%	66,000	84,200	126,200	168,300	170,700	170,700	170,700	170,700

출처: 보건복지부(2021h). 2021년도 장애인활동지원사업안내. p. 72.

2) 발달재활서비스[04]

발달재활서비스는 성장기의 정신적 · 감각적 장애아동의 기능 향상과 행동 발달을 위한 적절한 발달재활서비스를 지원하고 정보를 제공하는 것이다. 장애아동복지지원법 제21조 제1항에서는 국가와 지방자치단체는 장

05 보건복지부 홈페이지와 사회서비스 전자바우처 홈페이지 발달재활서비스에 대한 내용을 부분 발췌하였다.

애아동의 인지, 의사소통, 적응행동, 감각 · 운동 등의 기능향상과 행동발달을 위하여 적절한 발달재활서비스를 지원할 수 있다고 규정하고 있다.

발달재활서비스의 대상은 만 18세 미만 뇌병변, 지적, 자폐성, 청각, 언어, 시각 장애 아동으로 가구소득이 기준중위소득의 180% 이하인 아동이다. 대상 아동이 초중고등학교 재학 중인 경우에는 만 20세가 되는 달까지 지원을 연장한다. 단, 소득기준이 기준중위소득 180%를 초과하는 경우에는 장애아 2명 이상 가구, 부모 중 1명 이상이 중증장애인(1,2급 및 3급 중복장애)인 가정 중 시 · 군 · 구청장이 인정하는 경우에는 예산범위 내에서 〈표 12-8〉 '마형'(본인부담금 8만 원)을 지원할 수 있다.

표 12-7 | 2021년 기준 발달재활서비스 소득 기준

(단위: 천 원)

가구원 수	1인	2인	3인	4인	5인
기준중위소득 65%	–	2,007	2,590	3,170	3,742
기준중위소득 120%	2,193	3,706	4,781	5,852	6,909
기준중위소득 180%	3,290	5,559	7,171	8,777	10,363

출처: 보건복지부(2021g). 2021년 장애아동가족지원사업안내. p.20.

급여 내용은 언어 · 청능, 미술 · 음악, 행동 · 놀이 · 심리, 감각 · 운동 등 발달재활 서비스를 장애아동 및 부모의 수요에 따라 사업실시 기관이 제공한다. 서비스단가는 월 8회(주 2회), 회당 27,500원으로 하는 것을 기준으로 하되, 시 · 군 · 구에서 제공기관을 지정할 때 해당 지역의 시장가격, 전년도 바우처 가격, 타지역 가격, 제공인력의 자격 및 경력 등을 고려하여 적정단가를 설정할 수 있다.

표 12-8 | 발달재활서비스 바우처지원액과 본인부담금

소득수준	바우처지원액	본인부담금
기초생활수급자 (다형)	월 22만 원	면제
차상위 계층 (가형)	월 20만 원	2만 원
차상위 초과 기준중위소득 65% 이하 (나형)	월 18만 원	4만 원
기준중위소득 65% 초과 120% 이하 (라형)	월 16만 원	6만 원
기준중위소득 120% 초과 180% 이하 (마형)	월 14만 원	8만 원

출처: 보건복지부(2021g). 2021년 장애아동가족지원사업안내. p.32.

발달재활서비스의 서비스 전달체계와 각 기관의 역할은 다음과 같다. 보건복지부는 발달재활서비스의 사업계획을 수립하고, 홍보, 운영매뉴얼 작성 등의 역할을 한다. 한국사회보장정보원은 시 · 군 · 구 예탁금 관리, 바우처 비용의 지급 및 정산, 국민행복카드 발급 및 관리, 모니터링 실시 및 통계 관리의 역할을 한다. 광역자치단체는 기초자치단체의 사업을 관리 · 감독하고, 시군구는 서비스 신청 접수, 제공기관 지정 및 관리, 대상자 선정 및 등급 결정 등의 역할을 한다. 읍면동의 복지담당공무원은 서비스 신청을 접수하고, 소득재산 확인 및 변동을 관리한다. 서비스 제공기관은 서비스 제공 인력을 모집하고, 발달재활서비스를 제공한다.

서비스 제공인력은 발달재활서비스 관련 분야 국가자격증(언어재활사) 소지자 또는 국가공인 자격증 소지자이거나 대학 또는 이와 동등한 학교에서 14개 과목 42학점 이상 이수자, 대학원에서 7개 과목 21학점 이상 이수자이어야 한다.

표 12-9 | 발달재활서비스 전달체계

추진주체		기능
보건복지부	장애인서비스과	사업계획 수립, 홍보, 운영 매뉴얼 마련 등 사업 총괄
	사회서비스정책과	전자바우처 시스템 구축 · 관리
사회보장 정보원	바우처본부	시 · 군 · 구 예탁금 관리 바우처 비용의 지급 및 정산 국민행복카드 발급 및 관리 모니터링 실시 및 통계 관리
시도	장애인복지담당	시 · 군 · 구 사업 관리 · 감독
시군구	장애인복지담당	서비스 신청 접수 제공기관 지정 · 관리 대상자 선정 및 등급 결정
읍면동	복지담당공무원	서비스 신청 접수 건강보험료 등 소득재산 확인 변동 관리
제공기관	담당자	서비스 제공인력 모집 발달재활서비스 제공 바우처 결제용 단말기 반드시 구비
카드사	담당자	국민행복카드 발급 및 관리

출처: 보건복지부(2021g). 2021년 장애아동가족지원사업 안내.

발달재활서비스의 재원은 국고보조금, 지방자치단체 출연금과 이용자 본인부담금으로 이루어진다. 기준보조율은 서울 50%, 지방 70%이다. 2021년 발달재활서비스 지원금 예산은 94,968백만 원(장애아동 65,094명)인데 발달재활서비스 신규지원자 확대 등에 따라 연례적으로 서비스에 대한 미지급금이 발생하고 있어, 신규지원자는 배정된 예산 범위 내에서만 확대 가능하다(보건복지부, 2021: 91).

3. 노인과 사회서비스

1) 노인맞춤돌봄서비스[05]

노인맞춤돌봄서비스란 일상생활 영위가 어려운 취약 노인에게 적절한 돌봄 서비스를 제공하여 안정적인 노후생활 보장, 노인의 기능 · 건강 유지 및 악화를 예방하기 위해 안전지원, 사회참여, 생활교육, 일상생활 분야의 다양한 서비스를 서비스 제공계획에 따라 직접 또는 연계하여 제공하는 서비스이다.

노인맞춤돌봄서비스의 대상은 만 65세 이상 기초생활수급자, 차상위계층 또는 기초연금수급자 중 독거 · 조손가구 등 돌봄이 필요한 노인으로 대상자 선정도구를 통해 우선순위에 따라 선정한다. 단 노인장기요양보험 등급자, 가사 · 간병 방문지원사업 이용자, 국가보훈처 보훈재가복지서비스 이용자, 장애인 활동지원 사업 이용자, 기타 이와 유사한 재가서비스 이용자는 유사 중복사업 자격으로 제외하고 유사 중복사업 수급자 중 시장 · 군수 · 구청장이 서비스가 필요하다고 인정하는 경우는 예외적으로 제공 가능하다.

대상자 선정도구를 통해 사회-신체-정신 영역의 돌봄 필요도에 따라 대상자군을 결정하고, 대상자군에 따라 서비스 제공시간의 범위 등이 달라진다. 본 사업 대상은 신체적인 기능제한으로 일상생활지원 필요가 큰 중점돌봄군과 사회적인 관계 단절 및 일상생활의 어려움으로 돌봄 필요가 있는 일반돌봄군으로 구분한다. 특화서비스 대상은 사회관계 단절, 우울증 등으

06 보건복지부 홈페이지 노인맞춤돌봄서비스 안내와 '2021년 노인맞춤돌봄서비스사업안내'(보건복지부, 2021c)를 참조하여 일부 발췌하였다. 2020년 1월부터 기존 6개 노인돌봄사업(노인돌봄기본서비스, 노인돌봄종합서비스, 단기가사서비스, 초기독거노인 자립지원사업, 독거노인 사회관계 활성화 사업, 지역사회 자원연계사업)을 '노인맞춤돌봄서비스'로 통합 · 개편하였다.

로 집중적인 서비스가 필요한 대상이며, 사후관리 대상은 본 사업(중점돌봄군, 일반돌봄군) 종결자 중 사후관리가 필요한 자이다.

표 12-10 | 본 사업 대상자 군에 따른 서비스 내용

대상자 군	서비스 내용
중점돌봄군	16시간 이상~40시간 미만 직접서비스 + 연계서비스(필요시) + 특화서비스(필요시)
일반돌봄군	16시간 미만 직접서비스 + 연계서비스(필요시) + 특화서비스(필요시)

출처: 보건복지부(2021c). 2021년 노인맞춤돌봄서비스 사업안내. p. 8.

서비스 내용은 방문형, 통원형(집단 프로그램) 등의 직접 서비스 및 연계서비스를 제공하는 것으로 직접서비스는 안전지원, 사회참여, 생활교육, 일상생활지원으로 분류되고, 연계서비스는 대상자의 안정적인 생활을 지원하기 위하여 지역사회 내 민간자원 등의 후원물품이나 서비스를 연계 지원하는 서비스이다. 특화서비스는 고립, 우울, 자살생각 등이 높은 노인을 대상으로 개별 맞춤형 사례관리 및 집단활동을 제공하는 것이고, 사후관리 서비스는 사후관리가 필요한 대상자에게 정기적인 모니터링 및 자원연계를 실시하는 것이다. 서비스제공기간은 1년이며, 1년 도래 전 '재사정'을 통해 서비스 제공여부를 다시 결정한다. 구체적인 서비스 내용은 다음과 같다.

표 12-11 | 노인맞춤돌봄서비스 내용

구분	대분류	중분류	소분류
직접서비스(방문 · 통원 등)	안전지원	방문 안전지원	– 안전 · 안부확인 – 정보제공(사회 · 재난안전, 보건 · 복지 정보제공) – 생활안전점검(안전관리점검, 위생관리점검) – 말벗(정서지원)
		전화 안전지원	– 안전 · 안부확인 – 정보제공(사회 · 재난안전, 보건 · 복지 정보제공) – 말벗(정서지원)
		ICT 안전지원	– ICT 관리 · 교육 – ICT 안전 · 안부확인
	사회참여	사회관계 향상 프로그램	– 여가활동 – 평생교육활동 – 문화활동
		자조모임	– 자조모임
	생활교육	신체건강분야	– 영양교육 – 보건교육 – 건강교육
		정신건강분야	– 우울예방 프로그램 – 인지활동 프로그램
	일상생활 지원	이동활동지원	– 외출동행
		가사지원	– 식사관리 – 청소관리
연계서비스(민간후원자원)		생활지원연계	– 생활용품 지원 – 식료품 지원 – 후원금 지원
		주거개선연계	– 주거위생개선 지원 – 주거환경개선 지원
		건강지원연계	– 의료연계 지원 – 건강보조 지원
		기타서비스	– 기타 일상생활에 필요한 서비스 연계
특화서비스	– 개별 맞춤형 사례관리 – 집단활동 – 우울증 진단 및 투약 지원		

출처: 보건복지부(2021c). 2021년 노인맞춤돌봄서비스 사업안내. p. 10.

노인맞춤돌봄사업의 전달체계는 보건복지부, 광역지자체, 기초지자체, 중앙노인돌봄지원기관(독거노인종합지원센터), 노인맞춤돌봄서비스 광역지원기관, 노인맞춤돌봄서비스 수행기관, 사회보장정보원이며 각 전달체계별 역할은 〈표 12-12〉와 같다.

표 12-12 | 노인맞춤돌봄서비스 사업추진체계

보건복지부	• 사업안내 지침 마련 • 대상자 보호대책(혹한기 · 혹서기 등) 마련 • 국고보조금 교부, 홍보 등 사업 총괄 • 사업 관리 · 감독 및 평가, 정책연구 • 중앙노인돌봄지원기관(독거노인종합지원센터) 운영 · 관리
시 · 도	• 시 · 군 · 구별 사업량 및 예산배정 • 시 · 도 사업계획 수립 및 보건복지부에 제출 • 대상자 보호대책(혹한기 · 혹서기 등)(시 · 도) 마련 • 광역지원기관 사업계획 승인 • 광역지원기관 선정 및 운영 지원 • 광역지원기관 관리 · 감독 • 시 · 군 · 구 사업 관리, 교육 · 홍보 등 지원 등 • 국고보조금 정산 보고 • 사업추진 관련 시 · 군 · 구 자료 취합 · 제출
시 · 군 · 구	• 시 · 군 · 구 사업계획 수립 및 시 · 도에 제출(매년 1월 중순) • 대상자 보호대책(혹한기 · 혹서기 등)(시 · 군 · 구) 마련 • 사업계획 승인 · 수행기관 선정 및 운영 지원 • 수행기관 관리 · 감독 · 지자체 자체사업 간 유사중복 여부 판단 · 결정 • 서비스 대상자 선정 및 서비스 제공계획 승인 여부 등 결정 · 시 · 군 · 구 노인맞춤돌봄협의체 구성 · 운영 • 수행기관 간 실무협의회 구성 · 운영 • 보건소 · 치매센터 등 유관기관 협력체계 구축 • 시 · 군 · 구 사업 관리, 교육 · 홍보 등 지원 등 • 국고보조금 정산 보고
읍 · 면 · 동	• 노인맞춤돌봄서비스 신청접수 및 신규 대상자 발굴 • 수행기관 협조체계 구축

중앙노인돌봄지원기관 (독거노인종합지원센터)	• 광역지원기관, 수행기관 지원 • 광역지원기관, 수행기관 수행인력 지원 • 사업실적 및 통계관리 • 사업 평가 지원 • 사업 관련 시스템 운영관리 • 사랑잇기사업 추진 등 후원금품 모집 · 배부 • 사업 상담 및 모니터링센터 운영 • 기타 보건복지부가 사업과 관련하여 필요하다고 인정하는 사업
노인맞춤돌봄서비스 광역지원기관	• 광역지원기관 사업계획 수립 및 시 · 도에 제출 • 광역지원기관 사업계획에 따른 사업 추진 및 운영 • 광역지원기관 수행인력 채용 · 교육 및 관리 • 광역자치단체(시 · 도) 사업 추진 지원 • 수행기관 운영관리 및 지원 • 실무협의회 운영(수행기관 간담회, 솔루션회의, 워크숍 등) • 기타 시 · 도가 관련하여 필요하다고 인정하는 사업
노인맞춤돌봄서비스 수행기관	• 수행기관 사업계획수립 및 시 · 군 · 구에 제출 • 수행기관 사업계획에 따른 사업 추진 및 운영 • 수행인력 채용 · 교육 및 관리 · 기초자치단체(시 · 군 · 구) 사업 추진 지원 • 수행기관 간 실무협의회 구성 · 운영 • 지역자원 발굴 · 연계, 후원금품 모집 · 배분 • 보건소 · 치매센터 등 유관기관 협력체계 구축 • 대상자 보호대책(혹한기 · 혹서기 등) 기간 중 사업 대상자 보호 및 지원 강화 • 노인맞춤돌봄협의체 참석 • 기타 시 · 군 · 구가 관련하여 필요하다고 인정하는 사업 등
사회보장정보원	• 노인맞춤돌봄시스템 관리

출처: 보건복지부(2021c). 2021년 노인맞춤돌봄서비스 사업안내. p. 22.

노인맞춤돌봄서비스 사업의 재원은 국고보조금(서울 50%, 그외 70%), 지자체출연금이다. 보건복지부는 각 시 · 도지사에게 국고보조금을 교부하고, 시 · 도지사는 시군구별 예탁 금액을 정하여 국비와 시도비를 포함, 시군구에 보조금을 교부한다.

2) 노인일자리 및 사회활동 지원 사업[06]

노인일자리 및 사회활동 지원 사업의 목적은 노인이 활기차고 건강한 노후생활을 영위할 수 있도록 공익활동, 일자리, 재능나눔 등 다양한 사회활동을 지원하여 노인복지 향상에 기여하는 것이다.

노인일자리 및 사회활동 지원 사업의 대상은 공공형은 만 65세 이상 기초연금수급자, 시장형은 만 60세 이상 사업 특성에 적합한 노인이다. 참여자 선발 기준은 일할 수 있는 정도의 건강상태를 지닌 직업이 없는 노인이며, 노인독신가구 또는 경제무능력자와 동거하는 노인 가구를 우선 선정한다. 국민기초생활보장 생계급여, 의료급여 수급자, 국민건강보험 직장가입자(인력파견형사업단 제외), 장기요양보험 등급판정자(1~5등급), 정부부처 및 지자체에서 추진 중인 일자리사업 참여자는 대상자 선정에서 제외된다.

노인일자리 및 사회활동 지원사업에서 제공하는 일자리 유형은 크게 공공형, 사회서비스형, 민간형으로 구분되고, 공공형은 다시 공익활동과 재능나눔활동으로, 민간형은 시장형 사업단, 인력파견형 사업단, 시니어 인턴십, 고령자 친화기업으로 구분된다. 공익활동과 재능나눔활동은 자원봉사 성격이고, 사회서비스형과 민간형은 근로 성격이다. 각 일자리 및 활동의 특징과 주요 내용을 간략히 나타내면 〈표 12-13〉과 같다.

---

06 보건복지부 홈페이지 노인일자리 및 사회활동지원사업 안내(검색일: 2021년 12월 31일), 2021년 노인일자리 및 사회활동 지원사업 운영안내(보건복지부, 2021d)를 참조하여 일부 발췌하였다.

표 12-13 | 노인일자리 및 사회활동 지원사업 유형

구분	유형	주요내용	예산지원형태	활동성격
공공형	공익활동	노인이 자기만족과 성취감 향상 및 지역사회 공익 증진을 위해 참여하는 활동	지자체 경상보조	봉사 (사회활동)
	재능나눔 활동	재능을 보유한 노인에게 재능나눔 활동 기회를 부여하여 사회참여를 통한 노후 성취감 제고, 건강 및 대인관계 개선 유도	민간 경상보조	
사회서비스형		노인의 경력과 활동역량을 활용하여 사회적 도움이 필요한 영역(지역사회 돌봄, 안전 등)에 서비스를 제공하는 일자리	지자체 경상보조	근로
민간형	시장형 사업단	참여자 인건비를 일부 보충지원하고 추가 사업소득으로 연중 운영하는 노인 일자리	지자체 경상보조	
	취업 알선형	수요처의 요구에 의해서 일정 교육을 수료하거나 관련된 업무능력이 있는 자를 해당수요처로 연계하여 근무기간에 대한 일정 임금을 지급받을 수 있는 일자리	지자체 경상보조, 민간경상보조	
	시니어 인턴십	노인이 기업에서 인턴으로 참여할 수 있는 기회 제공	민간경상보조	
	고령자 친화기업	고령자가 경쟁력을 가질 수 있는 적합한 직종에서 다수의 고령자를 고용하는 기업 설립 지원	민간경상보조	

노인일자리 사업의 전달체계는 일자리사업 유형에 따라 조금씩 다르긴 하지만 공통적으로는 보건복지부, 광역 및 기초 자치단체, 수행기관이 진행단계에 따라 다음 역할을 수행한다.

표 12-14 | 노인일자리 및 사회활동지원사업 전달체계

진행단계	역할주체	주요 내용
1단계 기본계획 수립	보건복지부	– 노인일자리 및 사회활동지원사업 기본계획 수립 및 시도별 예산 배분
	광역자치단체	– 시도별 기본계획 수립, 시군구별 사업량, 전담인력 및 예산 배분계획 수립 및 통보
	기초자치단체	– 시군구별 총괄운영계획 수립, 노인일자리 업무시스템 등록 – 사업수행기관 선정
2단계 수행기관 선정	기초자치단체	– 노인일자리 및 사회활동 지원사업 위원회 구성, 수행기관 심사 · 지정 및 위탁계약 체결 – 선정된 수행기관별 사업량 및 예산, 노인일자리 담당자 등 배분
3단계 사업계획 수립	지자체 및 수행기관	– 수행기관: 사업계획 수립 및 등록 – 지자체: 사업계획 심사 및 승인
4단계 사업추진 준비	수행기관	– 참여자 모집 및 선발 – 노인일자리 담당자 채용 – 수요자(수요처 등 개발 및 선정
5단계 사업시행	수행기관	– 소양 및 활동(직무) 교육 실시 – 활동(근무) 관리 및 활동비(임금) 지급 – 부적격 · 부정수급 관리 – 그 외 확인사항: 대기자 관리, 참여자 정보보호, 예산운영
6단계 사업평가	수행기관	– 만족도조사 – 사업평가

출처: 보건복지부(2021d). 2021년도 노인일자리 및 사회활동 지원사업 운영 안내. pp. 12–14.

노인일자리전담기관이란 노인의 능력과 적성에 맞는 일자리지원사업을 전문적 · 체계적으로 수행하기 위한 전담기관으로 보건복지부장관은 중앙노인일자리전담기관을, 지방자치단체장은 지역노인일자리전담기관을 설치할 수 있다. 노인일자리전담기관에는 노인인력개발기관, 노인일자리지원기관, 노인취업알선기관이 있다. 노인인력개발기관은 노인일자리 개발 · 보급사업, 조사사업, 교육 · 홍보 및 협력사업, 프로그램 인증 · 평가사업 등을 지원하는 기관이다. 노인일자리지원기관은 지역사회 등에서 노인일자리 개발 · 지원, 창업 · 육성 및 노인에 의한 재화의 생산 · 판매 등을 직접 담당하는 기관이다. 노인취업알선기관은 노인에게 취업 상담 및 정보를 제공하거나 노인일자리를 알선하는 기관이다(노인복지법 제23조의2).

노인일자리사업 중 공익활동, 사회서비스형, 민간형 중 시장형사업단과 취업알선형은 국고보조사업으로 국고보조율은 50%(서울 30%)이다. 공익활동은 참여자 1인당 월 27만 원과 부대경비 연 18만 원을 지급하며, 사회서비스형은 참여자 1인당 활동비 월 594천 원과 부대경비 연 532천 원을 지급한다. 공익활동의 참여기간은 평균 11개월로 연 3,150천 원이 지급되고, 사회서비스형의 참여기간은 10개월로 연 7,930천 원이 지급된다. 시장형 사업단은 참여자 1인당 연 2,670천 원, 취업알선형은 연 150천 원이 지급된다(보건복지부, 2021d).

4. 가족과 사회서비스

1) 보육서비스[07]

보육서비스정책은 영유아 자녀를 둔 가족에게 가족의 보육서비스 수요에 대응하여 제공하는 어린이집 설치, 보육료 지원, 양육수당 지급, 다양한 형태의 보육서비스 마련 등의 정책이다. 저소득층 중심의 탁아정책으로 시작한 보육정책은 2006년부터 여성 사회진출 증가에 대응한 보육서비스 공급정책 중심으로 전환하였다. 2013년부터는 보육료, 양육수당을 소득에 관계없이 전체 영유아 자녀를 둔 가정에 지급하는 무상보육정책을 실시하였다.

07 보건복지부 홈페이지의 보육사업 안내 홈페이지에서 필요한 내용을 요약, 발췌하였다(검색일: 2021년 12월 31일).

표 12-15 | 2021년 기준 영유아보육료지원 금액

구분	0세	1세	2세	3-5세 (1.1~2.28.)	3-5세 (3.1.~)
기본보육	484천 원	426천 원	353천 원	240천 원	260천 원
야간	484천 원	426천 원	353천 원	240천 원	260천 원
24시	726천 원	639천 원	529천 원	360천 원	390천 원

출처: 보건복지부(2021e). 2021년도 보육사업안내. p. 353.

보육서비스정책의 대상은 0~5세 영유아 자녀를 둔 모든 가족이다. 어린이집을 이용하는 만 0세~만 5세 영유아에게는 소득과 관계없이 보육료를 지원한다. 어린이집, 유치원, 종일제 아이돌봄서비스를 이용하지 않는 0세~6세 아동에게는 연령에 따라 10만 원~20만 원의 양육수당을 지급한다.

표 12-16 | 2021년 기준 가정양육수당 금액

<table>
<tr><th>연령(개월)</th><th>양육수당</th><th>연령(개월)</th><th>농어촌양육수당</th><th>연령(개월)</th><th>장애아동
양육수당</th></tr>
<tr><td>0~11</td><td>200천 원</td><td>0~11</td><td>200천 원</td><td rowspan="3">0~35</td><td rowspan="3">200천 원</td></tr>
<tr><td>12~23</td><td>150천 원</td><td>12~23</td><td>177천 원</td></tr>
<tr><td>24~35</td><td>100천 원</td><td>24~35</td><td>156천 원</td></tr>
<tr><td rowspan="4">36~86</td><td>100천 원</td><td>36~47</td><td>129천 원</td><td rowspan="4">36~84</td><td rowspan="4">100천 원</td></tr>
<tr><td>100천 원</td><td rowspan="3">48~84</td><td>100천 원</td></tr>
<tr><td>100천 원</td><td>100천 원</td></tr>
<tr><td>100천 원</td><td>100천 원</td></tr>
</table>

출처: 보건복지부(2021e). 2021년도 보육사업안내. p. 375.

모든 영유아에게 적용되는 '기본보육시간'과 기본보육 시간 이후 돌봄공백이 우려되는 영유아에게 적용되는 '연장보육시간'으로 구분하여 어린이집 12시간(07:30~19:30) 운영 원칙은 유지하면서, 어린이집 보육시간을 2개의

시간으로 구분하였다. 각 보육과정에 대해 비용지원방식을 별도 적용하여 충실히 운영될 수 있도록 어린이집 지원방식을 합리화하고, 특히 연장보육 시간에 안정적인 보육이 제공되도록 전담교사를 배치하였다. 연장보육은 부모가 취업중이거나 구직중인 경우, 장애가 있는 가구원이 있는 경우, 다자녀가구(2인 이상)인 경우, 어머니가 임신중이거나 산후관리중인 경우, 한부모가구, 조손가구, 가구원이 입원중이거나 간병을 요하는 경우, 부모가 학업중인 경우, 저소득층인 경우, 육아휴직 복직자의 경우 이용 가능하다.

시간제보육은 양육수당을 받는 가구가 일시적인 보육수요가 발생하는 경우 필요한 만큼만 일정 비용을 지불하고 어린이집을 이용하는 보육서비스이고, 그 밖의 연장형 보육은 늦은 시간, 휴일에도 어린이집을 이용할 수 있도록 제공되는 보육서비스이다.

만 3~5세아에게는 유아공통과정(누리과정)을 도입하여 어린이집과 유치원으로 이원화되어 있는 교육 · 보육과정을 통합하였다. 누리과정이란 유아기에 필요한 기본소양, 자율성과 창의성 및 바른 인성을 기르고 전인발달을 이루도록 구성되어 있는 보육 · 교육 통합과정이다.

보육정책의 체감도를 높이고 수요자 중심 보육정책을 실현하기 위해 보육료를 어린이집에 지급하는 대신 전자카드 형태로 부모에게 직접 지급하는 보육전자바우처를 2009년 9월 도입하였다. 2015년부터 어린이집 지원카드인 아이사랑카드와 교육부 유아학비지원카드인 아이즐거운카드를 아이행복카드로 통합하여 어린이집–유치원 어디서나 정부지원금 결제가 가능하다.

보육서비스를 제공하는 어린이집은 설립주체에 따라 국공립어린이집, 사회복지법인어린이집, 법인 · 단체 등 어린이집, 민간어린이집, 직장어린이집, 가정어린이집, 협동어린이집으로 구분된다. 어린이집의 장은 어린이집 운영의 자율성과 투명성을 높이고 지역사회와의 연계를 강화하여 지역 특성에 맞는 보육을 실시할 수 있도록 하기 위하여 어린이집운영위원회를 설치,

운영해야 한다.

표 12-17 | 보육서비스 전달체계

구분	종류	정의
보육서비스 제공기관	국공립	국가나 지방자치단체가 설치 · 운영(위탁운영 포함)하는 어린이집(직장 어린이집 제외)
	사회복지법인	사회복지사업법에 의한 사회복지법인이 설치 · 운영하는 어린이집
	법인단체 등	각종 법인(사회복지법인을 제외한 비영리법인)이나 단체 등이 설치 · 운영하는 어린이집
	민간	국공립, 사회복지법인, 법인단체 등, 직장, 가정, 부모협동 어린이집이 아닌 어린이집
	직장	사업주가 사업장의 근로자를 위하여 설치 · 운영하는 어린이집(국가 또는 지방자치단체의 장이 소속 공무원 및 근로계약을 체결한 자를 위하여 설치 · 운영하는 어린이집 포함)
	가정	개인이 가정 또는 그에 준하는 곳에 설치 · 운영하는 어린이집
	협동	보호자 또는 보호자와 보육교직원 11인 이상이 조합을 결성하여 설치 · 운영하는 어린이집
보육서비스 지원기관	부모모니터링단	시도지사 또는 시장군수구청장이 시군구별로 10명 이내의 보육전문가, 보건전문가, 부모, 컨설턴트로 구성된 모니터링단으로 부모와 보육 · 보건 전문가가 직접 어린이집의 급식, 위생, 건강 및 안전관리 등 보육환경을 모니터링하고, 어린이집에 사후 컨설팅 제공
	육아종합 지원센터	보육 및 양육에 관한 정보의 수집제공 및 보육교직원 · 부모상담 등을 제공하기 위하여 보건복지부장관과 지방자치단체장이 설치 · 운영하는 육아지원 전문기관
	한국보육 진흥원	효과적인 보육관련 사업 수행을 지원하기 위해 어린이집평가인증제도 운영 및 사후관리, 자격검정 및 교육 등의 사업을 수행하는 보건복지부 산하 공공기관
정부	시군구	어린이집 설치인가, 지도점검, 부모모니터링단 운영, 열린어린이집, 시간제보육 등 지자체 자체계획 수립, 어린이집평가인증제 지원
	시도	보육교직원 보수교육 실시, 어린이집평가인증제 지원
	보건복지부	보육정책기본계획 수립, 누리과정 총괄계획 수립, 보육정책 총괄, 국고보조금 지급

보육서비스 정책의 전달체계로는 서비스 제공기관인 어린이집뿐만 아니라 보육서비스 제공을 지원하고 평가인증제, 보육교직원 보수교육 등을 담당하는 육아종합지원센터, 한국보육진흥원 등의 보육서비스 지원기관이 있고, 시군구에서는 부모모니터링단을 운영하여 서비스 질에 대한 컨설팅과 모니터링을 실시한다.

보육서비스 정책은 국고보조사업으로 보육료지원사업과 가정양육수당은 서울 35%, 지방 65%의 기준보조율로 운영된다. 단, 해당 회계연도의 전전년도 최종예산에서 사회복지비 지수가 25 이상이면서 재정자주도가 80 미만인 기초자치단체는 10%p 인상하여 지급하고, 사회복지비 지수가 20 미만이면서 재정자주도가 85 이상인 기초자치단체는 10%p 인하하여 지급한다. 보육돌봄서비스, 육아종합지원서비스 제공, 어린이집 교원 양성 지원, 어린이집 지원 및 공공형어린이집 재원은 기준보조율 서울 20%, 지방 50%로 국고보조금을 지급한다. 마찬가지로 사회복지비지수와 재정자주도에 따라 국고보조율은 인상 또는 인하된다. 어린이집 기능보강 사업의 기준보조율은 50%이다.

2) 아이돌봄서비스[08]

아이돌봄서비스란 만 12세 이하 아동을 둔 맞벌이 가정 등에 아이돌보미가 직접 방문하여 아동을 안전하게 돌봐 주는 서비스이다.

아이돌봄서비스는 아이돌봄서비스가 필요한 모든 가정에서 이용 가능하며 정부지원 대상 가정이 아니면 전액 본인부담으로 서비스를 이용할 수 있다. 정부지원 가능한 대상은 양육공백이 발생하는 맞벌이 가정, 장애부모

08 아이돌봄서비스사업 홈페이지의 내용을 부분적으로 요약, 발췌하였다(검색일: 2021년 12월 31일).

가정, 다자녀 가정, 기타 부모의 질병, 재학, 취업준비, 출산 등으로 아이돌보미 서비스가 필요한 가정 중 기준 중위소득 150% 이하인 가정이다.

아이돌봄서비스의 종류는 크게 시간제서비스, 영아종일제서비스, 질병감염아동지원, 기관연계서비스로 구분된다. 먼저, 시간제서비스는 돌봄이 필요한 가정에 찾아가는 정부서비스로서 만 3개월~만 12세 이하 아동의 가정에 아이돌보미가 찾아가 1:1로 아동을 안전하게 돌보는 서비스이다. 야간·공휴일 상관없이 원하는 시간에 필요한 만큼 이용할 수 있고, 정부지원 시간 초과시에는 시간제한 없이 전액 본인 부담으로 서비스 이용이 가능하다. 이용시간은 1회 2시간 이상 사용할 수 있고, 양육공백이 발생하는 가정은 연 840시간 내에서 정부 지원 가능하다. 양육공백이 발생하지 않는 정부미지원 가정(전업주부 등) 및 정부지원 시간을 다 사용한 가정은 전액 본인 부담으로 서비스 이용 가능하다.

표 12-18 | 시간제 아이돌봄서비스 정부지원금 및 본인부담금(일반가정)

소득유형	소득기준(기준중위소득)	기본형(시간당 10,040원)				종합형(시간당 13,050원)			
		A형(2014.1.1. 이후 출생)		B형(2013.12.31. 이전 출생)		A형(2014.1.1. 이후 출생)		B형(2013.12.31. 이전 출생)	
		정부지원	본인부담	정부지원	본인부담	정부지원	본인부담	정부지원	본인부담
가형	75% 이하	8,534원 (85%)	1,506원 (15%)	7,530원 (75%)	2,510원 (25%)	8,534원	4,516원	7,530원	5,520원
나형	120% 이하	6,024원 (60%)	4,016원 (40%)	2,008원 (20%)	8,032원 (80%)	6,024원	7,026원	2,008원	11,042원
다형	150% 이하	1,506원 (15%)	8,534원 (85%)	1,506원 (15%)	8,534원 (85%)	1,506원	11,544원	1,506원	11,544원
라형	150% 초과	–	10,040원	–	10,040원	–	13,050원	–	13,050원

출처: 여성가족부(2021). 2021년도 아이돌봄 지원사업 안내. p. 49.

일반형 시간제 아이돌봄서비스의 제공 범위는 서비스 종류에 따라 차이가 있으며, 시간제 돌봄서비스는 부모가 올 때까지 임시보육, 놀이활동, 준비된 식사 및 간식 챙겨주기, 보육시설 및 학교 등 하원, 준비물 보조 등의 서비스를 제공한다. 종합형 시간제 돌봄서비스는 시간제 서비스 외 돌봄 아동과 관련된 가사서비스(세탁 및 정리, 청소, 간식 조리와 설거지)까지 제공한다.

영아종일제 돌봄서비스는 만 3개월~만 36개월 영아 돌봄이 필요한 가정에 찾아가는 정부서비스이다. 영아종일제 돌봄서비스는 아이돌보미가 찾아가 1:1로 이유식 먹이기, 젖병 소독, 기저귀 갈기, 목욕 등의 영아 돌봄과 관련된 활동 전반에 대한 서비스를 제공하고, 돌봄 대상 아동의 관찰사항(일상생활, 아동발달, 건강, 특이사항) 등을 매일 이용가정에 전달한다. 영아종일제 돌봄서비스는 월 60시간~200시간 이내 지원하고, 정부 지원 시간을 초과할 경우 전액 본인부담금으로 이용할 수 있다. 동일 아동에게 영아종일제 서비스와 시간제서비스를 중복 지원하는 것은 불가능하다.

표 12-19 | 영아종일제서비스 정부지원금 및 본인부담금(일반가정)

유형	소득기준 (기준중위소득)	영아종일제(시간당 10,040원)	
		정부지원	본인부담
가형	75% 이하	9,036원 (90%)	1,004원 (10%)
나형	120% 이하	6,024원 (60%)	4,016원 (40%)
다형	150% 이하	1,506원 (15%)	8,534원 (85%)
라형	150% 초과	–	10,040원 (100%)

출처: 여성가족부(2021). 2021년도 아이돌봄 지원사업 안내. p. 47.

기관연계서비스는 사회복지시설, 학교, 유치원, 보육시설 등의 만 0세~12세 아동을 대상으로 아이돌보미가 기관에 직접 찾아가 돌봄을 제공하는 서비스이다. 아이돌보미 1인당 돌볼 수 있는 최대 아동 수는 영아는 3명, 유아·아동은 5명이다. 지원시간의 제한은 없으며 시간당 16,870원을 기관이 부담한다.

질병감염아동지원은 사회복지시설, 어린이집·유치원, 초등학교 등 시설 이용 아동이 전염성 및 유행성 질병 감염 등에 의해 불가피하게 가정양육이 필요한 경우 아이돌보미가 돌봄장소에 직접 찾아가 돌봄을 제공하는 서비스이다. 아동의 병원 이용을 위해 동행하거나 가사활동을 제외한 재가 돌봄서비스를 질병 완치 시까지 제공한다. 시간당 12,050원 서비스 비용 중 소득기준에 따라 정부지원과 본인부담이 달라진다.

표 12-20 | 질병감염아동지원서비스 정부지원금 및 본인부담금(일반가정)

소득유형	소득기준 (기준중위소득)	기본형(시간당 12,050원)			
		A형 (2014.1.1.이후 출생)		B형 (2013.12.31. 이전 출생)	
		정부지원	본인부담	정부지원	본인부담
가형	75% 이하	10,243원 (85%)	1,807원 (15%)	9,038원 (75%)	3,012원 (25%)
나형	120% 이하	7,230원 (60%)	4,820원 (40%)	6,025원 (50%)	6,025원 (50%)
다형	150% 이하	6,025원 (50%)	6,025원 (50%)	6,025원 (50%)	6,025원 (50%)
라형	150% 초과	6,025원 (50%)	6,025원 (50%)	6,025원 (50%)	6,025원 (50%)

출처: 여성가족부(2021). 2021년도 아이돌봄 지원사업 안내. p. 52.

아이돌보미사업은 여성가족부장관이 관장하고, 시도는 사업관리, 시군구는 사업 운영관리를 한다. 읍면동에서는 서비스 안내, 신청 · 접수, 유형 결정을 하며, 서비스 제공기관에서 아이돌봄서비스 연계를 지원한다. 교육기

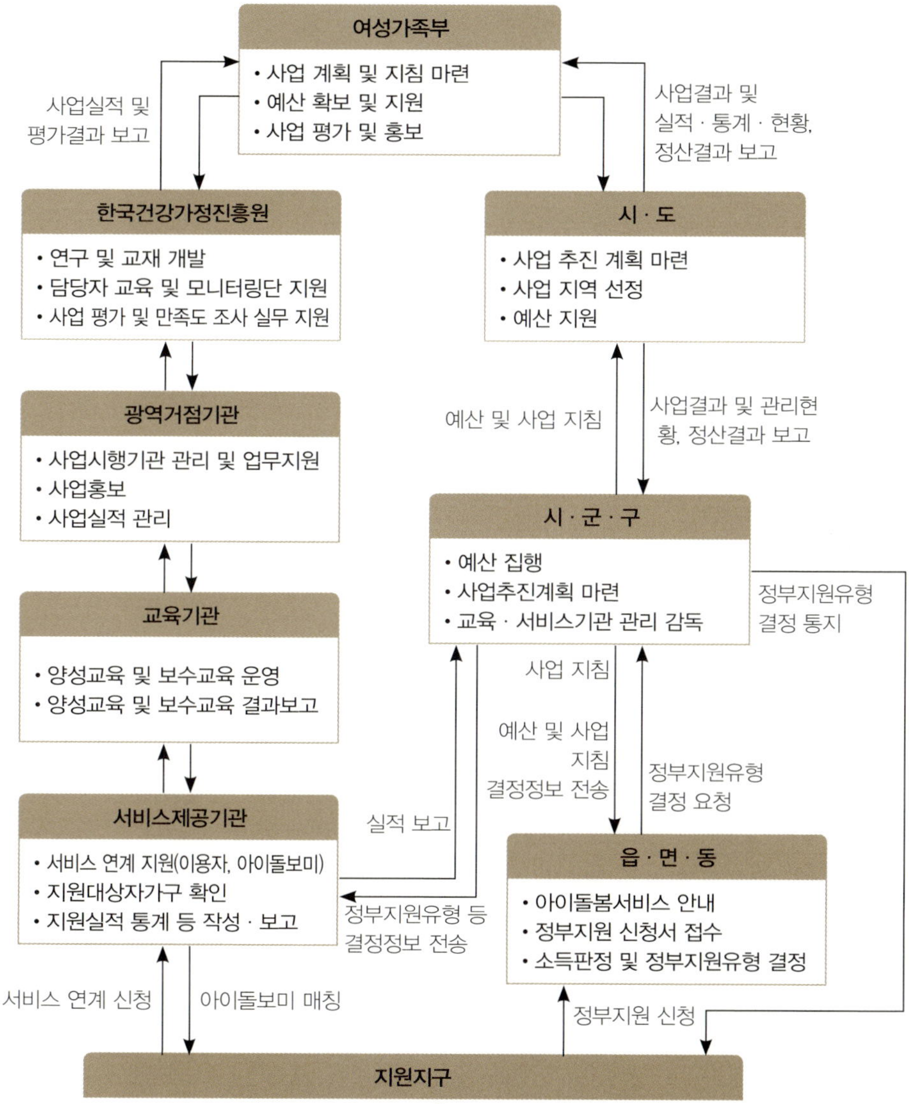

[그림 12-3] 아이돌보미서비스 전달체계

출처: 여성가족부(2021). 2021년도 아이돌봄 지원사업 안내. p. 14.

관은 양성교육 및 보수교육을 운영하고, 광역거점기관과 한국건강가정진흥원은 아이돌봄서비스 사업을 지원한다. 보다 구체적인 추진주체별 역할은 [그림 12-3]과 같다.

아이돌봄 지원사업의 재원은 국가, 지방자치단체, 기관(기관연계서비스의 경우) 및 이용자 부담으로 충당된다. 서울 30%, 지방 70%의 국고보조율로 국가는 지방자치단체에 보조금을 지원한다. 여성가족부는 시도별 국고보조금 교부 시 서비스제공기관의 예산집행 및 사업실적을 고려하여 국고보조금을 교부한다.

학습활동

01 [개인][조별] 동영상 강의와 읽기 자료에서 이해가 안 되었던 것을 질문한다.

02 [조별] 부천시 종합복지관에서 근무하는 사회복지사 A씨는 가족기능강화사업에서 만난 클라이언트들의 사례에 대해 정부 지원 사회서비스를 소개하고자 한다. 각 클라이언트에게 맞는 사회서비스 정책의 급여 내용, 이용부담금, 서비스 제공기관 등을 알아보고 소개한다.

[사례 1] 심곡동에 사는 주부 A씨는 남편과 이혼하고 8살, 5살 두 아들을 키우고 있다. 수급자인 A씨는 요즘 학교 공부에 적응을 못하고 갈수록 살이 쪄 비만이 우려되는 큰 아들 때문에 걱정이다. 생계급여만으로는 애들 교육비, 식비 등을 감당하기 어려워 시간제로 식당 일이라도 하려고 하는데 초등학교 입학한 큰 아들과 아직 학교에 다니지 않는 작은 아들을 맡길 수가 없어 일할 엄두를 못 내고 있다.

[사례 2] 오정동에 사는 B할머니는 최근 아들이 이혼하고 집을 나가 지적 장애를 가진 7살 손녀를 갑자기 키우게 됐다. 기초연금으로 근근히 생활하던 할머니는 혼자 살 때는 그럭저럭 괜찮았는데, 갑자기 손녀를 키우게 되면서 생활이 막막해졌다. 돈벌어 오겠다고 집을 나간 아들도 연락이 끊기고 무엇보다 손녀를 어떻게 키워야 하는지, 어디다 맡겨야 하는지, 학교는 보낼 수 있는지 알 길이 없다.

[사례 3] 소사본동에 사시는 C할아버지는 복지관 반찬 배달 서비스를 통해 알게 됐다. 관절염이 심하셔서 거동이 불편하신데 장기요양등급 판정을 받을 정도는 아니시다. 하지만 거동이 불편하시니 밥을 챙겨먹는 것도 귀찮으신지 잘 못 드시고, 집안 청소 등도 계속 못하신다. 식사, 청소, 설거지 등 기본적인 생활만 좀 챙겨 드려도 걱정이 없을 것 같은데, 대학생 봉사자를 통한 복지관 반찬 배달

과 말벗 서비스로는 충분히 챙겨드리기 어렵다.

[사례 4] 교사로 퇴직하시고 외손주들을 돌봐주시던 D할머니(63세)는 갑자기 딸이 지방으로 이사가 몸은 편해졌는데, 마음이 허하다. 갑자기 많아진 시간에 쇼핑도 하고 도서관도 다니는데 조금 더 의미 있고, 또 용돈 벌이도 되는 소일거리가 있었으면 싶다. 딸이 애들 맡기면서 좀 두둑히 챙겨 줬던 용돈 수입이 줄어들고 이따금씩 친구들과 여행도 가고 싶은데 저축해 놓은 돈을 쓰다 보면 길어진 수명을 감당하기 어려울 것 같다.

[사례 5] 재작년에 출산을 하고 아이를 친정어머니께 맡겼던 E씨는 친정어머니께서 많이 편찮아지셔서 육아휴직을 신청하였다. E씨는 휴직한 기간만이라도 아이와 친밀하게 지내고자 독박 육아를 하고 있다. 육아휴직 기간이 아직 2개월 정도 남았는데 복귀할 회사에서 새로운 프로젝트를 시작하여 업무 복귀 전에 1주일에 한번 있는 회의만이라도 참여하고 싶은데, 아이를 맡길 데가 없고 어린이집은 아직 대기자가 많다.

과 제

01 [조별] 내가 살고 있는 지역의 사회서비스 기관을 한 군데 골라 기관 방문을 하고 기관에서 제공하는 서비스의 내용과 종사자와의 인터뷰를 기록하여 제출한다.

퀴즈정답

1장 사회복지정책의 개념과 이론

01 1
02 3
03 5
04 3
05 2
06 2
07 4
08 4
09 선별, 보편
10 공공부조

2장 사회복지정책발달의 사상과 이론

01 3
02 3
03 4
04 4
05 불가역성
06 선별, 보편, 정치권, 사회권
07 탈가족화

3장 사회복지정책 분석틀

01 성과, 대상, 급여, 재원
02 바우처(증서)

4장 사회복지정책 형성과정

01 5
02 이슈유발장치
03 2
04 3
05 3
06 정책네트워크
07 환류

5장 사회복지정책 대상

01 3
02 4
03 4
04 3
05 4
06 5
07 기여

6장 사회복지정책 급여

01 5
02 2
03 2
04 3
05 1
06 권력

07 현물(서비스)

04 3

05 교육

7장 사회복지정책 전달체계

01 3

02 1

03 공공재, 비배제성, 비경합성

04 도덕적 해이

05 불완전정보 또는 비대칭정보

06 도덕적해이, 역선택, 가입자선별

07 긍정적

8장 사회복지정책 재원

01 4

02 1

03 3

04 2

05 5

06 1

07 1

08 2

09 지방재정조정제도, 지방교부세

10 중앙정부, 수평적, 중앙정부, 지방재정조정제도

11 지방교부세

12 국고보조금, 기준보조율(국고보조율)

9장 사회복지정책 성과

01 1

02 1

03 1

참고문헌

고용노동부 (2021). 사업주와 코로나의 든든한 동반자 고용장려금지원제도 고용농부.

공미혜 · 성정현 · 이진숙 · 한정원 (2015). 여성복지론. 서울: 신정

구인회 · 손병돈 · 안상훈 (2010). 사회복지정책론. 파주: 나남.

국민건강보험공단 · 건강보험심사평가원 (2021). 2020 건강보험통계연보. 국민건강보험공단 · 건강보험심사평가원.

국민연금공단(2021). 국민연금통계연보. 국민연금공단.

국회예산정책처 (2021). 2021 대한민국 재정.

권기헌 (2008). 정책학: 현대정책이론의창조적탐색. 서울: 박영사

기획재정부 (2018). 2017 조세개요.

김교성, 이승윤, 백승호, 서정희 (2018). 기본소득이 온다: 분배에 대한 새로운 상상. 서울: 사회평론아카데미

김기원 (1998). 제3의길 복지정책에관한 소고. 서울장신논담, 14, 256-299.

김기원 (2017). 사회복지정책론. 서울: 학지사.

김민표 (2017). 4차 산업혁명 시대의 노동조합의 역할과 한계. 법과사회, 56, 69-112.

김성재 (2017). 4차 산업혁명 시대 방송통신의 이념과 가치: 비판적 포스트유머니즘의 관점에서. 방송통신연구, 97, 9-36.

김수정 (2017). 사회복지법제론. 서울: 학지사.

김우림 (2021). 사회복지분야 지방자치단체 국고보조사업분석. 국회예산정책처.

김은정 (2014). 주요 국가의 사회서비스 공급주체 성격변화와 정책적 쟁점. 한국사회와행정연구, 25(1), 169-95.

김진욱, 엄태영, 조주희, 고은주, 권진 (2017). 2017 기부 및 사회 이슈 트렌드 분석. 사회복지공동모금회 나눔연구소.

김태성 (2007). 사회복지정책입문. 서울: 청목출판사.

김태성 (2011). 사회복지정책입문. 서울: 청목출판사.

김태성, 성경륭 (1995). 복지국가론. 서울: 나남.

김태성, 송근원 (1995). 사회복지정책론. 서울: 나남.

문창진 (2003). 기초생활보장제도의 변천과정과 현황. 보건복지포럼, 84.

박경일 (2016). 사회복지정책론(제4판). 고양: 공동체.

박경효 (2011). 재미있는 행정학. 서울: 윌비스.

박광준 (2002). 사회복지의 사상과 역사: 마녀재판에서 복지국가의 선택까지. 파주: 양서원.

박광준 (2013). 사회복지의 사상과 역사: 서구복지국가와 한국. 파주: 양서원.

박근갑 (1991). 독일 철강공업과 비스마르크의 사회보험. 한림대학교 사회복지연구소 편. 복지국가와 사회복지 유형. 서울: 을유문화사.

박길태 (2015). 한국 기업복지의 변천사에 관한 연구. 경영사학, 30(2), 99-117.

박병현 (2003). 사회복지정책론: 이론과 분석. 서울: 현학사.

박병현 (2010). 사회복지의 역사. 고양: 공동체.

박병현 (2015). 사회복지정책론: 이론과 분석. 파주: 정민사.

박용순, 문순영, 임원선, 임종호 (2012). 사회문제론. 서울: 학지사.

박지은, 권혜선, 김성철 (2017). 국내 통신사업자의 제4차 산업혁명 대응전략: 시나리오 분석을 중심으로. 방송통신연구, 97, 37-59.

보건복지부 (2020). 2021년도 보건복지부소관 예산 및 기금운영계획 개요.

보건복지부 (2021a). 2021년 기초연금사업안내.

보건복지부 (2021b). 2021년 긴급복지지원사업안내

보건복지부 (2021c). 2021년도 노인맞춤돌봄서비스사업안내.

보건복지부 (2021d). 2021년도 노인일자리 및 사회활동지원사업 운영 안내.

보건복지부 (2021e). 2021년 보육사업안내.

보건복지부 (2021f). 2021년 의료급여사업안내.

보건복지부 (2021g). 2021년 장애아동가족지원사업안내.

보건복지부 (2021h). 2021년 장애인활동지원사업안내.

보건복지부 (2021i). 2021년 지역아동센터지원사업안내.

보건복지부, 국토교통부, 교육부 (2021). 보도자료 "중앙생활보장위원회, 2022년도 기준중위소득 5.02%인상(4인 기준)" (2021. 7. 30).

생각의 마을 (2017). 흐름을 관통하는 사회복지정책론. 고양: 공동체.

성낙인 (2006). 헌법학. 서울: 법문사.

송근원 (2004). 사회복지정책학. 서울: 학지사.

송호근 (1995). 세계화와 한국의 사회발전. 계간 사상, 24, 145-173.

안상훈 (2002). "세가지 복지자본주의에서의 생산적 복지, 그 성적표: 복지국가의 경제적 효과와 평등전략의 차이에 관한 체제론적 비교연구". 한국사회복지학, 49(2), 162-189.

안상희, 이민화 (2016). 제4차 산업혁명이 일자리에 미치는 영향. 한국경영학회 통합학술발표논문집. 2344-2363.

양난주 (2010). 한국 사회복지서비스의 변화. 한국사회복지학, 62(4), 79-102.

여성가족부 (2021). 2021년도 아이돌봄 지원사업 안내.

여유진, 김미은, 김태완, 손창균, 최현수, 이선우, 김문길, 김계연, 오지현, 송치호, 서봉균, 유현상, 김은정 (2007). 2007년 최저생계비 계측조사연구. 한국보건사회연구원.

오건호 (2014). 복지재원 증세 방안 검토. 비판과 대안을 위한 사회복지학회 학술대회 발표논문집. 227-259.

오건호 (2015). 복지증세와 사회복지세. 월간 복지동향, 197, 14-20.

우석진 (2021). 멀어지는 복지국가를 위한 세제개편. 원승연 외 10인 공저. 정책의 시간: 한국 경제의 대전환과 다음 정부의 과제(pp. 103-125). 서울: 생각의힘.

유민봉 (2012). 한국 행정학(4판). 서울: 박영사.

유호선 (2016). 국민연금 크레딧제도 개선방안. 국민연금공단 국민연금연구원.

윤영진, 양기용, 이인재, 이재원 외 (2011). 사회서비스정책론. 서울: 나눔의집.

윤홍식, 송다영, 김인숙 (2011). 가족정책: 복지국가의 새로운 전망(개정판). 고양: 공동체.

이동영 (2017). 장애인관련 적극적 조치에 대한 법리적 정당화 고찰. 한국사회정책, 24(3), 3-26.

이봉주, 김문근, 김용득 (2008). 사회복지서비스와 공급체계: 쟁점과 대안. 서울: EM 커뮤니티.

이성준 (2018). "4차 산업혁명 관련 사회과학 분야 연구의 지적 구조 분석: 의미망 연결을 중심으로". 한국사회과학연구, 39(2), 79-95.

이인재, 류진석, 권문일, 김진구 (2002). 사회보장론. 파주: 나남출판.

이재원 (2017). 저출산 · 고령화에 따른 지방재정의 영향과 향후 대책. 지방행정연구, 31(1). 35-62.

이정우 (2011). 불평등의 경제학. 서울: 후마니타스.

이정우 (2017). 사회복지정책. 서울: 학지사.

이진숙, 주은선, 신지연, 윤나리, 노승택 (2014). 사회복지정책론(제3판). 파주: 양서원.

이철한, 권선희 (2011). 기업의 사회공헌활동 유형과 관여수준이 공중의 평가에 미치는 영향 연구. 사회과학연구, 18(1), 247-270.

장필성 (2016). 2016 다보스포럼: 다가오는 4차 산업혁명에 대한 우리의 전략은? 과학기술정책, 26(2), 12-15.

전광석 (1993). 사회보장법학. 강원도: 한림대출판부.

전국경제인연합회 (2020). 2020 주요 기업의 사회적 가치 보고서. 8-9.

정광호, 김진 (2011). 제6장 사회서비스와 바우처. 윤영진 외 공저. 사회서비스정책론. 서울: 나눔의집.

정원호, 이상준, 강남훈. (2016). 4차 산업혁명 시대 기본소득이 노동시장에 미치는 효과 연구. 세종: 한국직업능력개발원.

정해식, 김성아 (2015). OECD BLI 지표를 통해 본 한국의 삶의 질. 보건복지포럼, 9, 75-88.

정해식, 안상훈, 김성아 (2015). 사회보장 역할분담 구조 변화와 정책적 대응방안 연구. 한국보건사회연구원.

조상미, 박은주 (2011). 기업복지제도의 결정요인 분석. 한국사회복지행정학, 13(3), 197-226.

조영신 (2016). 4차 산업혁명과 미디어. 한국방송학회 학술대회 논문집, 7-11.

참여연대 사회복지위원회 (2017). 2018년도 보건복지분야 예산(안) 분석.

채장수 (2000). '제3의 길'에 대한 비판적 분석. 21세기정치학회보, 10(1), 26-45.

최성재, 남기민 (2006). 사회복지행정론. 파주: 나남.

통계청 (2015). 통계용어 · 지표의 이해.

통계청 (2021). 보도자료 "2020년 출생통계". 2021년 8월 25일.

한창근, 조주희, 박태근, 조원희, 이보영 (2016). 민간나눔 총량 추계 및 나눔지수 도출 연구. 사회복지공동모금회 나눔연구소.

Ahn, S. (2000). Pro-Welfare Politics: A Model for Changes in European Welfare States. Uppsala: Uppsala University Press.

Alber, J. (1988). There A Crisis of the Walfare State? Cross-National Evidence from Europe. North America and Japan. *European Sociological Review*, *4*, 181-207.

Anderson, J. E. (1975). *Public Policy-Making*. NY: Praeger Publisher Inc.

Baker, A. (2009). Six Posed as Abuse VIctims to Get Rent Subsidies. *New York Times*. October 21, 2009.

Baker, J. (1979). Social Conscience and Social Policy. *Journal of Social Policy*, *8*(2), 177-206.

Berlin, I. (1969). Two Concepts of Liberty. in I. Berlin(ed.) *Four Essays on Liberty*. NY: Oxford University Press, 118-172.

Blaswick, J. O., & Morland, J. K. (1990). *Social Problems*. Grand Rapids, MI: Baker Book House.

Boyer, R. (1996). The Convergence Hypothesis Revisited: Globali-zation but still the Century of Nation?. in suzanne Berger and Ronald Dore(eds.). *National Diversity and Global Capitalism*. NY: Cornell University Press, 29-59.

Cobb, R. W., Ross, J. K., & Ross, M. H. (1976). Agenda building as a comparative political process. *American Political Science Review, 70*(1), 126–138.

Cohen, M., March, I., & Olson, J. (1972). A Garbage Can Model of Organizational Choice. *Administrative Science Quarterly, 17*(1.Mar), 1–25.

DiNitto, D. M. (1995). *Social Welfare: Politics and Public Policy*. Englewood Cliffs, NJ: Prentice–Hall.

DiNitto, D. M., & Dye, T. (1987). *Social Welfare: Politics and Public Policy*. Prentice–Hall.

Dror, Y. (1983). *Public Policy Making Reexamined*. NJ: Transaction Inc.

Easton, D. (1965). *A Systems Analysis of Political Life*. New York: John Wiley and Sons.

Esping–Andersen, G. (1990). *The Three Worlds of Welfare Capitalism*. NJ: Princeton University Press.

Esping–Andersen, G. (1996). After the Golden Age? Welfare State Dilemmas in A Global Economy. in G. Esping–Andersen (ed.). *Welfare State in Transition: National Adaptations in Global Economy*. London: Sage Publications.

Esping–Andersen, G., & Korpi, W. (1985). Social Policy as Class Politics in Post–war Capitalism. in John H. Goldthorpe(ed.). *Order and Conflict in Contemporary Capotalism*. Oxford: The Clarendon Press.

Etzioni, A. (1967). Mixed Scanning: A 'Third' Approach to Decision–making. *Public Administration Review, 27*.

Eyestone, R. (1978). *From Social Issues to Public Policy*. New York: John Wiley & sons.

Fitzpatrick, T. (2013). 사회복지사를 위한 정치사회학. 남찬섭, 김병철 공역. 서울: 나눔의집.

Friedman, M. (1955). The role of government in public education. in R. Solo (ed.). *Economics and the Public*. Interest. NJ: University of Rutgers Press.

Galbraith, J. K. (1958). *The Affluent Society*. NY: Mentor Books.

George, V., & Wilding. P. (1999). 복지와 이데올로기. 김영화, 이옥희 공역. 서울: 한울아카데미

Gerston, L. N. (1983). *Making Public Policy From Conflict to Resolution*. Genvies, Ill: Scott Foresman & Company.

Gibert, N., & Specht, H. (1974). *Dimensions of Social Welfare Policy*. Englewood Cliffs, NJ: Prentice-Hall.

Giddens, A. (1998). 제3의 길. 한상진, 박찬욱 공역. 생각의 나무.

Gilber, N., & Terrell, P. (2014). *Dimensions of Social Welfare Policy*. Boston, PA: Pearson Education Limited.

Gustafsson, S. (1995). Public policies and women's labor force participation: A comparison of Sweden, Germany, and the Netherlands. in *Investment in Women's Human Capital*(ed. by T. P. Schultz). The University of Chicago Press.

Hall, M. P. (1952). *The Social Service of Modern England*. London: Routledge.

Hasenfeld, Y. (1983). *Human Service Organizations*. Prentice-Hall.

Heclo, H. (1981). "Introduction: The Presidential Illusion". in Hugh Heclo and Lester M. Salamon(eds.). *The Illusion of Presidential Government*. Boulder. CO: Westview Press.

Hill, M. (1980). *Understanding Social Policy*. Oxford: Basil Blackwell.

Hoppe, H. H. (1997). 사회주의와 자본주의. 이선환 역. 서울: 자유기업센터.

Horton, P. B., & Leslie, G. R. (1995). *The Sociology of Social Probelms*. NY: Appleton-Centruy-Crofts.

Jessop, B. (1993). Towards a Schumpeterian Workfare State? Preliminary

Remarks on Post Fordist Political Economy. *Studies in Political Economy*. *40*. 7–39.

Jones, C. O. (1984). *An Introduction to the Study of Public Policy*(3rd ed.) Monterey, California: Brooks/Cole Publishing Company.

Kamerman, S. B., & Kahn, A. J. (1989). *Privatization and the Welfare State*. NJ: Princeton University Press.

Langan, M., & Ostner, I. (1990). Gender and Welfare, towards a Comparative Framework. *Paper presented at the Social Policy Association Conference*. Bath, UK. 12–15, July, 1990.

Lantos, G. P. (2002), The Ethicality of Altruistic Corporate Social Responsibility. *Journal of Consumer Marketing 19*(3), 509–531.

Lasswell, H. D. (1951). The Political Writings of Harold D. Lasswell: Psychopathology and Politics–Politics, Who Gets What, When, How/Democratic Character. Free Press.

Le Grand, J. (1982). *The Strategy of Equality*. London: Allen and Unwin.

Lewis, J. (1992). Gender and the Development of Welfare Regimes. *Journal of European Social Policy*, *2*(3), 159–173.

Lipsky, M. (1980). *Street–level Bureaucracy: Filemmas of the Individual in Public Services*. New York: Russell Sage Foundation.

Marshall, T. H. (1965). *Class, Citizenship and Social Development*. NY: Achor Books.

Marshall, T. H. (1981). *The Right to Welfare*. NY: Free Press.

Mishra, R. (1984). *The Welfare State in Crisis*. Brighton: Wheatsheaf.

Mishra, R. (1990). *The Welfare State in Capitalist Society*. Toronto, Buffalo: University of Toronto Press.

Myrdal, M. (1941). *Nation and Family: The Swedish Experiment in Democratic Family and Population Policy*. Cambridge: MIT Press.

Nelson, B. J. (1984). *Making an Issue of Child Abuse: Political Agenda*

Setting for Social Problems. Chicago: University of Chicago Press.

O'Connor, J. (1973). *The Fiscal Crisis of the State*. NY: St. Martin's Press.

O'Connor, J. (1993). Gender, Class, Citizenship in the Comparative Analysis of Welfare State Regimes: Theoretical and Methodological Issues, British, *Journal of Sociology*, *4 4*(3), 501-18.

O'Connor, J., Orloff, A. S., & Shaver, S. (1999). States, Markets, Families: Gender, Liberalism and Social Policy in Australia, Great Britain, Canada and United States. Cambridge: Cambridge University Press.

OECD (2021). Revenue Statistics 2021: Initial Impact of COVD-19 on OECD tax Revenues.

Offe, C. (1984). *Contradictions of Welfare State*. London: Hutchinson Education.

Okun, A. (1975). *Equality and Efficiency: The Big Tradeoff*. Washington, DC: Brookings Institutions.

Orloff, A. S. (1993). Gender and the Social Rights of Citizenship: The Comparative Analysis of Gender Relations and Welfare States. *American Sociological Review*, *58*(3), 303-328.

Pampel, F. C., & Williamson, J. B. (1989). *Age, Class, Politics, and the Welfare State*. Cambridge: Cambridge University Press

Piven, F. F., & Cloward, R. (1971). *Regulating the Poor: The Functions of Public Welfare*. Pantheon Books.

Polanyi, K. (1944). *The Great Transformation: The Political and Economic Origins of Our Time*. MA: Beacon Press.

Raynes, H. E. (1976). *Social Security in Britain: A history*. Westport, Conn.: Greenwood Press

Rimlinger, G. V. (1998). **사회복지의 사상과 역사: 유럽, 미국, 러시아의 사회정책을 중심으로**. 비판과대안을위한사회복지학회 역. 서울: 한울.

Roemer, J. E. (1998). *Equality of opportunity*. MA: Harvard University

Press.

Rothfels, H. (1938). Bismarck's Social Policy and the Problem of State Socialism in Germany. Part I. *Sociological Review, 30.*

Sainsbury, D. (1996). *Gender, Equality, and Welfare States*. Cambridge: Cambridge University Press.

Sainsbury, D. (1999). *Gender and Welfare State Regimes*. Oxford University Press.

Schmoller, G. (1875). Uber einign Grundfragen des Rechts und Volkswirtschaft.

Schwab, K. (2016). The Fourth Industrial Revolution. *World Economic Forum. 24.*

Siim, B. (1990). Women and the Welfare State: Between Private and Public Dependence: A Comparative Approach to Care Work in Denmark and Britain. in C. Ungerson (ed.) *Gender and Caring: Work and Welfare in Britain and Scandinavia*. Hemel Hempstead: Harvester Wheatsheaf. 80–109.

Smallwood, F., & Nakamura, R. T. (1980). *The Politics of Policy Implementation*. NY: St. Martin's Press

Tawney, R. H. (1961). *Equality*. NY: Capricorn Books.

Titmuss, R. M. (1958). *Essays on The Welfare State*. London: Allen & Unwin,

Titmuss, R. M. (1969). *Commitment to Welfare*. London: Hutchinson University Library.

Townsend, P. (1975). *Sociology and Social Policy*. Hamondsworth: Penguin.

Tripathi, S. (2006). Caste–ing the Net Too Wide. *Wall Street Journal Asia*.

UBS (2016). Extreme Automation and Connectivity: The Global, Regional, and Investment Implications of the Fourth Industrial Revolution. UBS

White Paper for the World Economic Forum Annual Meeting 2016.

UN (2010). World Pouplation Prospects. 2010 Revision.

Wagner, A. (1891). Uber ozial Finanz and Steuerpolitik. Archiv Fur soziale Gesetzgebung and Statistik. Bd. Ⅳ.

Wilensky, H. L., & Lebeaux, C. N. (1965). Industrial Society and Social Welfare: The Impact of Industrialization on the Supply and Organization of Social Welfare Services in the United States. Free Press.

World Bank (2006). World Deveopment Report 2006: Equity and Development. NY: Oxford University Press.

World Economic Forum (2016). The Future of Jobs.

Yishai, Y. (1992). From an Iron Triangle to an Iron Duet? European Journal of Political Research, 21.

〈신문기사〉

박준석 (2017. 7. 25.). “부자증세 먼저” vs “보편증세 병행” 소득세 인상 논쟁. 한국일보. http://www.hankookilbo.com에서 인출.

정종훈 (2017. 12. 27.), 올해 국민연금 기금운용 수익률 7.45%…기금 규모는 617조원. 중앙일보. http://news.joins.com에서 인출.

〈인터넷 홈페이지〉

고용노동부 홈페이지(https://www.moel.go.kr)

국민건강보험공단 홈페이지(https://www.nhis.or.kr)

국민연금공단 홈페이지(http://www.nps.or.kr)

국토교통부 홈페이지(http://www.molit.go.kr)

근로복지공단 홈페이지(https://www.ei.go.kr)

노인장기요양보험 홈페이지(http://www.longtermcare.or.kr)

보건복지부 홈페이지(http://www.mohw.go.kr)

사회서비스 전자바우처 홈페이지(http://www.socialservice.or.kr)
아이돌봄서비스사업 홈페이지(https://www.idolbom.go.kr)
장애인활동지원 홈페이지(http://www.ableservice.or.kr)
지방재정 365 지방재정통합공개시스템(http://lofin.mois.go.kr)
한국조세재정연구원 홈페이지(http://www.kipf.re.kr)
e-나라지표(http://www.index.go.kr)
KDI경제정보센터(https://eiec.kdi.re.kr)
OECD(http://www.oecd.org)

찾아보기

〈인명〉

길버트와 터렐(Gilbert & Terrell) 31, 41, 90, 93, 129, 134

드워킨(Dworkin) 32

디니토와 다이(DiNitto & Dye) 100

뢰머(Roemer) 32

루즈벨트(Roosevelt) 47

립스키(Lipsky) 117

마샬(Marshall) 70

미슈라(Mishra 74

벌린(Berlin) 33

베버리지(Beveridge) 38

베이커(Baker) 70

비스마르크(Bismarck) 45, 46

세인즈베리(Sainsbury) 80

센(Sen) 34

슈뢰더(Schröder) 61

스몰우드와 나카무라(Smallwood & Nakamura) 100

심(Siim) 62

아리스토텔레스(Aristoteles) 30

앤더슨(Anderson) 100

에스핑 안데르센(Esping-Andersen) 75, 78

에치오니(Etzioni) 112

오쿤(Okun) 37

윌렌스키와 르보(Wilensky & Lebeaux) 21, 64

조지와 윌딩(George & Wilding) 56

케이머만과 칸(Kamerman & Kahn 39

티트머스(Titmuss) 21, 39

피븐과 클라워드(Piven & Cloward) 91

힐(Hill) 39

〈내용〉

[ㄱ]

가입자 241

가입자 선별 159

가족부양 우선의 원칙 281

가족요양비 270

가족임금체계 80

가치재(merit goods) 160

간병급여 263

개별실적요율 265

개별실적요율 체계 265

개별연장급여 251

개별적 할당 132, 133

개별화된 소득-돌봄 모델 80

개산보험료 265

개인주의 61

건강검진 242

건강보험공단 257

건강보험심사평가원 244
건강보험정책심의위원회 245
건강보험 통합과정 241
결과의 평등 31, 32
결혼이주민 여성 134
경기부양책 28
경제성장 29, 75
경제안정 28, 29
경제활동인구 205
경제활동참가율 205
계급정당 68
계층화 78
고령화 28
고용노동부 장관 257
고용노동부장관 264
고용보험 247
고용보험기금 258
고용서비스 40
고용센터 257
고용안정 254
고용안정사업 247, 254
고용안정장려금 254
고용유지 254
고용유지지원금 254
고용율 206
고용창출 254
고용창출장려금 254
고용촉진 254
고용 할당제 131
고용환경개선장려금 255
공간적 확산 72
공공부조 37, 41, 143, 276
공공부조정책 33, 35, 163
공공 의제 104
공공재 159, 178
공교의료보험공단 240
공민권 71
공적연금 222
공제조합 46
공중의제 105
과정(process) 90
관료제 37
광역구직활동비 251
광역자활센터 287
교육급여 283
교육정책 39
교육지원 297
구매력 29
구빈세 42
구조주의 관점 65, 66
구직급여 249, 250
구학적 · 진단적 기준 127
국가기간전략산업직종훈련 256
국가중심이론 69
국고보조금 177, 182, 183
국민건강보험 방식 239
국민건강보험공단 236, 241, 244, 270
국민기초생활보장제도는 276
국민보건서비스 방식 239
국민보험법 44, 45
국민연금 223
국민연금공단 235, 306, 321
국민연금기금 238
국민연금심의위원회 235
국민연금제도 222
국민의료보험관리공단 240
국민의료보험법 240
국세 178

군복무크레딧 231
군인연금 131
권력 151
권력자원론 66
귀속적 욕구 129
규모의 경제 142
규제 41
근로능력 129, 132, 133
근로복지공단 257, 264
근로유인 36
근로자수강지원금 지원 256
근로자 학자금 및 훈련비 대부 256
급여 94
급여 적절성 127
긍정적 외부성 160
기금 177
기든스 61
기본소득 제도 77
기본연금액 227
기부금 189
기업 166
기업복지 166
기업의 사회적 책임 166
기여 129, 131
기여금 237
기준소득월액 237
기준연금액 304
기준임대료 282
기준중위소득 277
기초노령연금 301
기초연금 302
기초연금제도 300, 301
기타재가급여 269
기회 151
기회의 평등 31
긴급복지지원제도 294
긴급지원기관 299
길버트법 43

[ㄴ]
낙인(stigma) 127
낙인감 128, 143, 191
남녀평등지수 210
남성부양자 모델 80
남성생계부양자 모델 80
내부접근형 106
내일배움카드제 256
노년부양비 208
노동계급 66
노동시장정책 40
노동자 정당 66
노동조합 66
노동집약적 산업 73
노령과 폐질보험 47
노령수당 127
노령연금 227, 229, 230
노령화지수 210
노인빈곤문제 301
노인성 질병 267, 268
노인요양공동생활가정 270
노인요양시설 270
노인인구 306
노인장기요양 71
노인장기요양보험 71, 267
녹색주의 57, 63
누진세율 27
누진율 40, 178
뉴딜정책 47

능력의 원칙 26
니코마코스 윤리학 30

[ㄷ]
다양화 167
다원주의론 67, 68
다원화 167
단기보호 269
당연가입자 262
당연적용 사업 249
당연적용사업 249
대공황과 뉴딜정책 47
대량실업 74
대상 93
대안의 형성과 비교 100
대인사회서비스 39
대처리즘(Thatcherism) 61
도구주의 관점 65
도덕적 해이(moral hazard) 161, 191
독점자본주의이론 65
동원형 105
두루누리 사회보험 지원사업 248
드림스타트 313
드림스타트 사업지원단 314

[ㄹ]
레이거노믹스(Reaganomics) 61
로렌츠곡선 203

[ㅁ]
만족모형 111
맑시스트 56, 57, 58
맑시즘 57
맞춤형 급여체계 개편 277
매몰비용(sunk cost) 110, 112
머스그레이브(Musgrave) 159
목적세 178
목적세 신설 181
목표 효율성 128
목표효율성 36, 37
무갹출 노령연금 301
무갹출연금 44
무급가족종사자 205
무상급식 126
문제 확인 100
민영화 37, 75, 167

[ㅂ]
바우처 146
반물량 방식 201
반집합주의 57
반집합주의자 56, 57
반환일시금 227, 234
발달재활서비스 323
방과후 돌봄서비스 317
방문간호 269, 320
방문목욕 269, 320
방문요양 269
베버리지 보고서 45
보건복지부 243, 286, 325
보건복지부장관 235, 305
보다 나은 삶 지수(Better Life Index: BLI) 211, 213
보상(compensation) 129, 131
보수월액보험료 245
보수주의 · 조합주의적 복지국가 78
보수총액 265
보육서비스 127

보장기관 286, 292
보장시설 286
보충급여의 원칙 281
보통교부세 182
보통세 178
보편수당 37
보편적 노령수당 130
보편적 수당 163
보편주의 126, 127
보편 증세 180
보험가입자 선별(cream-skimming) 161
보험료부과점수 245
보훈정책 35, 131
복지국가 73
복지국가 위기 74
복지권 71
복지다원주의 75
복지자본주의 73
복지증세 179
본인 부담금 191
본인부담보상제 291
본인부담비용 284
본인부담상한액 242
본인부담 상한제 291
본인 일부 부담금 190
부과방식 237
부급여 297
부담금 237
부부감액 305
부분적립 방식 237
부양가족연금액 227
부양비 208, 280
부양의무자 277, 278, 279
부양의무자 유무 132
부자 증세 180
부정적 외부성 160
분권적인 69
분리된 성역할 모델 80
분할연금 230, 231
불가역성론 74
불안정 노동 28
불완전 정보 159
불완전한 정보 160, 161
불황기 28
블레어리즘(Blairism) 61
비경제활동인구 205
비경합성 159
비대칭적인 정보 160
비례적 평등 30, 31
비배제성 159
비영리조직 165
비용 효과성 127
비정규직 68
빈곤갭 202
빈곤선 38, 201
빈곤율 201
빈곤조사 44
빈민감독관 42
빈민법 42

[ㅅ]

사망일시금 227, 235
사업장가입자 224, 237
사용자 부담 190
사유재산제 72
사적 재화 159
사회공헌활동 166
사회권(Social Right) 71

사회문제(social problems) 27, 101, 105, 106
사회민주적 복지국가 078
사회민주주의 57, 59
사회민주주의이론 67
사회민주주의자 58
사회보장법(Social Security Act) 48
사회보장정보원 321, 325
사회보험 35, 40, 162
사회보험(Social Health Insurance) 방식 239
사회보험료 184
사회복지시설 이용 지원 297
사회복지의 날 277
사회서비스 41
사회서비스 바우처 165
사회서비스 전자바우처사업 147
사회서비스정책 163, 312
사회수당 127
사회양심론 70
사회적 효과성 127
사회주의자진압법 45
사회통합 26, 30, 127, 133, 164
산업재해보상보험 259
산업재해보상보험 및 예방기금 264
산업재해보상보험 및 예방심의위원회 264
산업혁명 28
산업화론 64
산출(product) 90
삶의 질 210
상대적 박탈감 202
상대적 빈곤선 133, 202
상대적 자율성 65
상병급여 249
상병보상연금 263
상업화 168
상품화 62
새는 바구니효과 37
새로운 중도 61
생계급여 276, 282
생계보호 276
생계지원 297
생산수단의 국유화 67
생태주의 63
생활보장위원회 287
생활보호제도 276
서비스 144
선별주의 126, 128
성과(performance) 90, 200
성별분업 80
성숙론(maturity thesis) 74
세대 간 재분배 27
세대 간 재분배 효과 237
세제지원 189
소극적 자유 34, 35
소극적 집합주의자 56, 57
소득대체율 229
소득보장정책 39
소득분배율 203
소득역전방지감액 305
소득월액보험료 245
소득인정액 278
소득 · 자산조사 127, 133
소득재분배 26, 30
소득재분배효과 36, 185
소득평가액 278
소득활동에 따른 노령연금 230
소비의 국유화(관리된 자본주의) 67

소비자 주권 143
소비자 효용 143
수급자격(eligibility) 93
수량적 평등 30, 31
수렴이론(convergence theory) 64
수선유지비 282
수익자 190
수익자 부담 192
수정 자본주의 73
수지율 265
수직적 불균형 182
수직적 재분배 27
수평적 불균형 182
수평적 재분배 27
스테그플레이션 74
스티그마 133, 191
스핀햄랜드제도 43
시민권(Citizenship) 70
시민권론 70
시민권(영주권) 134
시봄 라운트리 44
시설급여 269, 270
시장(market) 72
시장 실패(market failure) 73, 158
식품권(food stamp) 146
신빈민법 35, 44, 45, 134
신우파 57
신자유주의 60
실업급여 247
실업급여 사업 249
실업률 205
실업보험 247
실업의 인정 252
실업크레딧 232, 248
실제임차료 282
쓰레기통 모형 113

[ㅇ]

아동수당 126, 127, 130
아동통합사례관리 315
아빠의 달 253
아젠다(agenda) 104
야경국가 73
억압된 이슈(depressed issue) 102
업능력개발수당 251
업무상 사고 260
업무상 재해 259, 260
업무상 질병 260
업종 일반요율 265
업종별 차등요율 체계 265
없이슈(non-issue) 102
엔클로저 운동 42
엘리자베스 빈민법 134
여성경제활동인구 205
여성경제활동참가율 205
여성주의 57
역선택 159, 161
연기금 237
연료비 297
연장급여 249, 251
열등수급의 원칙 35
열등처우의 원칙 44
영리조직 166
예산 177
오남용 145
오샨스키(Orshansky) 방식 202
완전 경쟁 72
완전고용 75

완전한 정보 72
왕립구빈법위원회 44
외부성 159, 160
외부주도형 105
요양 급여 242
요양급여 262
요양기관 244
요양병원간병비 270
요양비 242
운영비용 127
운영효율성 36, 37
원외구제 43
위계적 확산 72
위기 사유 296
위기개입 313
위탁 공급 계약(contracting out) 164
위탁계약 168
위험분산 159
위험의 분산 40
유배우 208
유족급여 263
유족연금 227, 233
유효수요 75
유효수요가 29
육아기 근로시간 단축급여 253
육아기근로시간단축 130
육아휴직급여 130, 253
육아휴직급여 특례 253
의계속가입자 225
의료급여 284
의료급여 관리사 293
의료급여 절차 292
의료급여 특례 280
의료급여관리사 293
의료급여기관 293
의료급여기금 294
의료급여법 288
의료급여사례관리사업 293
의료급여제도 288
의료보장정책 39
의료보장제도 239
의료보호법 288
의료지원 297
의제 설정 100
이데올로기 56
이슈(issue) 102
이슈네트워크 115
이슈유발장치 104
이슈유발장치(issue triggering mechanism) 103
이슈제기자 103
이용료 190
이용료(본인부담금) 321
이익집단 67
이익집단 정치이론 68
이주비 251
이혼율 208
인간개발지수 210
인구학적 기준 130
인구학적 조건 129
인보관 운동 71
인적자본 30
인적자본투자 29
인지지원등급 268
인플레이션 237
일가족양립정책 247
일반사례관리 313
일반출산율 207

일반혼인율(general marriage rate) 207
일선관료 117
임금주도성장론 77
임신출산진료비 242
임의가입자 225, 262
임의가입자 및 임의계속가입자 238

[ㅈ]
자기결정권 143
자립지원의 원칙 281
자발적 기여(voluntary contribution) 189
자본주의 72
자본 축적 73
자본축적의 위기 65
자산조사 욕구(means-tested need) 129
자산형성지원서비스 277, 286
자살률 210
자선과 박애 189
자영업주 205
자유 33
자유권 71
자유방임주의 44
자유방임주의적 빈곤관 44
자유주의적 복지국가(liberal welfare state) 78
자활급여 285
자활급여 특례 280
자활기관협의체 287
자활기업 286
작업장 43
잔여적 개념 21
잔여적 복지 126
잔여주의 모델 128
장기요양기관 271
장기요양등급판정위원회 271
장기요양보험료 272
장기요양인정 268
장애등급 심사 321
장애수당 127, 132
장애아동부양수당 132
장애연금 227, 232
장애인 고용 할당제 32
장애인보장구급여비 242
장애인연금 132
장애인활동지원서비스 318
장의비 263
장제급여 285
장해급여 263
장해등급 263
재가급여 269
재산의 소득환산액 278
재원 95
재정 여건 306
재정 자립도 164
재해보험법 46
재화 144
저출산 28
적극적 자유 34, 35
적극적 조치 32, 131, 151
적립방식 236
적립방식(funded system) 236
적용제외근로자 249
적용제외 사업 248, 261
적절성 37
전달체계 94, 158
전문성 170
전문적 · 행정적 판단 129
전물량 방식 201

절대적 빈곤선 133, 201
점증모형 111
점증적 모형 113
접근성 169
정규직 68
정당화 65
정도와 계층화(stratification) 78
정부의 실패 37
정부의제 105, 106
정부 재정적자 74
정주법(The Act of Settlement and Removal) 43
정책 결정 100, 109
정책 결정 모형 109
정책공동체 115
정책과정 90
정책네트워크 114
정책 변동(policy change) 118
정책 산출 91
정책 성과 92
정책 의제 104
정책 의제 설정 104
정책 집행 100, 116
정책 평가 100, 117
정책 학습(policy learning) 118
정책 형성 100
정책 형성과정 69
정치권 71
제3의 길(The Third Way) 61
제4차 산업혁명 75
제도적 개념 21
제도적 복지 126
제도주의 모델 127
젠더 관계 80
젠더레짐 80
조(粗)이혼율 208
조(粗)출생률 207
조(粗)혼인율 207
조건의 평등 32
조기노령연금 230
조기재취업수당 251
조세 178
조세부담률 40
조세정책 27, 40
조세제도 178
조직화된 무정부상태 113
조합주의(corporatism) 59
조합주의 방식 240
주거급여 282
주거지원 297
주급여 297
주야간보호 269
주택보장정책 39
준공공재(quasi-public goods) 160
중간층 68
중도파 57
중앙자활센터 287
중앙정부 162
중앙집권적 69
지니계수 203
지방교부세 182
지방분권화 163, 177
지방비 부담 183
지방세 178
지방자치단체 272
지방자치제 163
지방재정조정제도 164, 182
지방정부 163

지속적 169
지역가입자 224, 238, 241, 242, 245
지역아동센터 316
지역의료보험조합 240
지역자활센터 287
직업능력개발사업 247, 254, 256
직업재활급여 263
직업훈련 40
직역연금수급권자 302
직장 가입자 241
직장가입자 241, 245
직장의료보험조합 240
진단적 구분 132
진단적 구분(diagnostic differentiation) 129
질병보험 47
집단적 할당 132
집중사례관리 313
집합주의 61
집합주의적 44

[ㅊ]
차티스트 운동 71
찰스 부스 44
참정권 71
책임성(accountability) 170
철의 삼각관계(iron triangle) 115
청년 수당 164
청년실업률 206
청년 · 장년 고용장려금 254
청년취업아카데미 256
초합리성 113
최저보장수준 38, 277
최저생계비 38, 201, 277
최저생활보장 276
최저생활보장의 원칙 281
최저임금 38
최저임금제도 40
최적모형 113
출산전후휴가급여 252
출산크레딧 231
출퇴근 재해 260
취업촉진수당 249, 251

[ㅋ]
커뮤니케이션 71
케인즈주 75
크레딧 제도 231

[ㅌ]
타급여 우선의 원칙 281
타운센트(Townsend) 22, 38
탈가족화(defamilialization) 79
탈산업화 68
탈상품화 62, 78
통합적 169
통합주의 방식 240
특례가입자 262
특례요양비 270
특별교부세 182
특별연장급여 252
특별현금급여 270
특수형태 근로자 260

[ㅍ]
페미니즘 62
페이비안사회주의 58
페이비안사회주의자 56

평등 30
표적화 128
피부양자 241
피용자 보험 185
필요의 원칙 26

[ㅎ]
하위정부모형(subgovernment model) 115
한계효용 체감의 법칙 35
할당(allocation) 126
합계출산율 207
합리모형 110
합리적 모형 113
합리적인 행위자 72
해산급여 285
행정비용 36, 37, 143
행정적 판단 132
현금 94, 142
현금 급여 143, 242, 269
현금 급여 대 현물 급여 논쟁 142
현물 94, 142
현물 급여 144, 242
형평(equity) 31, 35
형평성 131, 191
호황기 28
혼인율 207
혼합모형 112
확산이론 71, 72
확정급여(defined benefit) 227
확정기여(defined contribution) 227
확정보험료 265
환경주의 63
환류(feedback) 118
활동보조 320
활동보조인 320
회비 189
회서비스 바우처 320
효율 36
효율적 169
후원금 189
훈련연장급여 251
휴업급여 262
희소성 36, 128

[기타]
1종 수급권자 290
2종 수급권자 290
3차 산업혁명 76
4차 산업혁명 28, 75
5분위 분배율 203
10분위 분배율 203
BLI 213
GDI 211
HDI 211
matching grant 183
NHS(National Health Service) 127, 135

저/자/소/개

류연규

서울대학교 사회복지학과 졸업

서울대학교 대학원 사회복지학과 문학석사

서울대학교 대학원 사회복지학과 사회복지학박사

한국여성정책연구원 연구위원

현) 서울신학대학교 사회복지학과 교수

<주요 논문>

저출생 정책에서 인간 중심 패러다임 전환은 가능한가? - 자녀돌봄정책의 다차원적 평가를 중심으로(2024)

한국의 아동정책은 '젠더'를 고려하고 있는가? - 아동정책기본계획에 대한 젠더 분석(2020 공저)

한국 사회 젠더갈등 인식에 관한 탐색적 연구: 성별 조절효과를 중심으로(2019 공저)

일상적 영유아 부모 돌봄 공백 시간에 가장 큰 영향을 미치는 요인은 무엇인가?: 서울시 맞벌이 가구를 중심으로(2019 공저)

특정성별영향평가의 정책과정에 관한 연구(2018 공저)

일가족양립정책과 성역할태도가 자녀가 있는 여성의 경제활동에 미치는 영향에 대한 비교 연구(2017)

남성의 성역할태도에 영향을 미치는 구조적 요인에 대한 다층분석(2016, 공저)

젠더 레짐에 따른 성역할태도 결정요인 차이에 관한 연구: 스웨덴, 독일, 한국 비교(2013, 공저)

일가족양립정책이 여성의 일가족양립에 미치는 영향에 대한 비교 연구: 여성 근로소득에 대한 정책의 직간접 효과를 중심으로(2013, 공저)

가족의 돌봄 공백에 대응하는 돌봄의 사회화 정책의 성격 규명(2012)

FGI를 통해 본 성별영향평가제도의 성과와 거버넌스 구축방안(2011)

복지국가의 아동가족복지지출과 아동빈곤율의 관계: OECD 국가를 중심으로(2011, 공저)

복지국가 아동가족 복지지출 결정요인에 대한 비교 연구: OECD 국가를 중심으로(2010, 공저)

일가족양립정책과 노동시장 젠더 형평성의 관계에 대한 연구(2009)

복지국가의 탈가족화에 대한 이론적 논의와 탈가족화 수준 비교(2007)

거꾸로 수업(Flipped Learning)을 위한

사회복지정책론(2판)

초판발행 2018년 8월 15일 **1판** 1쇄 발행 | 2019년 4월 10일 **1판** 2쇄 발행
2019년 9월 10일 **1판** 3쇄 발행 | 2020년 3월 10일 **1판** 4쇄 발행
2020년 9월 10일 **1판** 5쇄 발행 | 2021년 3월 10일 **1판** 6쇄 발행
2022년 3월 10일 **1판** 7쇄 발행
2판발행 2022년 2월 25일 **2판** 1쇄 발행 | 2022년 9월 10일 **2판** 2쇄 발행
2023년 9월 10일 **2판** 3쇄 발행 | 2024년 9월 10일 **2판** 4쇄 발행
2025년 3월 10일 **2판** 5쇄 발행

지은이 류연규
펴낸이 최용구 | 펴낸곳 도서출판 **신정**
주소 (04316) 서울시 용산구 원효로 89길 19(원효로1가)
전화 02)3211-4782, 0266(영업부), 3211-4783(편집부), 3211-4784(팩스)
이메일 shinjeong72@naver.com | 홈페이지 www.sjbook.co.kr
등록 2001년 5월 11일 제13-702호
기획마케팅 최용구 장만동 송대용 최충구 | 책임편집 석기은 황가연 | 표지 SDY

ISBN 978-89-5912-791-7 93330
정가 19,000원